中国高铁
对劳动力流动的影响与机制研究

李 晨◎著

中国财经出版传媒集团

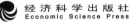

经济科学出版社
Economic Science Press

·北 京·

图书在版编目（CIP）数据

中国高铁对劳动力流动的影响与机制研究/李晨著
. --北京：经济科学出版社，2023.6
ISBN 978 - 7 - 5218 - 4909 - 7

Ⅰ.①中…　Ⅱ.①李…　Ⅲ.①高速铁路 - 影响 - 劳动
力流动 - 研究 - 中国　Ⅳ.①F249.21

中国国家版本馆 CIP 数据核字（2023）第 116781 号

责任编辑：胡蔚婷
责任校对：孙　晨
责任印制：范　艳

中国高铁对劳动力流动的影响与机制研究

李　晨　著

经济科学出版社出版、发行　新华书店经销

社址：北京市海淀区阜成路甲 28 号　邮编：100142

总编部电话：010 - 88191217　发行部电话：010 - 88191522

网址：www. esp. com. cn

电子邮箱：esp@ esp. com. cn

天猫网店：经济科学出版社旗舰店

网址：http://jjkxcbs. tmall. com

北京季蜂印刷有限公司印装

710 × 1000　16 开　14.75 印张　220000 字

2023 年 6 月第 1 版　2023 年 6 月第 1 次印刷

ISBN 978 - 7 - 5218 - 4909 - 7　定价：59.00 元

（图书出现印装问题，本社负责调换。电话：010 - 88191545）

（版权所有　侵权必究　打击盗版　举报热线：010 - 88191661

QQ：2242791300　营销中心电话：010 - 88191537

电子邮箱：dbts@ esp. com. cn）

前　言

中国高铁的大规模建设和运营不仅改善了中国的交通运输条件，提高了区域可达性，还对中国劳动力大规模流动和劳动力空间布局演化产生了不可忽视的影响。现有研究大多从宏观层面强调高铁对中国区域经济格局的重塑作用，但是却在一定程度上忽视了高铁对促使空间经济版图发生改变的微观基础——劳动力区位选择的直接影响。然而，从理论上来看，劳动力区位选择是劳动力流动的核心机制，高铁只有通过影响微观层面的劳动力区位选择才能影响到宏观层面的要素空间配置，进而改变区域经济发展格局。可以说，在中国高铁蓬勃发展和劳动力持续大规模流动的背景下，理清高铁究竟如何影响劳动力区位选择，不仅有助于加深对交通运输条件的改善将如何影响劳动力区位选择这一问题的理解，而且具有重要的理论意义；同时也可以为高铁对劳动力区位选择的影响研究提供来自中国的经验证据，具有重大的现实意义。

本书重点研究了以下三个问题：第一，中国高铁对劳动力就业区位选择是否存在影响？第二，中国高铁对异质性劳动力的就业区位选择的影响是否存在差异？第三，中国高铁对劳动力就业区位选择的影响机制是什么？为了回答这三个问题，本书首先对相关研究领域的国内外文献进行综述，接着分析了高铁对劳动力区位选择的主要影响机制。之后，本书在理论研究的基础上展开经验研究。本书使用 2013～2017 年国家卫生健康委员会发布的全国流动人口动态监测调查数据和 2011～2015 年全国 282 个地级市的包括高铁数据在内的城市特征数据，运用条件 Logit 模型进行计量分析，识别城市开通高铁对劳动力就业区位选择的总体影响和异质性影响，并通过构建高铁引致的市场潜力指标进一步对高铁对劳动力区位选择的影响机制进行实证检验。最后总结全书并得出相关政策启示。

本书的研究结果主要有以下四点：

第一，本书的理论分析表明高铁开通引致城市市场潜力提升是高铁对劳动力区位选择的主要影响机制。具体而言，高铁作为交通运输方式具备实用性、作为国家大型基础设施建设工程具备经济性、作为准公共物品具备公益性。这三种基本属性能够使高铁通过时空压缩效应、增长拉动效应和用脚投票效应降低城市之间的交通运输成本、提高城市对要素的吸引力，增强城市的可达性、提升城市的市场潜力，从而直接促进劳动力选择到该城市就业。此外，城市可达性和市场潜力的提高还能够使城市产生规模经济并导致要素在空间上集聚，而随着集聚的不断增强，异质性的经济要素又会发生空间选择和空间类分。于是，高铁又能通过引致城市市场潜力提升间接影响劳动力的区位选择。

第二，本书的经验研究表明城市开通高铁能够显著提高劳动力选择进入该城市就业的概率。对 2012~2016 年 1~4 月流入居住地的 43 668 个劳动力样本的 10% 子样本进行的回归结果显示，城市开通高铁能够使劳动力选择进入该城市就业的概率显著提高 15.4 个百分点。使用相同的计量模型对 5% 子样本和 7.5% 子样本进行回归得到的结果也都十分显著。此外，为了明确城市开通高铁对劳动力就业区位选择的正向促进作用是否确实是由高铁开通本身所导致的，本书利用尚未建成的高铁线路信息构建"虚拟高铁开通"哑变量，对高铁影响劳动力区位选择问题进行"安慰剂"检验。计量结果显示，"虚拟高铁开通"对劳动力就业区位选择的影响并不显著。也就是说，那些即将在未来连通到国家高铁网络中的城市并没有像已经开通高铁的城市一样显现出对劳动力的吸引力。这也从另一个角度验证了基准回归结果的稳健性。

第三，异质性研究表明中国高铁对劳动力就业区位选择存在异质性影响。首先，从劳动力个体特征的异质性来看：女性劳动力对高铁的反应要比男性劳动力更加强烈；高铁对劳动力的吸引力会随着劳动力年龄的增长呈现出先减小后增加的 U 型变化趋势；受过大学本科教育的劳动力对高铁的反应强度远远大于没有受过大学本科教育的劳动力；高铁只对职业类型为"生产、运输设备操作人员及有关人员""商业、服务业人员"和"专业技术人员"的劳动力的就业区位选择的影响为正且显著。其次，从劳动力流动空间的异质性来看：省内跨市流动的劳动力比跨省流动的劳动力对高铁的反应更加强烈；流动距离为 200～500 公里和流动距离为 500～1 000 公里的劳动力在就业区位选择时受高铁的影响为正且显著；高铁对流入东部和中部地区的劳动力的就业区位选择产生显著的正向影响，而对流入西部和东北地区的劳动力的影响不显著；高铁对流入大城市和中等城市的劳动力的就业区位选择有显著的正向影响，而对流入小城市的劳动力的影响不显著。最后，从劳动力未来预期的异质性来看：劳动力在流入地的预期居留时间越高，劳动力选择进入该城市的概率受高铁影响的强度和显著性也越高。

第四，在机制检验中，本书通过拓展市场潜力模型构建了高铁引致的市场潜力指标，并考察它对劳动力就业区位选择的影响效果。结果显示，市场潜力每提高 1 个百分点，就会导致劳动力选择到该城市就业的概率显著提高 0.021 个百分点。改变空间衰减系数 α 的取值和替换不同抽样比例的劳动力子样本都不会导致回归结果的显著性发生改变。此外，市场潜力的提升对异质性劳动力选择进入该城市就业的概率的影响也有所不同，对于每一类劳动力而言，城市市场潜力提升和城市开通高铁对他们就业区位选择的影响效果大体相同。

以上结论的政策启示为：第一，充分认识中国高铁在劳动力就业区位选择中的正向影响作用，顺应开通高铁的城市对劳动力具有更强吸引力的发展趋势，不断完善中国"八纵八横"高铁网络建设。第二，中部地区可加大高铁建设力度，推进高铁支线建设，优化高铁网络，东北地区和西部地区则应逐步完善高铁干线建设。第三，各地在不断推进高铁建设的同时也要从加强市内交通运输硬件基础设施建设、加强软件基础设施建设、增强公共服务水平和推进产业结构升级等方面兼顾城市综合实力的提升。第四，城市的中长期发展战略应与高铁开通紧密相连。

与已有研究相比，本书在以下三个方面取得了新的进展。第一，本书从高铁的三大基本属性入手阐述了高铁对劳动力区位选择的主要影响机制。第二，本书以微观劳动力个体为研究对象，运用条件 Logit 微观计量模型实证分析了中国高铁对劳动力就业区位选择的总体影响和异质性影响。第三，本书将高铁通行时间和通行频次数据同时引入市场潜力模型，构建了由高铁引致的城市市场潜力指标，并在此基础上对中国高铁对劳动力就业区位选择的影响机制进行检验。

综上所述，本书通过研究发现，城市开通高铁对劳动力就业区位选择存在显著的正向影响，它能够通过引致城市市场潜力提升进而提高劳动力流入该城市的概率。通过系统、深入地考察中国高铁对劳动力就业区位选择的影响效果与作用机制，可以更加深刻地理解中国高铁在劳动力空间布局演化中起到的重要作用，这对优化当前中国区域经济空间格局、构建现代化经济体系和解决经济发展不平衡不充分的问题都具有重要意义。

目　　录

第 1 章

引　言

　　高速铁路是 20 世纪下半叶世界客运技术领域最为重要的突破性进展之一。与西方发达国家相比，中国高铁的发展起步较晚，但是发展速度十分迅猛。截至 2021 年底，中国大陆高铁运营总里程突破 4 万公里，占世界高铁运营总里程的 2/3 以上，稳居世界第一①。高铁的大规模投资、建设和运营，不仅改善了中国的交通运输条件、改变了人们的出行方式，还对劳动力的空间区位选择产生了不容忽视的影响，劳动力空间布局逐步演变。随着劳动力资源在区域间的配置不断优化，中国的人口红利得到充分开发，不断推动中国区域经济形成高质量发展新格局。2021 年 12 月国务院印发《"十四五"现代综合交通运输体系发展规划》，明确指出"十四五"期间中国将进一步加快推进"八纵八横"高速铁路主通道建设，有序推进区域性高铁连接线、延伸线建设，增强路网灵活性和机动性。高铁俨然已经成为加快推进交通强国建设、构建现代综合交通运输体系、促进区域协调发展的重要引擎。在此背景下，研究高铁对劳动力流动的影响具有十分重要的意义。

---

　　① 新华网，"我国高铁运营里程达到 4.2 万公里"，2023 年 1 月 13 日。网址：http：//m. xinhuanet. com/2023 – 01/13/c_1129282181. htm。中国政府网，"铁路事业发展稳步前行"，2022 年 10 月 11 日。网址：https：//www. gov. cn/xinwen/2022 – 10/11/content_5717137. htm。

1.1 研究背景、目的与意义

本节首先阐述本书的研究背景，在此基础上明确本书的研究目的并提出本书所要研究的具体问题，最后明确本书的研究目的和研究意义。

1.1.1 研究背景

改革开放 40 多年来，中国的经济社会发展经历了翻天覆地的巨大变化，经济社会结构也发生了深刻转变。在改革开放波澜壮阔的历史进程之中，最引人注目的经济社会现象之一莫过于劳动力在城乡之间和区域之间的大规模流动。这场劳动力人口出于追求自身发展机会目的的自发性流动，是中国历史上甚至世界历史上罕见的大规模人口流动事件，也是决定中国能否顺利完成工业化、信息化、城镇化和农业现代化以及能否成为经济强国的重大社会事件（段成荣、杨舸，2009）。虽然在新中国成立初期，中国也曾经历了短暂几年的劳动力自由流动阶段，但是在当时由于劳动力自由流动所导致的城市生活物资短缺和就业压力激增等社会问题不断显现，对社会稳定和人民正常的生产生活产生了不良影响。因此，国家在 1958 年 1 月颁布了《中华人民共和国户口登记条例》，明确要求公民只有持有关劳动部门或学校的录用证明或者城市户口登记机关的准予迁入证明才能进行跨区域流动。户口登记制度的实施极大地强化了劳动力流动的制度壁垒，在此后相当长一段时间里中国的劳动力流动都处于严格控制阶段，直到改革开放后才开始有所松动。

1984 年，为了顺应改革开放后国家经济发展和城市化建设的需要，国务院发布文件允许农村劳动力自带口粮进集镇落户①。虽然此时中国劳动力流动依然受到诸多限制，但是已然成为大势所趋，农村剩余劳动力自此开始

---

① 指 1984 年 10 月 13 日国务院发布的《国务院关于农民进入集镇落户问题的通知》。

不断流向城市，与户籍管理相关的制度和政策在之后的经济社会发展过程中也不断地进行着适应性调整与改革。从数量上看，在 1982～2019 年间，中国的流动人口总数从 657 万人增加到了 2.36 亿人（见图 1－1）①，流动人口的年均增长率约为 10.16%，2014 年之后流动人口总量有所回落。从空间分布上看，在 2010 年之前，全国流动人口主要流向北上广深四个超大城市和东南沿海地区，2005 年全国跨省流动人口占比达 46.1%，其中东部地区吸纳的流动人口占总流动人口的 64.6%②。而在 2010 年之后，虽然东南沿海地区依旧是流动人口的主要流入地，但是中西部地区对劳动力的吸引力明显增强，2015 年全国跨省流动人口比例下降到 39.4%，东部地区吸纳流动人口的比例下降到 54.8%③，降幅接近 10 个百分点。可见，这场时间跨度长、数量规模大的人口流动不仅改善了中国国内劳动力的利用状况，提高了资源配置的效率，还改变了国内劳动力的空间分布格局。要素的流动通常伴随着知识的交流、技术的扩散和思想的碰撞，因此劳动力流动在规模和空间分布上的变化必然会引发全国范围内广泛而又深刻的经济、社会、文化、生活方式和价值观念的变革，从而使劳动力流动成为推动中国经济社会快速发展的重要因素。

关于中国劳动力一个值得思考的重要问题是：什么是劳动力流动的主要动因？其背后可能的影响因素是什么？新古典区域经济学理论认为劳动力流动是资源分布不均引起的，受宏观和微观两个层面的因素影响。宏观层面的影响因素主要为相对价格差异导致的经济要素的空间分布差异，当劳动力和

---

① 鉴于当前中国国内并没有反映劳动力人口的流动情况的统计数据，也难以确定历年全国流动人口中劳动力人口的具体占比，因此本书在此处使用流动人口总量进行分析。这样做的主要原因为：在改革开放后中国的历次人口普查数据中，以就业为主要流动目的的流动人口在总流动人口中占比始终保持在六成以上，在国家卫生健康委发布的历年流动人口动态监测数据中，以就业为主要流动目的的流动人口样本占总样本量的八成以上，由此可知工作就业是中国人口流动的最主要目的、劳动力人口是中国流动人口的主体。因此，本书认为中国总体人口流动情况在很大程度上能够反映出中国劳动力人口的流动情况，在缺少能反映劳动力流动的准确数据的情况下，用流动人口总量进行粗略的分析是合理的。

② 2005 年全国 1% 人口抽样调查。

③ 2015 年全国 1% 人口抽样调查。

资本的空间分布不均衡时，劳动力流动便会发生（姚华松、许学强，2008）。微观层面则强调劳动力流动是个体理性选择的结果，主要目的为在流动地获得比流动成本更高的劳动报酬。一个脱胎于新古典经济学理论并被广泛应用的劳动力流动理论是推拉理论，这一理论认为劳动力流动是由一系列促使劳动力离开一个地方的"推力"与吸引劳动力来到另一个地方的"拉力"相互作用所形成的合力引起的，并将经济因素视为劳动力流动的主要动因（Herberle，1938；Bogue，1959）。改革开放后，推拉理论也一度成为分析中国劳动力流动的主要理论工具。但是，任何理论的应用都必须与实践相结合。与西方国家不同的是，中国的劳动力流动更复杂多样，在分析中国劳动力流动的问题时，不管是"推力"还是"拉力"都应该置于中国特色社会主义现代化建设的背景之下，结合中国的具体国情进行分析。具体来看，除了区域资源分配不均这一影响劳动力流动的一般性因素之外，中国特殊的户籍制度和地理障碍都应该被给予高度关注。

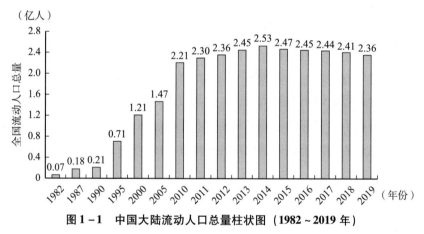

图 1 - 1　中国大陆流动人口总量柱状图（1982 ~ 2019 年）

资料来源：1982 年、1990 年、2000 年和 2010 年数据分别来自第三 ~ 六次全国人口普查；1987 年、1995 年和 2005 年数据来自当年全国 1% 人口抽样调查；2011 ~ 2019 年数据来自国家统计局发布的《国民经济和社会发展统计公报（2012 ~ 2020 年）》。

　　改革开放后，中国户籍制度改革总体上是有序推进和不断进步的。1978 年至 21 世纪初期，这一阶段中国的流动人口政策有一定程度的松动，但是程度十分有限。2003～2012 年间，全国贯彻实施公平对待流动人口的理念，相关政策发生了一系列变化，如放宽落户条件、小城市和小城镇户口限制取消和大中城市适度放开等。2012 年之后，中国进入户籍制度加速改革阶段。2017 年，习近平总书记在党的十九大报告中强调破除阻碍人口流动的壁垒，特别要求"破除妨碍劳动力、人才社会性流动的体制机制弊端，使人人都有通过辛勤劳动实现自身发展的机会"[①]。可见，劳动力流动已经成为新时代中国人口发展的核心议题和关键因素，未来中国的流动人口政策将会越来越人性化，制度设计也将越来越系统。

随着户籍制度的限制不断弱化，中国广袤的国土面积和多种多样的地形地貌带来的对劳动力流动的地理障碍限制就越发凸显。突破地理障碍的一个十分重要的方式就是改善交通运输条件。交通运输同时扮演着城市的创造者和破坏者的双重角色，是重塑城市空间格局、影响城市经济发展的重要引擎（Clark，1958）。在人类漫长的历史中，交通运输困难一直是阻碍世界各国人民出行的关键因素。19 世纪初，伴随着蒸汽时代的到来，火车和铁路应运而生，这一对组合起来能够产生"时空压缩"效应的交通运输工具和交通运输基础设施引发了千年来世界范围内第一次交通运输革命，成为第一次工业革命最重要的发明之一，极大地方便了人类的空间流动。然而，在近代风雨飘摇、内忧外患的时代里，中国没有赶上第一次世界交通运输革命的快车，铁路建设成为近代中国的一个梦想。新中国成立后，中国开始大力开展铁路、民航和高速公路等交通运输基础设施建设，交通运输成为国民经济的先导性领域。改革开放以来，中国经济社会发展进入黄金时期，中国交通运输事业发展也步入快车道，以铁路为例，经过近 40 年来的铁路大发展，中国铁路运营总里程截至 2019 年底已经达到 13.9 万公里[②]，位居世界第二，铁路主要交通运输指标跃居世界第一。伴随着中国现代化综合交通运输体系的不断发展，一项"既利当前、更惠长远"的重要基础设施工程也在快速

---

① 中国共产党第十九次全国代表大会报告《决胜全面建成小康社会 夺取新时代中国特色社会主义伟大胜利》。
② 国家铁路局《2019 年铁道统计公报》。

建设之中，那就是中国高铁。与传统铁路和高速公路相比，高铁通过对区域之间的时间距离进行再次压缩，将"时空压缩"效应再次发挥到极致（王缉宪，2011；Yin et al.，2015）。中国高铁建设是近年来中国乃至全世界范围内交通运输基础设施建设史上的标志性事件（张克中、陶东杰，2016）。自2008年8月国内首条拥有自主知识产权且时速达到350公里的京津城际高铁开通以来，中国高铁的规划和建设步伐不断加快，建成通车的高铁线路逐年增加。2008~2019年间中国共开通主要高铁干线49条，年均增加4条高铁干线①；全国高铁运营总里程从2008年0.06万公里增长到2019年3.5万公里，年均增加0.29万公里，年均增长率高达44.7%（见图1-2）。根据世界银行的相关报告，自2014年起中国便已经超越日本成为东亚地区乃至全世界高铁运力最强的国家（World Bank，2014）。当前，中国高铁运营总程已经突破3.5万公里，占世界高铁总里程2/3以上，稳居世界第一。可以说，在错失铁路发展良机的百年之后，中国凭借着不断锐意进取和奋斗创新抓住了第二次世界交通运输革命的机遇，通过十来年的快速发展，在中国大陆广袤的国土上正逐步建立起一个纵横交错、四通八达、安全高速的超大复合铁路网络，这在世界铁路发展史上也是前所未有的壮举。

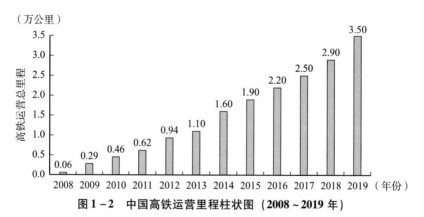

图1-2 中国高铁运营里程柱状图（2008~2019年）

资料来源：国家铁路局历年铁道统计公报和作者收集的历年高铁线路开通信息。

---

① 2008~2019年间中国大陆已开通的主要高铁线路基本情况见文末附录（一）。

　　经济学之父斯密（1776）在其著作《国富论》中就曾指出："一切改良中，以交通运输改良最有实效"。这是因为，交通运输业是经济社会发展的先导性和基础性产业，这一特征决定了交通运输条件改善与经济社会发展的方方面面都具有很强的关联性，其对经济活动的空间调整具有不可忽视的重要作用。然而，在 20 世纪中叶，铁路曾一度被西方国家视为"注定走向衰落的维多利亚时代的错误产物"（Banister and Hall，1993），被快速发展的高速公路所取代似乎成了铁路既定的命运。然而，高速铁路技术的兴起使得世界铁路发展重获生机，并展现出强大的生命力。1964 年 10 月 1 日，日本开通了从东京到大阪的时速为 210 公里的新干线铁路，标志着世界高铁时代拉开帷幕（Givoni，2006）。此后，世界高铁建设重心由东亚向西转移。20 世纪 80 年代到 21 世纪初期，欧洲一些发达国家纷纷模仿日本大力修建高铁，掀起了高铁建设的热潮，高铁也逐步成为联结欧盟各国各地区政治、经济、文化和社会等领域发展关系的纽带。进入 21 世纪后，随着中国大规模修建高铁，世界高铁建设重心再次转向东亚。自 2008 年京津城际高铁建成通车以来，中国在短短十几年的时间里从零高铁国家一跃成为世界上高铁运营里程最长、运营时速最高、在建规模最大并且拥有完善的高铁技术体系和技术标准的高铁强国，成为世界高铁发展新潮流的引领者。

　　作为 20 世纪世界交通运输领域最重要的创新之一，高铁集合交通运输基础设施的完善和交通运输工具的进步于一体，能够通过与传统铁路配合实现客货分离，进一步释放国家或地区铁路交通运输的潜力。从"蜀道之难，难于上青天"到"朝发夕至"，高铁的迅猛发展是中国交通运输史上的一次伟大变革。在传统铁路运输系统上发展高铁不仅能够优化区域原有的交通运输网络、进一步压缩区域间的时空距离，其所构建的复合交通运输网络还能极大地提高劳动力、资本和技术等经济要素在区域间的流动速度和流动规模，改变空间经济发展格局，甚至重塑中国区域经济版图。中国高铁如火如荼的发展引起了国内外大量学者的广泛关注，相关研究也层出不穷。但是，目前已有研究侧重于考察中国高铁对经济发展的影响，如高铁对宏观层面区域和城市经济发展与经济联系的影响（李红昌等，2016；刘勇政、李岩，

2017；Ke et al.，2017；Yu et al.，2020）、对中观层面产业发展的影响（邓涛涛等，2017；李雪松、孙博文，2017；朱文涛，2019）、对微观层面企业生产、演化与发展的影响（李欣泽等，2017；唐宜红等，2019）等等。相比于大量研究高铁经济增长效应的文献，目前国内对于中国高铁对劳动力流动的影响研究则相对较少。但是，当我们思考交通运输的本质时便会发现，交通运输基础设施和交通运输工具作为要素空间流动的重要载体，它们最基本的功能就是实现人和物在空间上的位移。一旦这种位移便利得以实现，交通运输便会通过影响某些经济活动来影响经济要素的空间流动。而中国高铁作为客运专线，其所具有的快速准时、载客量大和安全舒适等优势都能对个体产生直接影响。如果高铁没有这种对最富创造力的经济主体——人的直接影响，它就难以产生对企业、产业、城市和区域经济发展的影响，因为正是这种对每个微观个体的直接影响汇聚起来才会形成促使劳动力等生产要素在更广阔的空间里分配与整合的巨大力量，从而全面深刻地影响中国空间经济版图。其实，从前文的分析中就可以发现，在中国高铁快速发展的十余年间，中国的劳动力流动出现了一个明显变化，那就是劳动力流动的总量规模趋于稳定甚至略有下降，但是劳动力的流向发生了明显变化。这不禁令人思考，在劳动力流动的过程中，高铁的快速发展有没有对其产生影响、产生了什么样的影响呢？本书认为，这是一个值得研究的重要问题。

当前，研究包括高铁在内的交通运输条件的改善对劳动力流动的影响的国内外文献主要从宏观、微观两个层面和长短期两个维度来考察这一问题。具体而言，宏观层面的研究重点考察劳动力流动的总体表现。其中，对宏观层面劳动力短期流动的研究重点关注高铁对劳动力流动规模和频率的影响（马伟等，2012；李祥妹等，2014；Lin，2017；Guirao et al.，2017；Wang et al.，2019；Heuermann and Schmieder，2019），对宏观层面劳动力长期流动的研究重点则为高铁如何影响劳动力的空间分布格局与演化（Sasaki et al.，1997；Kim，2000；Atack et al.，2009；Zheng and Kahn，2013；Garcia - López et al.，2017；覃成林、朱永磊，2013；王赟赟、陈宪，2019；余泳泽、潘妍，2019）。微观层面的研究则围绕劳动力个体行为变化展开，研究认为短期中高铁主要影响劳动力个体的出行行为（Fröidh，2005；Cascetta et al.，2011；侯雪等，2011；Chen et al.，2016；Ren et al.，2019），而在长期，高铁则会影响劳动力个体的区位选择行为（Vaturi et al.，2011；Dong et al.，2020；汪三贵、王彩玲，2015）。通过梳理文献，本书发现，在现有研究中宏观分析有余而微观研究不足，尤其是国内目前还很缺乏对于高铁对劳动力个体的区位选择行为的影响研究。但从理论上看，劳动力流动的核心机制恰恰就是劳动力个体的区位选择，它能够直接影响宏观层面劳动力的分布格局进而影响区域经济发展。当前，中国高铁的快速发展使得劳动力流动格局又出现了新的变化。虽然从整体来看劳动力流动依旧呈现出向沿江、沿海和沿主要交通运输干线地区集聚的趋势，但是北京、上海、广州和深圳等超大、特大城市已经不再是流动的唯一选择，许多与一线城市连通高铁的周边城市也已成为劳动力在进行区位选择时的重要备选项（Dong et al.，2020）。这种变化无疑会在未来对中国的城市群发展、城市体系建设和空间经济结构产生重要影响。可以说，劳动力个体的区位选择是区域经济发展的重要微观基础。因此，基于当前中国劳动力流动和高铁发展的现实背景和已有研究的不足，本书将重点考察中国高铁对劳动力区位选择的影响及影响机制，以期丰富该领域的研究成果，为中国高铁对劳动力流动的影响研究提供微观证据。

1.1.2 研究目的

作为一项考察中国高铁对劳动力长期流动的影响的微观层面研究，本书重点关注的是城市开通高铁对异质性劳动力以就业为主要目的的区位选择的影响与机制。因此，本书所要解决的主要研究问题具体包括以下三方面：

第一，中国高铁对劳动力就业区位选择是否存在影响？

第二，对于异质性劳动力而言，中国高铁对其就业区位选择的影响是否存在差异？

第三，中国高铁对劳动力就业区位选择的影响机制是什么？

综合前述研究背景和本书的主要研究问题，本书的研究目的主要包括以下两点：

第一，在现有理论与文献的基础上，揭示高铁对劳动力区位选择的主要影响机制。

第二，选择合适的数据、变量与模型，运用相关微观计量经济学分析方法，通过在劳动力个体层面建立微观计量模型，定量分析中国高铁对劳动力就业区位选择的总体影响和异质性影响，并对相关影响机制进行实证检验。

1.1.3 研究意义

异质性劳动力区位选择问题是区域经济学、空间经济学和劳动经济学等经济学分支学科的热点交叉研究领域，主要关注异质性劳动力区位选择行为及其引致的区域城市发展与社会经济现象。但是，主流的西方经济学并不重视劳动力流动对经济活动空间结构的影响，在一定程度上忽视了劳动力流动对经济地理的重塑效应，而作为重点研究资源要素空间配置问题的空间经济学则刚好能够弥补主流经济学对劳动力空间区位研究的忽视（梁琦等，2018）。空间经济学认为经济活动的空间分布依赖于劳动力和产品等要素的空间流动，而要素的空间流动则依赖于交通运输基础设施的状况（Fujita et al.，1999）。高铁是 21 世纪现代化国家交通运输基础设施的重要战略组成部分，其运输效率远远高于普通铁路和高速公路，在中短途距离的出行上高铁的运输效率甚至超过民航。这种颠覆性的客运技术突破，极大地改变了城市或区域之间的通达程度，加速了中国的城市群发展和区域一体化进程，促进了生产要素在地理空间上的优化配置，对劳动力流动产生了不容忽视的巨大影响。因此，本书以空间经济学理论为基础，结合其他经济学分支学科相关理论观点以及微观计量经济学方法，定性定量分析中国高铁对异质性劳动力以就业为目的的区位选择的影响效果，并探索该影响的作用机制，在一定程度上能够丰富异质性劳动力区位选择理论的研究并为其提供来自中国的经验证据。

此外，就现实意义而言，研究中国高铁对劳动力区位选择的影响对于中国宏观区域经济发展以及高铁网络建设具有重要的参考意义。当前，面对中国劳动力持续大规模流动、"八纵八横"高铁网络建设迅猛发展和经济发展进入新时代的现实背景以及户籍制度改革速度不断加快的政策背景，从经济学角度对高铁影响劳动力区位选择的问题进行分析很有必要。大规模的高铁网络建设会对异质性劳动力个体区位选择带来什么样的影响？假如高铁影响了劳动力个体的区位选择，那么它又是通过何种作用机制来影响的呢？定量识别高铁的这一效应，将有助于更好地回答上述问题。只有清楚认识到高铁对微观层面劳动力区位选择的影响，才能在未来的制度制定和政策决策中更加明确高铁对宏观层面经济和社会发展的支撑和引领作用，使其更好地为解决中国社会人民日益增长的美好生活需要和不平衡不充分的发展之间的矛盾这一大目标服务。

1.2　研究对象与概念界定

本书的主要研究对象是中国高铁和劳动力流动，涉及的主要概念包括高铁、劳动力和劳动力流动。本节将依次对这三个关键概念进行说明与定义界定。

1.2.1　高铁

高铁（High-speed Rail，HSR），或称"高速铁路"，是 20 世纪 50 年代之后国际客运技术领域最为重要的突破性进展之一（Banister and Hall，1993）。吉瓦尼（Givoni，2006）认为，高铁设计的主要目的是在客流量较大的线路上用高铁取代传统铁路服务，并缩短行车时间，从而提高铁路交通运输服务的质量。1964 年 10 月 1 日，连接日本东京和大阪的新干线（Shinkansen）投入运营标志着现代高铁时代的来临（贾善铭、覃成林，2014）。

之后，在 20 世纪 80~90 年代，欧洲各国也相继建设运营高铁，主要包括：法国高铁 TGV、德国高铁 ICE、西班牙高铁 AVE、意大利高铁 Direttissima、瑞典高铁 X2000 和横穿英吉利海峡连接英法的"欧洲之星（Eurostar）"。2000 年之后，东亚地区开始成为高铁发展的重点区域，2004 年韩国高铁 KTX 开始投入运营，2008 年中国高铁（China High - Speed Rail，CHSR）开通运营。当前，中国已经成为世界高铁大国，中国高铁运营总里程占世界高铁运营总里程的 66% 以上。

当前，世界上主要的高铁发展国家和地区以及相关国际组织对"高铁"的定义有以下四种。第一，国际铁路联盟（International Union of Railways，UIC）认为"高铁"是一个应用各种高度复杂的技术将铁路基础设施（infrastructure）、铁路车辆（rolling stock）、电信（telecommunications）、运行条件（operating conditions）和设备（equipment）等因素结合起来的大型综合系统。其中，铁路基础设施指设计时速为 250 公里及以上的新建高铁线路，或者经过改造后运营时速在 200 公里或 220 公里以上的原有铁路线路；铁路车辆指为高铁专门设计的动车组列车①。第二，欧盟认为"高铁"指列车时速为 250 公里或以上的专门建造的高速线路，以及列车时速为 200 公里或以上的专门改进的高速线路②。第三，日本认为凡一条铁路的主要区段，列车运营时速能够达到 200 公里或以上，即可称之为"高铁"（李学伟，2010）。第四，中国国家铁路局认为"高铁"是指设计开行时速 250 公里以上（含预留），初期运营时速 200 公里以上的客运列车专线铁路③。可以发现，由于不同国家和地区高铁的运营技术不完全相同，因此目前国际上对于高铁的定义并没有统一的标准。不过，虽然不同国家和组织对于"高铁"的定义不完全相同，但是"高速度"是目前世界公认的认定铁路线路是否为高铁

---

① 国际铁路联盟官方网站：https://uic.org/passenger/highspeed/#What - is - High - speed - rail。

② 欧盟 1996 年颁布的《欧洲联盟理事会关于跨欧洲高铁系统的可互操作性的 96/48/EC 指令》。在该文件中，欧盟给出了"高铁"和"高铁车辆"的标准，并且这一标准普遍适用于欧盟成员国。

③ 中国国家铁路局官方网站：http://www.nra.gov.cn/ztzl/hyjc/gstl_/。

的最主要标准。

由于本书的主要研究对象是中国高铁，它指的是不包括香港和澳门特别行政区以及台湾地区的中国大陆地区建设运营的高速铁路。因此本书使用中国国家铁路局对于"高铁"的定义，并按照这一定义，在后文第 4 章、第 5 章和第 6 章的经验研究中对在研究年份内中国大陆开通的所有以 G、D、C 英文字母开头的铁路线路进行筛选，得到符合条件的高铁线路和相应已开通的高铁站点。

1.2.2　劳动力

劳动力（Labor Force）有广义和狭义之分，广义上的劳动力指全部人口，狭义上的劳动力则指具有劳动能力和劳动意愿的人口。本书在研究中使用狭义上的劳动力概念。马克思在《资本论》第一卷中将"劳动力"或者"劳动能力"定义为"人的身体即活的人体中存在的、每当人生产某种使用价值时就运用的体力和智力的总和"（马克思、恩格斯，1972）。劳动经济学学者（Ehrenberg and Smith，2012）将"劳动力"定义为"16 周岁以上正在工作或者正在寻找工作的人，这其中也包括那些暂时失业但等待着被召回继续工作的人"。国际劳工组织（International Labor Organization，ILO）将"劳动力"定义为"年龄在 15~64 周岁有劳动能力和劳动意愿的人口"。而中国则针对不同性别对劳动适龄人口进行定义，将 16~60 周岁之间的男性人口和 16~55 周岁之间的女性人口视为劳动适龄人口，而"劳动力"则指具有劳动能力和劳动意愿的劳动适龄人口（吴忠观，1997）。可以发现，无论劳动力适龄人口的年龄界限如何划定，劳动力人口通常都是指劳动适龄人口中已经就业的和尚未就业但有就业意愿的人口。综合考虑现有研究中对劳动力的定义和当前中国社会呈现出逐渐延长退休年龄的改革趋势，同时也考虑到目前中国与流动人口相关的微观调查数据的统计口径，本书在研究中不区分性别，统一将"劳动力"界定为"年龄在 15~59 周岁之间的已经就业的和有就业意愿但尚未就业的人口"。

1. 2. 3 劳动力流动

劳动力流动是本书的另一个主要研究对象。在西方经济学中，劳动力流动或迁移（Labor Mobility）是指劳动力在市场机制的作用下，为实现个人生存和发展的需求而产生的流动或迁移行为（Duranton，2014）。考虑到本书研究的根本问题是高铁是否能影响劳动力的就业区位选择，在这个问题里劳动力流动的本质是劳动力所处的地理空间的改变，强调的是劳动力个体在地理空间位置转换上的表现（孙三百，2014），因此本书将劳动力流动定义为劳动力个体空间区位的变化。值得注意的是，虽然"流动"和"迁移"这两个词在语言学上存在差别，但由于西方国家并不存在户籍制度，因此在西方的经济学研究中劳动力的"流动"和"迁移"并没有本质上的不同。而中国由于存在独特的户籍制度，在相关研究中一般以劳动力户籍变动与否区分劳动力流动和劳动力迁移（蔡昉，1995；李薇，2008）。也就是说，如果劳动力离开户籍登记地但是户籍并不随居住地改变而改变就称其为流动，相反如果劳动力户籍登记地随居住地改变而改变那么一般就称之为迁移。改革开放以来尤其是 20 世纪 90 年代以来，随着中国户籍制度逐渐放松，不伴随户籍登记地改变的人口流动行为大幅增加，全国城市常住人口中流动人口所占比例不断上升。2017 年，党的十九大报告明确指出未来中国将进一步破除阻碍人口流动的壁垒，加快户籍制度改革，促进市民化的发展。因此，鉴于当前全国人口流动情况和未来发展趋势，本书将劳动力流动而非迁移作为重点研究对象，不考察劳动力的户籍登记地是否发生改变。

1.3 研究思路、方法与内容

本书的研究思路遵循"分析背景—梳理文献—提出问题—分析问题—解决问题"的基本逻辑。对于研究背景的分析和对于已有文献的梳理是本书的研究基础，在此基础上提出本书研究的核心问题。作为一项基于现实问题的影响研究，本书在考察具体问题时，首先解决的是"有没有影响"的问题，即中国高铁对劳动力流动是否存在影响？影响是正向的还是负向的？影响效果有多大？是否存在异质性影响？之后进一步考察"为什么有影响"，即中国高铁对劳动力流动的可能的影响机制是什么？该机制能否通过实证检验？最后得出结论，并进行总结与展望。

1.3.1　研究思路

本书的主要研究思路（见图 1-3）如下所述：

第一，分析背景。首先通过对中国的劳动力流动和高铁发展的背景进行事实性分析，发现中国高铁快速发展的十余年正是劳动力流动总体规模趋于稳定而空间分布发生变化的时期。之后针对这一现象，本书确立研究主题，明确研究目的和研究意义。

第二，梳理文献。针对已经确定的研究主题，本书对国内外现有的相关文献进行梳理与总结，通过对高铁影响劳动力流动的理论与经验研究进展进行综述，掌握目前该领域已有的研究成果，并总结现有研究存在的不足，为本书后续的理论与经验分析提供文献基础。

第三，提出问题。在明确了本书的研究主题和掌握了已有研究的主要贡献和不足的前提下，进一步提出所要研究的三个具体问题。

第四，分析问题。本书从理论研究和经验研究两个方面对所要研究的问题进行分析。在理论研究中，本书首先总结高铁的三大基本属性，进而基于这三个属性从区域通达程度影响劳动力流动、区域经济发展影响劳动力流动和区域不可贸易品影响劳动力流动这三个方面对相关理论进行分析，并在此基础上阐释高铁对劳动力区位选择的主要影响机制。在经验研究中，本书综合使用全国流动人口动态监测调查数据和地级市层面的经济社会统计数据和高铁数据等城市特征数据，通过在劳动力个体层面建立条件 Logit 计量模型，实证检验中国高铁对劳动力就业区位选择的总体影响和异质性影响，并通过改变研究样本的抽样比例和"安慰剂"检验等方法对计量回归结果的稳健性进行检验。在此基础上，构建高铁引致的城市市场潜力指标，进一步对高铁对劳动力就业区位选择的影响机制进行实证检验。通过改变市场潜力模型中的空间衰减系数的方法改变城市市场潜力指标，使用不同城市市场潜力指标检验回归结果的稳健性。

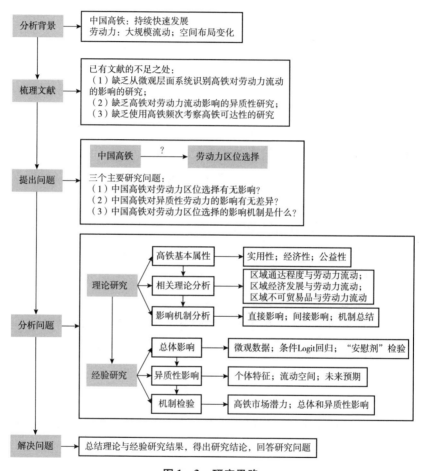

图1-3 研究思路

第五，解决问题。结合理论分析和经验分析，本书最后对研究所获得的结论进行总结、完善和深化。并在此基础上提出相关的政策启示与未来研究展望。

1.3.2 研究方法与技术路线

本书坚持以现有研究理论为指导,融合经济地理学、新经济地理学、西方经济学、城市经济学和公共经济学等相关理论,在这些理论研究的基础上分析中国高铁对劳动力流动的影响与机制。通过将理论研究与经验研究相结合,系统、深入地对中国高铁对劳动力流动的影响问题进行解读。

1. 研究方法

第一,文献分析法。文献分析是社会科学研究中不可缺少的重要环节。根据特定的研究主题和研究目的去搜集和查阅相关研究领域内已经存在的文献资料,能够帮助研究者在有限的时间内全面、系统和及时地了解该研究主题的研究现状和当前的研究热点与前沿动态,有助于研究者掌握该研究领域的已有研究成果和存在的不足,并在此基础上明确具体的研究方向和研究问题。可以说,只有为研究打下良好的文献基础,才有可能在已有研究的基础上进行拓展与创新。作者自初学区域经济学起,就一直对交通运输条件改善对区域与城市经济发展的影响的问题有所关注,尤其是对高铁客运专线对劳动力区位选择的影响问题有所关注。通过梳理国内外已有文献,结合中国高铁网络建设和劳动力流动的现状,作者最终确定对中国高铁对劳动力流动的影响问题进行研究。

第二,理论分析法。除了文献分析,任何一项规范系统的研究都不能脱离理论的支撑。劳动力流动如何受高铁的影响虽然是从现实问题而来,但也存在坚实的理论基础。本书认为,劳动力流动归根结底是劳动力个体出于对美好生活的向往、基于自身发展或者家庭幸福最大化的原则、经过综合判断作出的对于空间区位的选择。而交通运输对这一过程起到了直接和间接的影响。支撑本研究的相关理论主要有三个方面,一是区域通达程度影响劳动力流动的理论,主要从交通运输网络的可达性理论视角进行分析,二是区域经济发展影响劳动力流动的理论，主要从西方经济学视角和新经济地理学视角进行分析，三是区域不可贸易品影响劳动力流动的理论，主要从公共经济学视角和城市经济学视角进行分析。在劳动力流动影响因素的理论分析的基础上，本书进一步阐释高铁对劳动力流动的影响机制。

第三，经验分析法。作为一项立足于现实问题的应用型研究，经验分析方法十分重要。本书具体运用的经验分析方法主要有：一是，对第4章、第5章和第6章的经验研究中所使用的数据进行描述性统计分析；二是，综合使用劳动力微观个体数据、高铁数据和地级市城市特征数据，运用微观计量经济学的多值离散选择条件 Logit 模型进行计量回归分析，识别中国高铁对劳动力区位选择的总体影响效果和异质性影响效果，并使用不同方法对计量回归结果的稳健性进行检验；三是，拓展市场潜力模型，构建高铁引致的城市市场潜力指标，并结合条件 Logit 模型对中国高铁影响劳动力区位选择的机制进行回归分析。

2. 本书的技术路线

本书的技术路线如图 1 - 4 所示。梳理当前国内外已有研究，为本书的理论与经验研究框架构建提供研究思路。当前，从劳动力个体区位选择的视角研究高铁对劳动力流动的影响的文献尚不多见。本书从高铁的基本属性出发，分析相关理论，总结高铁影响劳动力区位选择的直接影响效应和间接影响效应，揭示了高铁对劳动力区位选择的影响机制。在此基础上，利用全国流动人口动态监测调查数据、高铁数据和地级市经济统计数据等数据，运用条件 Logit 模型，基于劳动力就业区位选择对本书的研究问题展开经验研究。本书的经验研究是依次递进的：首先，将全体劳动力样本视为同质，研究城市开通高铁对劳动力就业区位选择的总体影响；其次，从劳动力的个体特征、流动空间和未来预期三个方面选择七种主要的异质性研究城市开通高铁对劳动力的异质性影响；最后，在实证分析了城市开通高铁对劳动力区位选择的影响的基础上，进一步检验其影响机制。文章结尾对本书的研究结果进行总结，然后在主要结论的基础上引申出政策启示，并基于本书存在的主要不足对未来研究进行展望。

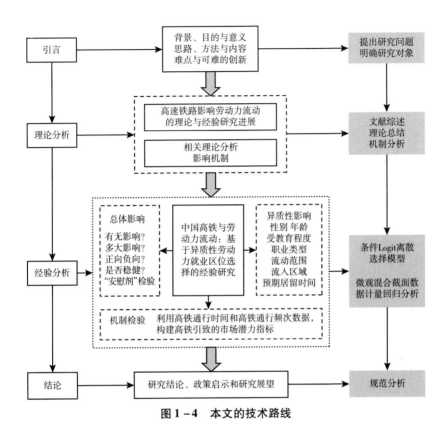

图 1 - 4　本文的技术路线

1.3.3　研究内容

本书共分为 7 章，具体内容安排如下：

第 1 章，引言。阐述本书的研究背景、目的与意义，提出研究重点要解决的问题，明确研究对象并对相关概念进行界定。同时，梳理本书的研究思路、研究方法和研究内容，明确研究的技术路线。最后，对本书的难点和创新点作出总结。

第 2 章，文献综述。通过梳理与研究相关的参考文献，力图对高铁影响劳动力流动的理论与经验研究进展进行系统的梳理，并在此基础上对已有研究中存在的主要不足做简要评述。在对理论研究的总结上，本书主要梳理了经济地理学、新经济地理学和定量空间经济学对于交通运输影响劳动力要素流动的相关研究。在对经验研究的总结上，本书基于宏微观两个层面和长短期两个维度，将现有相关经验研究分为四个类型，分别为：高铁影响劳动力短期流动的宏观层面研究，高铁影响劳动力短期流动的微观层面研究，高铁影响劳动力长期流动的宏观层面研究，以及高铁影响劳动力长期流动的微观层面研究。根据此分类，对文献逐类进行综述，并对已有研究的不足进行总结。

第3章，高铁影响劳动力流动的理论框架。首先从高铁作为交通运输方式、作为大型基建和作为准公共物品这三个角度出发总结了高铁的三大基本属性，即实用性、经济性和公益性，接着分别从区域通达程度影响劳动力流动、区域经济发展影响劳动力流动和区域不可贸易品影响劳动力流动这三个方面对劳动力流动影响因素进行理论分析，之后讨论高铁对劳动力流动的直接影响效应和间接影响效应并在此基础上总结高铁对劳动力流动的影响机制。

第4章，中国高铁对劳动力流动的总体影响研究。利用全国流动人口动态监测调查数据，以2012～2016年1～4月流入居住地的43 668个劳动力的10%子样本为主要研究对象，构建包含全国282个地级市的备选城市集合，并将劳动力区位选择的匹配数据和城市经济社会统计数据与城市高铁开通等反映城市特征的地级市层面数据相结合，在微观个体层面建立条件Logit模型，控制个体固定效应，实证考察城市高铁开通对劳动力就业区位选择的总体影响效果。之后，通过改变子样本的抽样比例为5%和7.5%以及"安慰剂"检验来考察实证回归结果的稳健性。

第5章，中国高铁对劳动力流动的异质性影响研究。由于异质性劳动力对城市是否开通高铁可能会表现出不同的偏好，因此本章主要探讨中国高铁对异质性劳动力就业区位选择的影响是否存在差异。从个体特征、流动空间和未来预期三个方面考察劳动力的异质性。异质性个体特征主要包括劳动力的性别、年龄、受教育程度和职业类型；异质性流动空间主要指异质性流动范围和异质性流入空间，异质性流动范围可以从劳动力是否跨省流动和劳动力的流动距离两个方面考察，异质性流入空间可以从四大经济区域和大中小城市两个方面考察；异质性未来预期主要指劳动力预期在流入地的居留时间的异质性。通过按照不同异质性对样本进行分组回归，考察城市开通高铁对异质性劳动力就业区位选择的影响效果，并对实证结果进行稳健性检验。

第 6 章，中国高铁对劳动力流动的影响机制检验。对中国高铁对劳动力就业区位选择的影响机制进行检验，即检验高铁是否是通过改变城市市场潜力进而影响劳动力的就业区位选择。使用高铁通行频次指标，拓展市场潜力模型，构建高铁引致的城市市场潜力指标，运用条件 Logit 模型实证检验高铁影响劳动力就业区位选择的机制，并通过改变子样本的抽样比例和改变市场潜力模型中的空间衰减系数的取值对回归结果进行稳健性检验。在总体回归之后，同样也对市场潜力对异质性劳动力就业区位选择的影响效果进行研究。

第 7 章，结论、启示与展望。对研究的主要结论进行归纳概括，并在此基础上，提出与此相关的政策启示。之后，基于本书的具体研究工作，针对当前研究存在的一些不足之处，对未来的研究进行展望。

1.4　研究难点与创新

任何一项有价值的研究都存在无法回避的困难和可能取得的突破，惟有攻克难点，方能获得创新，这或许也是科学研究的魅力所在。本节对研究难点和主要创新点进行总结归纳，旨在对本书有更完整清晰的认识。

1.4.1　研究难点

本书主要存在以下三个研究难点：

第一，数据处理工作量大。作为一项立足于现实问题的微观研究，本书的经验研究部分是全文的核心部分。在经验研究中使用的是国家卫生健康委员会 2013~2017 年发布的全国流动人口动态监测数据，在实证分析中，从流动人口的流动原因、就业状态、流动时间、年龄、流动范围和流入地是否为地级市这六个方面对总体样本进行筛选，最终得到在 2012~2016 年 1~4 月流入居住地的劳动力样本，数量分别为 10 204 人、9 438 人、9 937 人、7 524 人和 6 565 人，总计 43 668 人。考虑到 Stata 软件的运行能力和计算机的硬件条件，本书最终在计量回归分析中使用的是劳动力样本的 10% 子样本，劳动力数量为 4 366 人（同时也使用了 5% 子样本和 7.5% 子样本进行稳健性检验）。由于本书还要构建包含 2011~2015 年全国 282 个地级市的备选城市数据集，并将其与劳动力个体相匹配，因此，本书计量回归分析的总样本量为 1 231 212（4 366×282＝1 231 212）。此外，本书全部变量（包括解释变量、控制变量和全部 282 个地级市的虚拟变量）的个数为 293 个。因此，本书实证数据的总观测量为总样本量 1 231 212 乘以总变量个数 293，约为 3.6 亿。由于数据量很大，因此在实证分析中，前期的数据处理会花费大量的时间和精力，这对于作者来说是一项不小的挑战。

第二，本书使用的微观计量方法具有一定难度。从计量经济学方法选择上来看，如果多项选择的研究运用了包括特定选项解释变量的更大数据集，而不仅仅是被选择的选项，这就需要运用条件 Logit 模型。本书认为每个劳动力个体所面临的备选城市集合中都包括全国 282 个地级市，因此，传统的二值选择模型和一般多项选择模型不适用于本书的研究，本书需要采用条件 Logit 模型。作为多项选择模型中新近发展出来的模型，条件 Logit 模型及其统计软件实现还在不断发展中，作者在写作过程中需要不断学习这一计量经济学方法和相应的软件应用，具有一定难度。

第三，本书不仅仅满足于探究高铁对劳动力流动的影响效果，还力图进一步探索高铁对劳动力流动的主要影响机制，对这个问题的探究本身就存在一定的难度。此外，在第 6 章的机制检验中，作者需要构建高铁引致的城市市场潜力指标，构建这一指标需要作者使用目前收集到的 2011~2015 年

《全国铁路旅客列车时刻表》，统计每年各城市间的高铁日通车频次数据，这也是一项任务量十分繁重的工作，需要耗费大量时间和精力，存在一定的挑战。

1.4.2 主要创新点

与已有研究相比，本书的贡献主要体现在对中国高铁对劳动力个体以就业为主要目标的区位选择的影响及其影响机制给予更加系统、全面的分析和阐述，并提供微观证据。本文的创新之处主要有以下三点：

第一，本书从高铁的三大基本属性入手阐述了高铁对劳动力区位选择的主要影响机制，同时从高铁作为交通运输方式、作为大型基建和作为准公共物品这三个角度总结了高铁的三大基本属性：实用性、经济性和公益性。从这三个基本属性入手，同时探讨了高铁对劳动力区位选择的直接影响效应：时空压缩效应、增长拉动效应和用脚投票效应，以及高铁对劳动力区位选择的间接影响效应：集聚效应、选择效应和类分效应。在此基础上，本书提出了高铁对劳动力区位选择的主要影响机制。这或将丰富中国高铁对微观经济主体区位选择的影响机制研究。

第二，本书是以劳动力个体为研究对象的微观层面的研究。目前，国内从微观层面探讨中国高铁对异质性劳动力的就业区位选择的影响效果和影响机制的研究较少。则利用全国流动人口动态监测调查数据，以 2012～2016 年 1～4 月流入居住地的 43 668 个劳动力的 10% 子样本为主要研究对象，构建包含全国 282 个地级市的备选城市集合，并将劳动力区位选择的匹配数据与城市经济社会统计数据和城市高铁数据等地级市层面数据相结合，在微观个体层面建立条件 Logit 模型，实证分析中国高铁对劳动力就业区位选择的影响，并进一步考察中国高铁对异质性劳动力的影响是否存在差异。由于当前在该领域的研究中，基于大样本量的微观层面分析并不多见，因此，本书的研究可能会得出一些新的发现、得到一些新的结论，或将丰富中国高铁对经济社会发展的影响的研究。

第三，在机制检验中，本书在已有文献的基础上拓展了市场潜力模型。通过将高铁通行时间和高铁通行频次同时纳入市场潜力模型，构建了由高铁引致的城市市场潜力指标，并进一步运用条件 Logit 模型实证检验该影响机制。由此，丰富了市场潜力指标的构建方法，并为中国高铁对劳动力就业区位选择的影响机制研究提供微观证据。

第 2 章

文 献 综 述

　　空间是人类赖以生存的基础，而人类社会的经济发展却在地域空间上长期处于不平衡状态。由于在经济理论研究中遇到的许多困难，传统经济学研究一直忽视了空间这一重要因素。而空间经济学①将区位、交通和土地等概念引入传统经济学分析中，试图识别出在区域和城市层面导致经济活动空间集聚的向心力和导致经济活动空间分散的离心力的微观经济基础（Proost and Thisse，2019）。因此，解释人口和财富的空间分布为什么会在不同尺度的空间范围内出现高峰和低谷是空间经济学研究的核心问题之一。当把空间纳入经济学的研究范畴之后，不管是在区域还是在城市层面上，交通运输就显得尤为重要。虽然进入 21 世纪以来，随着全球化快速发展，国家、区域或城市之间的壁垒正在逐渐淡化，但是劳动力、资本和技术等生产要素在空间上流动的成本仍然不可忽视（Anderson，2011；Head and Mayer，2014；Bosquet and Overman，2019），因此交通运输依旧被认为是塑造经济活动空

---

　　① 空间经济学存在狭义和广义之分。狭义的空间经济学仅指用主流经济学方法对空间差异进行解释的学科，即克鲁格曼等人创立的新经济地理学，而广义的空间经济学则指研究空间经济问题的学科。张可云（2013）认为，空间经济学主要包括经济地理学、区位经济学与区域经济学，Proost and Thisse（2019）认为空间经济学是区域经济学、城市经济学和交通运输经济学的综合体，从古典区位论到新近的定量空间经济学都可被归为空间经济学。为尽量避免表述歧义，本书将新经济地理学视为狭义的空间经济学，将其他研究空间经济问题的学科视为广义的空间经济学。文中提到的"空间经济学"若无特殊说明均指广义的空间经济学。

间结构的重要因素（Behrens et al.，2016）。

高速铁路在20世纪60年代率先发展于日本，并在之后的三十多年间在欧洲多国得到迅速发展。随着2008年中国首条时速350公里的高铁——京津城际高铁开通运营，高铁建设迅速在中国大陆大范围铺展开来。十年间，中国一跃成为世界范围内高铁运营里程最长的国家。日本和西欧等主要高铁国家通常仅在局部地区修建高铁，与它们不同，中国则是在全国范围内构建了"四纵四横"甚至即将建成"八纵八横"的高铁网络，这在世界铁路发展史上是前所未有的。毫不夸张地说，中国是当今世界唯一拥有覆盖全国的高铁网络的大国（Perl and Goetz，2015）。自高铁建设之日起，各区域、城市间的经济联系就在发生深刻改变。本书则重点关注引起这种空间经济格局改变的微观基础之一——劳动力流动。中国高铁的快速发展对劳动力流动产生了怎样的影响？想要回答这一问题，首先需要对已有研究进行梳理分析。本章基于当前国内外已有的研究高铁对劳动力流动的影响的文献，从理论研究和经验研究两个方面对现有文献进行综述，整合现有文献的观点和结论并对现有文献研究的进展进行评述。

2.1 高铁影响劳动力流动的理论研究

交通运输天然地影响着经济活动的空间分布（Thomas，2002）。高铁作为一种新型的交通运输基础设施，对其影响劳动力流动的理论分析可以从对于交通运输影响劳动力流动的理论分析中获得启发。从已有文献来看，对交通运输影响劳动力流动的理论研究主要有三条线索。一是基于经济地理学的理论观点，相关研究重点关注交通运输对劳动力要素的空间相互作用影响。二是基于新经济地理学的理论观点，相关研究通过构建理论模型考察交通运输成本对劳动力要素空间流动的影响。三是基于新近发展的定量空间经济学的理论观点，相关研究对现有理论模型进行突破，重点关注交通运输对经济活动的均衡空间分布的影响。

2.1.1 基于经济地理学的观点

经济地理学是一门研究并试图解释经济活动的空间格局的学科。在经济地理学中，空间相互作用（Spatial Interaction）是最重要的概念之一，它主要指人口、商品、资本或信息在空间中两个点之间的转移（Anderson，2012）。人口流动是空间相互作用的主要形式之一。乌尔曼（Uuman，1956）从理论上分析了空间相互作用必须具备的三种基本条件：互补性、可转移性和介入机会。其中，起始地和目的地之间的互补性意味着它们之间存在着某种发生空间相互作用的合理根据；可转移性是指要素流动的通畅程度；介入机会指可选择的目的地之间为吸引那些每个起始地导致的空间相互作用而展开的竞争。根据该理论，区域之间的人口流动强度主要归因于互补性、可转移性以及介入机会的强度，而交通运输对人口流动的影响则主要表现在影响区域之间人口的可转移性。虽然乌尔曼（1956）提出的理论具有重要意义，但是由于没有提出定量分析方法，只能对空间相互作用进行定性分析，具有一定局限性。

促使经济地理学从定性分析转向定量分析的关键是引力模型的引入。拉文斯坦（Ravenstein，1885；1889）首次将物理学中的万有引力概念应用于分析人口从乡村向城市流动的现象，发现人口向距离原来的村庄较近但是规模较小的城市流动的意愿与向距离原来的村庄较远但规模较大的城市流动的意愿是差不多的。之后齐普夫（Zipf，1946）将引力模型引入人口流动分析，正式提出了人口流动的引力模型。引力模型参考了经典力学中的万有引力公式，假定区域之间的人口流动与区域人口规模呈正相关关系，而与区域之间的距离呈负相关关系，通常表达为 $M_{ij} = k(l_i^\alpha l_j^\beta / d_{ij}^\lambda)$，$l$ 为人口数量，d 为距离（Greenwood，1975；Anderson，1979；Borjas，1989）。后经海恩斯和福瑟林汉姆（Haynes and Fotheringham，1984）进一步确认和拓展，引力模型逐渐成为研究要素流动空间相互作用的主流模型，并涌现出了大量的研究区域间劳动力流动的经典文献（Greenwood et al.，1991；Douglas，1997；

Ravuri，2004；Ashby，2007）。

　　劳动力流动需要克服距离障碍，而克服距离障碍的主要方式之一就是交通运输。博斯科特和奥弗曼（Bosquet and Overman，2019）在一项使用1991～2009 年英国家庭调查面板数据的研究中发现，有 43.7% 的工人一生只在他们出生的地区工作。可见空间距离障碍的存在使得劳动力流动本质上是有引力的（Kennan and Walker，2011）。交通运输技术的革新、交通运输条件的改善和交通运输基础设施的建设都是促进大规模劳动力流动的重要因素（Hatton and Williamson，1998；McKeown，2004）。经济地理学者认为改善区域间的交通运输能够通过减少距离障碍导致的空间摩擦来促进劳动力流动，进而扩大劳动力市场范围和改善劳动力在部门间的分工（Haynes，1997）。但是，由于经济地理学并不构建符合经济学范式的理论模型，只是侧重揭示现实中存在的现象，因此该领域对交通运输影响劳动力流动的研究大多为实证研究。在实证研究中，交通运输的影响通常通过交通运输基础设施建设投资、运营成本、企业成本降低、消费者成本降低、通勤成本降低以及环境成本降低等形式引入计量经济学模型，通过计量经济学方法评估交通运输对劳动力空间相互作用的影响（Weisbrod and Beckwith，1992；Lewer and Van den Berg，2008；李楠，2010；马伟等，2012；刘生龙，2014；卞元超等，2018）。尽管引力模型是物理学定律在经济学中的成功应用，但由于它只是从宏观层面解释人口流动问题，缺乏微观理论基础，因此在一段时间内一直没有被主流经济学重视（白俊红等，2017；董亚宁等，2019）。针对这个问题，一些学者从不同角度对引力模型的微观机制进行了探讨，使其基本具备了相应的微观理论支撑（Beckmann，1976；Helpman and Krugman，1985；Anderson and Van Wincoop，2003；Roy and Thill，2004）。但是，引力模型对交通运输影响劳动力流动的研究目前还是基本停留在对宏观现象的实证检验，相关微观理论机制研究还需进一步探索。

2.1.2　基于新经济地理学的观点

　　传统经济学理论认为无论在哪里生产，生产要素都会有相同的收益。但是这种理想状态与现实情况相距甚远。为了解决这一矛盾，克鲁格曼（Krugman，1980；1991）彻底抛弃了这一标准设定，他假设区域的不平衡发展是因为企业在不完全竞争及收益递增的情况下生产。克鲁格曼（Krugman，1991）通过借鉴迪克西特和斯蒂格利茨（Dixit and Stiglitz，1997）提出的以垄断竞争（Monopolistic Competition，MC）和规模收益递增（Increasing Returns to Scale，IRS）为前提的 Dixit – Stiglitz 垄断竞争模型（简称"D – S 模型"），并在分析中引入萨缪尔森（Samuelson，1952；1954a）提出的冰山成本（Iceberg Cost）概念来描述制造业产品在不同区域间的交通运输成本，构建了一个完善的一般均衡分析框架。克鲁格曼（Krugman，1991）认为影响制造业集聚的一个重要因素是交通运输成本，在两区域模型下，交通运输成本的降低会使制造业生产活动的集聚程度提高。之后，克鲁格曼和维纳布尔斯（Krugman and Venables，1995）使用相似的模型进一步分析区域发展差距问题，他们认为降低交通运输成本会导致国家间的收入差距扩大，但是当交通运输成本下降到某一阈值之后，国家间这种经济发展差距不断扩大的趋势将会发生反转，即国家间的收入差距将会随着交通运输差距的继续降低而逐渐缩小。可以说，交通运输成本是新经济地理学中心——外围模型的关键参数，在模型中，交通运输条件都通过交通运输成本这一变量来影响劳动力等要素在区域之间的流动，进而影响模型的一般均衡。因此，新经济地理学理论十分适合研究交通运输对经济活动空间布局的影响问题。

引入"冰山成本"概念极大地便利了新经济地理模型的解析求解，简化了多区域下的交通运输成本问题（Hering and Poncet，2010）。后续的理论机制研究也大多采用冰山成本来描述交通运输成本。科纳普和奥斯特海文（Knaap and Oosterhaven，2011）对新经济地理学的基本模型做了一定的修改，如简化了劳动力市场、引入了更多的部门和考虑了不同交通运输方式等，构建了一个空间可计算一般均衡模型的分析框架，用以研究荷兰高铁对劳动力流动影响，主要结果表明荷兰的高铁建设将会引起沿线 8 000 多个就业岗位的重新分布。赵文、陈云峰（2018）对经典的中心——外围模型进行扩展，构建了一个包括交通运输成本与区域劳动力流动的数理模型，考察高铁对区域经济活动的分配效应。研究结果表明高铁的开通能够通过改善区域之间的可达性和降低区域之间的交通运输成本对区域人口产生分配效应，具体表现为中心城市人口增加，外围城市人口减少。在理论推导后，该研究进一步对2007~2014年京沪高铁沿线区域人口增长率进行计量回归分析，结果表明京沪高铁开通后沿线区域总人口的空间布局发生了显著改变，人口更多地倾向于从外围地区向中心城市流动，并且以适龄劳动力流动最为明显。

然而，虽然在新经济地理模型中引入冰山成本概念这一分析方法被广泛使用，但是也有学者对此提出了质疑。麦肯（McCann，2005）认为新经济地理模型中所使用的冰山成本概念萨缪尔森（Samuelson，1952；1954a）与最初提出的冰山成本概念存在差异，而且需要审慎使用基于冰山成本假设下得到的研究结论来解释现实问题。对此，克鲁格曼（Krugman，1998）也承认在模型中引入冰山成本概念最主要的目的是为了在建模时省去交通运输部门，这更像是一个为了方便建模而使用的"技术把戏（Technical Trick）"，在一定程度上忽略了经济现实。但需要注意的是，即使对冰山成本这一处理方法存在异议，对于交通运输成本在塑造经济活动空间布局这一问题上，克鲁格曼（Krugman，2011）仍强调，虽然以信息技术为代表的技术发展使得信息传播有了新的途径，传统的交通运输在新经济地理学中仍占据重要地位，这一点对于经济快速增长的发展中国家尤为重要（种照辉，2018）。

2.1.3　基于定量空间经济学的观点

新经济地理学的理论模型关注两个对称区域，是高度程式化的设定，难以解释空间经济活动不均匀分布的问题。针对这一问题，近年来，在新经济地理学理论的基础上，定量空间经济学兴起，相关研究通过构建包含多区域的空间一般均衡模型——定量空间模型（Quantitative Spatial Models，QSM）来识别经济活动的均衡空间分布（Desmet and Rossi－Hansberg，2013；Allen and Arkolakis，2014；Ahlfeldt et al.，2015；Redding and Turner，2015；Redding，2016；Redding and Rossi－Hansberg，2017）。定量空间模型内容丰富，可以包含数据的一阶特征，因此定量空间模型纳入了大量地理条件、生产力、便利设施、地区因素以及贸易和通勤成本均不相同的区位。此外，定量空间模型还可以整合区位之间关键因素的空间相互作用，如货物贸易、人口流动和通勤。更重要的是，这些定量模型足够易于处理，能够对经验上有意义的政策和"反事实"的场景进行评估（Redding and Rossi - Hansberg，2017）。可以说，定量空间模型的发展向着构建一个能够涵盖区域、城市和运输经济学的总体框架迈进了坚实的一步。

在研究交通运输项目的影响时，定量空间模型的一大优势是它们可以考虑到与新交通运输基础设施相关的所有影响。在现实中，相连的区位显然会直接受到交通运输的影响，但是一些未连接的区位也会受到间接影响，因为一些最低成本的线路可能会通过新线路。因此，新的交通运输基础设施会导致劳动力在区域间重新分配，从而影响经济活动的空间布局。赫尔普曼（Helpman，1998）通过模型分析指出不断降低的交通运输成本能够促进经济活动的分散。雷丁和斯特姆（Redding and Sturm，2008）将赫尔普曼（Helpman，1998）提出的模型拓展为多区域模式，将"二战"后德国的分裂和1990年东德和西德的统一作为准自然实验，对交通运输引致的市场准入对于经济发展的因果重要性进行理论分析和经验检验。研究结果表明，柏林墙的强制设立导致靠近东西边境的西德城市的人口增长速度相对于其他西德城市急剧下降，也就是说，为了应对东德和西德之间通行成本的增加，经济活动从边境地区向外流动。阿尔菲尔特等（Ahlfeldt et al.，2015）也对柏林墙建设和拆除问题进行了探讨，该研究以集聚力、分散力和任意数量的异质性城市街区为特征构建反映城市内部结构的空间定量模型，使用1936年、1986年和2006年柏林数千个城市街区的人口、就业和地价数据和来自城市分裂和统一的外生变量，对同一中心城市相邻两个地区之间交通运输成本变化影响经济活动空间组织的问题进行理论探讨和实证估计。研究指出柏林墙的修建导致中央商务区向更接近西柏林领土的中心迁移，而柏林墙的拆除则近似逆转了这一过程。雷丁和特纳（Redding and Turner，2015）考察交通运输成本改变对经济活动空间布局的影响，他们在研究中构建了一个多区域的空间一般均衡模型，用以研究交通运输条件改善对区域内部和区域之间的人口、工资水平、贸易和产业结构的影响，并给出了实证检验的预测模型。该研究提出了一些关于交通运输基础设施影响人口流动的试探性结论，主要指随着区域到铁路（主要交通运输方式）或者公路的距离翻一番，人口或就业的密度就会下降6% ~ 15%。雷丁（Redding，2016）构建考虑贸易成本和劳动力流动的空间定量模型，通过改变在网格网络中一些区位对之间的交通运输成本值的方法进行了多种比较静态实验。研究发现在交通运输条件的改善影响了网络中的垂直和水平路线后，最大中心区域的人口逐渐减少。更重要的是，通过在分析中使用一个多区域空间一般均衡模型，该研究能够确定哪些区域受到了交通运输条件改善的积极或消极影响，以及在均衡状态下区域人口的变化程度。值得注意的是，除了考察区域总体的人口变化，雷丁（Redding，2016）还使用离散选择模型考察了异质性个体对于区域便利性的不同反应，认为个体对于便利性的态度是不同的。当前，应用离散选择模型揭示个体异质性的研究在定量空间经济学领域开始出现，除雷丁（Redding，2016）之外，戴蒙德（Diamond，2016）也使用离散选择模型，在定量空间模型的分析框架下，考察1980 ~ 2000年美国大学毕业生和高中毕业生出现技能类分（Skill Sorting）的现象的原因和福利后果。当前，随着空间经济学不断发展，微观主体的异质性研究已经成为一个重要方向，越来越多的研究表明个体异质性可能和企业异质性一样重要。已经开始应用于定量空间经济学中的离散选择模型未来可能会受到更多关注，以揭示个体的异质性。

2.2 高铁影响劳动力流动的经验研究

与理论研究相比，高铁影响劳动力流动的经验研究成果更为丰富。从不同研究层面和不同研究时期两个角度，可以将本领域已有的相关经验研究分为四大类：一是对劳动力短期流动的宏观层面研究，重点考察高铁对劳动力流动规模和频率的影响；二是对劳动力短期流动的微观层面研究，重点考察高铁对劳动力个体出行行为的影响；三是对劳动力长期流动的宏观层面研究，重点考察劳动力的空间分布格局与演化；四是对劳动力长期流动的微观层面研究，重点考察劳动力个体的区位选择。此外，由于高铁可以视为区域交通运输条件的提升，因此本书在文献梳理时也对除高铁外其他交通运输条件提升如高速公路建设、普通铁路网络扩张和铁路提速等对劳动力流动影响的重要文献进行了总结归纳。同时，考虑到劳动力流动是人口流动的重要组成部分，而人口流动除了短期探亲访友、旅游观光之外，最主要的目的就是工作和就业（呼倩、黄桂田，2019），因此，本书在文献综述中也梳理总结了高铁影响人口流动的重要文献。

2.2.1 高铁影响劳动力短期流动的宏观层面研究

交通运输条件改善可以导致交通效率不断提高，从而大大促进人口流动的规模和频率。在短期，高铁影响劳动力流动的宏观层面研究的中心研究问题就是高铁开通引致的交通运输条件改善对劳动力在区域间的流动规模和流动频率有没有影响？有什么样的影响？针对这一问题，国内外学者以不同国家和地区高铁为例进行了研究。帕利亚拉等（Pagliara et al.，2017）使用2006~2013 年意大利 77 个城市的旅游和交通信息数据，实证分析了高铁开通对旅游业的影响，主要结果表明高铁开通显著增加了以旅游为目的的短期人口空间流动，国内游客总数大幅提升。并且研究还发现，高铁正在以其低成本优势和不输民航的便利程度显著地改变意大利游客的出行方式选择。吉劳等（Guirao et al.，2017）以西班牙马德里都市圈内部的高铁网络为例，使用2004~2015 年面板数据研究高铁通勤对劳动力流动的影响。该研究认为高铁的开通能够提高区域可达性进而扩大劳动力市场范围，其作为一种新的更便捷的通勤工具能够促进劳动力实现跨区域就业。在实证分析中，该研究创造性地将与居住在 A 地的劳动力相关的 B 地的劳动合同数作为衡量短期劳动力流动的指标，运用面板回归模型考察高铁通勤对其的影响，研究结果表明，高铁开通显著地促进了跨地劳动合同数量增长，高铁通勤是推动劳动力流动的重要因素。赫尔曼和施密德（2019）以德国高铁网络扩张为例，使用1994～2010年德国402个NUTS 3区域的面板数据和德国全国工人数据的区域加总数据，考察了区域间通勤时间的减少对工人通勤决策的影响以及他们对居住地和工作地的选择。研究发现高铁作为纯客运交通运输工具现已成为德国劳动者进行150～400公里的中短途出行的首选交通方式，并且出行时间每减少1%，区域之间通勤者的数量就会增加0.25%。该研究认为产生这一现象的主要原因是高铁开通扩大了劳动力市场范围，改变了部分工人的就业区位。

除欧洲高铁之外，对中国高铁的相关研究也发现高铁的建设开通能够促进劳动力短期流动。李祥妹等（2014）以沪宁城际高铁为例，基于宏观经济联系及问卷调查定量分析城际高铁建设对区域劳动力流动的影响，发现在沪宁城际高铁开通之后，沿线城市居民尤其是20～44岁之间的高素质青壮年劳动力的出行频次显著增加。林（2017）利用中国2003～2014地级市数据，使用DID方法实证研究了高铁开通对乘客交通出行模式选择的影响。研究结果显示，高铁开通后铁路客流量提高了18%，铁路货运量没有明显变化，可见高铁开通对客运交通运输模式改变最大，这一点符合高铁作为客运专线的现实情况。此外，高铁开通后，公路客运量无明显变化但航空客运量减少了12%，可见高铁出行在一定程度上已经成为近距离航空出行的替代方式。王等（2019）使用2005～2016年长三角城市群26个城市的面板数据和DID分析方法，实证发现高铁通过改善城市间交通运输条件和缩短城市间出行时间显著促进了以上下班通行、商务出差和旅游等原因为主要目的的短期人口流动，提高了人口流动的频率。

近年来，随着中国的统计数据不断完善，中国国内使用引力模型测度劳动力流动，进而研究交通运输条件改善对劳动力流动的影响的文献不断增加。李楠（2010）以引力模型为理论框架，利用1891～1935年内东北地区人口流动和铁路发展的历史数据，估算华北和东北地区之间的劳动力流动规模，并运用DID模型对铁路发展与劳动力流动之间的因果关系进行实证检验。研究结果表明，铁路发展对劳动力流动有显著的正向促进作用，尤其是1903 年东北地区铁路网形成之后，这种促进作用越发显著。马伟等（2012）利用引力模型研究了中国省际人口流动的影响因素和机制，该研究将火车通行时速提高视为交通运输基础设施改善的标志，重点探讨了交通运输基础设施改善对人口流动的影响。在实证分析中，该研究对 1987 年、1995 年和2005 年中国的全国 1% 人口抽样调查数据进行面板分析，结果发现火车每提速 1% 就会促进人口跨省流动增加 0.8%，这表明区域性交通运输基础设施条件的改善能够极大地影响人口的空间流动，能够显著地促进人口或劳动力的自由流动和最优配置。刘生龙（2014）使用中国 1990 年、2000 年和 2010年三次人口普查中的跨省人口流动数据，扩展引力模型，使用省份之间的最短火车里程作为距离指标，实证检验中国跨省人口流动的影响因素。结果表明随着交通运输条件提高，人口流动的成本不断降低，人口流动规模不断扩大。卞元超等（2018）认为高铁作为客运专线，其开通后最直观最重要的影响就是促进了劳动力跨区域的空间流动。该研究将高铁开通促进劳动力流动视为高铁开通影响区域经济差距的一个可能机制，并运用计量方法对这一机制进行了实证检验。在实证分析中，该研究首先使用了宏观层面的劳动力数量、工资水平和房价水平等数据，借鉴白俊红等（2017）拓展的引力模型对 2004～2014 年中国 287 个地级市之间的劳动力流动规模进行估算，之后使用 PSM - DID 方法进行回归分析，结果表明高铁开通显著促进了区域之间的劳动力流动，并且东部地区尤为明显。之后，秦放鸣等（2019）也采用相同的方法通过引力模型估算劳动力流动规模指标，实证检验了 2003～2017 年高铁的开通促进 285 个地级市之间的劳动力流动进而间接推动了区域人力资本的提升。

2.2.2　高铁影响劳动力短期流动的微观层面研究

当前，中国大约 74% 的人口都生活在高铁两小时生活圈内（Wang et al.，2015）。快速便捷已经成为中国高铁最重要的特点之一。此外，高铁车厢环境整洁舒适，乘务服务优良，能够给人们带来更好的出行体验。这种高速准时舒适的出行特点正在潜移默化地改变人们的出行选择。在已有文献中，高铁对劳动力短期流动的微观层面影响研究便侧重于使用微观调查数据考察高铁的开通对于劳动力个体的出行行为所产生的影响。弗洛伊德（2005）以瑞典斯韦阿兰高铁线路为例，采用实地调研数据、沿线居民问卷调查数据和高铁乘客面对面访谈数据，分析了高铁开通对乘客出行行为的影响。研究发现，与埃斯基尔斯蒂纳和斯德哥尔摩之间的既有旧铁路相比，斯韦阿兰高铁开通后导致区域间铁路客运量增加了7倍，并且在1996～2000年，选择高铁作为在埃斯基尔斯蒂纳和斯德哥尔摩两地之间的通勤工具的居民增加了125%。卡塞塔等（2011）以意大利的罗马—那不勒斯高铁为例，采用意大利铁路商业部门（Trenitalia）2008年3月进行的一项居民显示偏好调查数据，运用嵌套Logit模型考察高铁开通对居民出行行为的影响，研究发现高铁开通后会影响居民出行行为发生相应改变，如出行频率增加或者进行从前从未进行过的新旅行。

近年来，随着中国高铁快速迅猛发展，学术界对中国高铁影响劳动力出行行为的研究不断增加。侯雪等（2011）以京津城际高铁乘客为主要研究对象，通过总结1 334份有效调查问卷数据信息，使用ArcGIS及社会统计方法研究京津城际高铁对乘客出行行为的影响。研究发现，高铁开通前人们对出行方式的选择遵循就近搭乘原则，而高铁开通后，京津城际高铁成为月收入在3 000～6 000元之间的乘客的主要出行方式。高铁开通促使京津之间选择乘坐高铁通勤的人数显著增加，导致两地之间的出行频率强度在高铁开通后从2.46提升到了3.24。此外，研究还发现高铁开通能够在一定程度上增加京津两地间的出行需求，拓展沿线城市人口的居住和就业区位的选择范围，但是没有进一步深入探究。与此类似，刘健和张宁（2012）也以京津城际高铁乘客为研究对象，采用高铁站候车室中面对面问卷调查的方法收集有效问卷1 666份，采用模糊聚类法实证分析高铁开通前后乘客出行行为变化规律及高铁对出行行为的影响作用。研究发现高铁开通后分流了一部分普通铁路和城际大巴的乘客，同时以商务公务活动、探亲访友和短期旅游为目的的出行需求被显著释放和激发。李红等（2018）通过对在南广高铁和贵广高铁沿线站点进行的实地问卷调查中所获得的数据进行统计分析，研究粤桂黔省际人口流动的异质性，结果表明高铁开通能够进一步提升省会城市的空间区位条件，加速人口的集聚和扩散，强化省际商务联系，增强短途旅游需求，省内因探亲访友需求产生的高铁城际人口流动活跃。陈等（2016）使用2015年4~5月间在京沪高铁沿线站点（除北京和上海外其他中点站）候车室进行的面对面随机抽样问卷调查数据，研究了京沪高铁开通对居民出行行为的影响。研究发现高铁已经成为京沪沿线居民出行的重要交通运输方式，对于短期人口流动而言，高铁的开通主要增加了居民商务出行、旅游和探亲访友的出行频率，其中商务出行次数占比为66.3%，旅游和探亲访友分别为28.7%和26.2%。产和袁（2017）以深厦高铁为例，采用问卷调查法收集了328名高铁乘客的信息数据，研究高铁对中国乘客出行行为的影响。结果证实高铁开通能够改变部分乘客的出行决策，使他们从其他交通运输方式转向高铁，并且这种出行方式选择的转变在较高收入的乘客身上表现得更为明显。任等（2019）以成渝高铁为例，使用问卷调查和面对面访谈的方法，在成都和重庆高铁站收集了1 384个旅客的数据信息，使用计量经济学方法实证研究成渝高铁对乘客出行行为的影响作用。实证结果表明，高铁已经成为成渝之间重要的交通运输方式，高铁的开通显著提升了乘客在成渝两地之间的流动需求和流动频率，并进一步增强了成都和重庆的经济联系。具体而言，高铁开通后成渝之间的出行需求增长了60%，并且异质性乘客对出行需求增长的贡献有所不同。此外，成渝高铁开通使两地间乘客出行频率也明显增加，这种人口短期空间流动的原因主要为通勤、商务和旅游。除了单纯对乘客出行行为进行系统考察之外，也有学者注意到了个体出行行为变化导致经济活动发生相应改变的现象。杜兴强和彭妙薇（2017）使用2003~2014年2 719家上市公司的22 226条高级管理者的学历数据，将其与城市层面的高铁数据相匹配，实证研究了高铁开通对城市间企业高级人才流动的影响。结果表明高铁开通能够促进本地非国有企业上市公司聘请的除独立董事之外的董事和监事职位的博士高级人才数量增加，而对其他需要参与企业日常经营管理职务的高级人才的影响不大。出现这一现象的可能原因是企业高级管理者尤其是担任出差频率较高职务的高管在高铁开通后可以充分利用准时快速的高铁经常往返于办公地和居住地之间。

2.2.3 高铁影响劳动力长期流动的宏观层面研究

速度快是高铁的最重要特征。这一基本特征直接导致高铁开通后产生了显著的缩短区域之间时间空间距离的"时空压缩"效应（王缉宪、林辰辉，2011；王姣娥等，2014）。通过前述分析可见，这种"时空压缩"效应使得高铁在短期内对增加劳动力流动规模和频次、改变劳动力出行行为等起到了巨大的推动作用。而随着劳动力流动速度的不断增加、规模不断提升和流动范围不断扩大，以及交通运输条件的不断提高，长期来看，高铁将势必影响到劳动力这一最具活力的经济生产要素在更广阔的空间分配与整合，从而对中国区域经济发展格局产生了更加全面而深刻的影响。当前，已有文献对高铁影响长期劳动力流动的宏观层面研究重点考察了高铁对劳动力的空间分布格局与演化的作用。考虑到这一问题本质上是在讨论交通运输条件提升在长期能否改变劳动力要素的空间布局，为了更为全面地了解这一领域的研究进展，本书在综述中也梳理了研究普通铁路、铁路提速以及高速公路对劳动力或者人口长期空间流动的影响的文献。

对于交通运输条件的提升能否影响劳动力或人口的空间布局这一问题，已有研究普遍认为存在影响。但是在具体影响作用上，已有研究存在分歧。国外不少研究认为交通运输条件的改善能够促进劳动力或人口向沿线中心区域集聚。桑兹（1993）较早通过总结回顾日本新干线、法国 TGV 高铁和德国 ICE 城际特快列车的发展历程和考察美国加利福尼亚州高铁发展的影响，指出高铁建设运营会增加区域人口规模。金（2000）使用 1970～1992 年韩国首都区 64 个区域的人口和就业数据，预测了韩国"首尔—釜山"高铁开通运营后对韩国首都区域经济空间布局的影响。研究结果表明高铁开通能够增强韩国"首尔—釜山"首都圈内的区域可达性，改变微观层面居民的居住区位选择和工作方式，在经济发展节点周围产生新的就业模式，并对整个区域的经济产生重要影响。奥斯特海文和罗普（2003）以荷兰高铁为例，考察新交通运输基础设施对人口流动的影响。研究指出，高铁开通后会通过缩短出行时间影响个人就业流动或者家庭整体流动，从而改变人口空间布局和区域经济发展格局。此外，该研究还指出高铁可以通过影响房价改变个体的居住区位选择，但是这种影响在不同的区域存在异质性。阿塔克等（2009）将地理信息系统 ArcGIS 软件与数字化档案相结合，建立了一个反映1850～1860 年美国中西部地区铁路发展的县级面板数据，并将该交通运输数据与同时段标准人口普查数据相结合，运用 DID 方法实证评估了铁路的修建对人民定居和经济发展的影响。该研究发现，铁路发展是 19 世纪中期美国中西部城市化进程加快的重要原因，铁路开通使居住在城市地区的人口比例增加了 3%～4%。虽然铁路的开通增加了沿线城市的常住人口规模，但是铁路对城市人口密度并无显著影响。尚和亚松森（2016）使用 1980～1991 年巴西人口普查数据实证研究了巴西东北部贝伦—特雷西娜公路的建设对劳动力市场的影响，研究发现道路建设极大地改变了沿线地区的人口分布，促进了人口向沿线地区流动，增加了沿线地区的人口密度。加西亚 - 洛佩兹等（2017）以法国区域快速铁路（Regional Express Rail，RER）为例，研究 1968～2010 年法国交通运输基础设施的重大改善对巴黎都市圈人口增长的空间影响。研究发现交通运输对人口的空间布局有显著的正向影响，区域到快速铁路站点的距离每减少 1 公里，区域人口增长率就增加 1%。李和许（2018）认为高铁发展会对城市人口分布产生深刻影响。作者使用日本"黄金时代"之后没有发生重大改革事件的 1980～2003 年的人口面板数据，采用 DID 的方法对高铁开通对区域空间结构的影响进行实证检验，结果发现高铁开通使外围区域的人口减少了 3%～6%。作者发现对于身处外围区域的人来说，如果他们更喜欢生产率更高、基础设施更好、物质生活条件更好的城市生活，高铁的开通可以促使他们流动到中心区域工作生活。博格（2019）将 19 世纪的瑞典铁路网建设视为一项准自然实验，对 1850 年和 1900年瑞典铁路和农村地区经济发展和结构转型进行了因果检验。实证结果表明，瑞典铁路建设显著地促进了沿线农村地区的人口增长，具体表现为农村教区每离铁路干线接近一个标准差，该区的人口增长速度就会上升4.4%。

国内也有不少研究支持这一观点。覃成林和朱永磊（2013）将可达性引入城市人口增长模型中，使用1997~2011年中国190个地级市的数据实证分析了铁路提速对城市人口增长的影响。该研究认为铁路提速改变了城市的可达性，进而会影响人口居住和工作区位的变化，最终导致城市人口增长发生相应变化。文章具体实证结果表明：第一，总体而言，铁路沿线城市可达性每提高1%，城市人口就会相应增长0.39%；第二，铁路提速对城市人口增长的正向促进作用仅对沿线提速城市显著；第三，虽然四大板块都存在这种人口增长效应，但是东北地区沿线提速城市在铁路提速的影响下产生的人口增长效应最强，即铁路提速对提速沿线城市人口增长存在明显区域差异。邓涛涛等（2019）以2010~2014年286个地级市为研究对象，从人口增量和人口增速两个角度对高铁开通对中国城市人口规模变化的影响问题进行实证研究。主要结果表明：第一，高铁开通总体上对城市人口规模变动产生了显著的促进作用，但是对城市人口增长率的影响并不明显；第二，相比中小型城市，高铁开通对大城市人口规模扩大的正向促进作用更加明显；第三，高铁开通使得城市群内中心城市对周边城市的发展带动作用更加明显；第四，城市第三产业占比越大，高铁开通后，人口增加量就越大。余泳泽和潘妍（2019）将异质性劳动力流动视为高铁开通后城乡收入差距缩小的重要微观机制之一，该研究使用2015年全国流动人口动态监测调查数据与287个样本地级市相匹配，实证检验了高铁开通对异质性劳动力流动的影响。研究结果发现与没有开通高铁的地级市相比，开通高铁的地级市在高铁开通后流动人口的平均受教育年限显著提高，表明高铁开通促进了高技能劳动力在流入地的集聚，这将在一定程度上改变流入地异质性劳动力的空间布局。

尽管大量研究证实交通运输条件的提高能够促进中心区域劳动力或人口的空间集聚，但也有研究认为交通运输条件提升会导致劳动力或人口向外围区域分散。佐佐木等（1997）构建了一个供给导向的简单区域经济计量模型，使用区域之间的客流数据，通过对 5 种模拟假设情景进行仿真分析，研究了日本新干线网络对人口空间分布的影响。研究发现新干线高铁网络的扩张会在一定程度上促进人口和经济活动的空间分散，但由于既有线路的存量效应有利于发达地区，在偏远地区建设新干线也能提高中心区域的可达性，所以新干线对分散人口和经济活动的促进作用是有限的。鲍姆－斯诺（2007）认为交通运输条件改善可能会导致人口郊区化，如高速公路的开通是导致 1950～1990 年美国大都市区中心城市人口下降的重要影响因素。其主要研究结果表明，一条穿过中心城市的新高速公路能使该城市人口减少18%，而如果没有建设高速公路，中心城市人口可能会增长 8%。鲍姆－斯诺（2010）进一步对 1960～2000 年美国大都市区交通运输基础设施发展和劳动力通勤模式变化进行研究，该研究进一步论证了高速公路建设对外围城市的兴起和中心城市的衰落起到了至关重要的作用，对劳动者的生活区位和就业区位选择都产生了影响，导致大量原本的市内通勤者变为郊区通勤者。之后，鲍姆－斯诺等（2017）将目光转向中国，探讨中国城市的交通运输基础设施建设如何与中心城市及其周边区域的人口和生产的区位格局演化相联系。研究综合使用了中国 257 个县的经济普查数据和人口普查数据，并配合夜间灯光数据，实证检验了高速公路对中国城市形态的影响。主要结果表明，中国高速公路显著促进人口从中心区域转移到外围区域，具体而言，放射状公路将 4% 的中心城市人口转移到周边地区，而环城公路则将 20% 的人口转移到周边地区，在富裕的沿海和中心地区，环城公路的影响更大。鲍姆－斯诺等（2020）将中国 285 个县作为研究对象，实证分析中国高速公路建设对内陆城市发展的影响，结果表明，能够起到改善市场可达性作用的高速公路建设使内陆腹地县域人口显著减少。加西亚－洛佩兹（2012）使用1991～2006 年西班牙巴塞罗那人口密度和公路铁路数据，实证研究交通运输基础设施改善对城市人口分布模式变化的影响。研究结果表明，不管是公路还是铁路的改善都能显著促进巴塞罗那郊区人口增长，这验证了鲍姆－斯诺（2007）关于交通运输条件改善导致郊区化的发现。之后，加西亚－洛佩兹等（2015）发现，在 1991～2011 年，西班牙中心城市每增加一条高速公路，城市人口规模便会下降约5%。

在对中国高铁的研究中，不少学者发现由于中国目前不同区域尚处于不同发展阶段，高铁对不同区域劳动力或人口分布格局的影响也相应有所不同，不能一概而论。宋晓丽和李坤望（2015）将铁路提速视为交通运输基础设施质量提高的一次准自然实验，他们选取7条中国铁路干线作为铁路提速的代表，使用1995～2007年253个城市的面板数据和DID方法对铁路提速影响沿途城市人口规模的问题进行研究。结果表明，铁路提速能使沿线城市的人口总规模在长期增加35.2%。但是这种效应表现出明显的地域差异，即在东部地区铁路提速能显著促进沿途城市人口增加，而在中西部地区，铁路提速却使得沿途城市人口显著减少。张明志等（2018）将高铁开通视为一项外生冲击事件，使用双向固定效应模型对2007～2015年170个地级市的城市人口空间布局进行实证分析，发现高铁开通能够重塑城市人口空间分布格局。该研究认为高铁开通对城市人口空间布局的重塑存在三种效应：一是总体效应，即高铁开通显著降低了城区人口密度；二是异质效应，即高铁开通对不同等级城市的城市人口密度降低效果不同；三是产业效应，即高铁开通能够促进城市第二产业就业密度下降。王赟赟和陈宪（2019）将高铁视为准自然实验，使用2007～2014年县市社会经济统计数据、相关地理数据和高铁数据，运用DID模型实证分析了高铁开通导致的通勤成本减少对人口流动和空间分化的影响。主要研究结果有两点，一是高铁开通可以使城市常住人口显著增加2.18%，二是高铁促进了人口自西向东、自北向南的流动。但是，高铁对人口空间集聚作用存在区域异质性，在东部地区，高铁增加了中小城市的人口流入，而在中部地区，高铁却减缓了中小城市的人口集聚，进一步强化了大城市的作用。

此外，也有学者开始关注中国高铁对区域一体化的影响作用。郑和卡恩（2013）在研究中指出高铁的发展能够改善市场潜力，扩大劳动力市场，增强空间集聚。但是由于其研究年份较早，难以直接讨论高铁对人口的空间区位变化影响，因此该研究通过实证分析2006～2010年高铁对中国262个地级市房地产价格动态变化的影响来间接观察高铁对劳动力可能产生的区位选择影响。其主要理论依据是，资产定价的有效市场理论认为房地产价格反映的是未来租金的预期现值，因而城市房地产价格的动态变化可以在一定程度上反映重大基础设施投资的预期影响。研究结果表明高铁扩大了城市化过程中劳动力流动范围，通过促进区域一体化进而促进中国二三线城市的发展。王等（2019）使用2005~2016年中国长三角城市群26个城市的面板数据和DID方法分析得出高铁开通对短期人口流动有显著促进作用的结论之后，进一步实证检验了高铁开通对长期人口流动即居住区位改变的影响。研究发现，在中国区域一体化程度最高的长三角城市群，高铁开通对人口长期空间流动有抑制作用并有可能对开通城市人口城市化产生负面影响，也就是说人们更可能愿意使用高铁通勤而非改变居住区位。但是当将长三角4个核心城市从样本中删除之后，结果表明高铁开通对非核心城市的人口长期空间流动有显著影响。

2.2.4　高铁影响劳动力长期流动的微观层面研究

高铁在长期能够影响宏观层面劳动力空间分布格局的变化有其不可忽视的微观基础，那就是在长期里高铁可以影响劳动力个人或家庭出于自身发展的需求对就业和居住的空间区位进行重新选择（Yin et al.，2015）。其实，前述不少研究已经提到了高铁能够影响劳动力个体空间区位发生改变这一观点（Kim，2000；Oosterhaven and Romp，2003；Zheng and Kahn，2013；Li and Xu，2018；Wang et al.，2019；Heuermann and Schmieder，2019），但是这些研究都是在区域总体水平上进行分析，并没有进一步给出微观证据。当前已有的对于高铁影响劳动力长期流动的微观层面研究侧重于从微观个体角度考察高铁对劳动力个体的区位选择变化的影响。但由于微观数据的可得性、种类有限和处理难度等条件限制，这一领域的研究相对较少，未来值得进一步探索。

卡塞塔等（2011）在研究了罗马—那不勒斯高铁影响居民短期出行行为之后，进一步考察了中长期内高铁对居民区位选择的影响。研究发现，在高铁开通一段时间后，受交通便利程度的影响，一些经常乘坐高铁通勤的居民可能会选择改变居住或工作区位，可以说高铁开通带给居民更多的区位选择自由。瓦图里等（2011）认为铁路发展增强了城市对微观经济主体的吸引力，能够吸引个人和企业迁移到铁路条件好的大都市区域。但铁路发展对大都市区域内部的人口和经济增长存在差异性影响，即有利于促进中心区域的人口和经济增长，而对于外围区域的影响并不显著。汪三贵和王彩玲（2015）使用 2009 年、2011 年和 2013 年中国 5 省 10 县 20 村 1 500 户贫困村农户的抽样调查数据，首次从微观角度直接研究交通运输基础设施可获得性对贫困村劳动力流动的影响作用和影响机制。研究发现，农村公路可获得性对贫困村劳动力流动具有正向促进作用。具体而言，公路可获得性对位于西部地区贫困村的劳动力、公路可获得性更差的贫困村的劳动力和通信状况良好的贫困村劳动力的流动的影响更大。陈等（2016）在利用中国京沪高铁沿线站点面对面调查问卷数据分析高铁对居民短期出行方式的影响之后，进一步地考察了高铁对居民区位选择的影响。研究结果表明，自京沪高铁开通以来，有 19.9% 的受访者已经习惯利用高铁进行跨城通勤，22.7% 的受访者已经改变了家庭的居住区位，这种空间居住区位的改变主要表现在居民从未开通高铁城市向开通高铁城市流动、从外围城市向城市群中心城市流动，且往往伴随着就业的改变。文章分析显示这种跨城通勤比例和改变居住区位的意愿未来会继续提高。董等（2020）以中国高铁为例，探讨交通运输速度在促进城市间高技能团队合作中的作用。该研究认为高铁开通将在长期里影响高技能劳动力的区位选择。对此，该研究使用包含 58 460 个发生区位改变的学者的微观调查数据，并抽取 1% 子样本运用条件 Logit 模型进行实证检验，结果表明一旦一个二线城市通过高铁与一线城市相连之后，该二线城市对于学者的吸引力将会增加 80%。该研究的主要结论是在二线城市开通与一线城市相连的高铁线路和一线城市房价更高且生活质量相对较低这两个因素共同作用下，更多高技能劳动力会选择流动至二线城市工作安家。

2.3 文献评述

通过梳理现有理论和经验研究文献，可以发现，当前国内外对于高铁或者交通运输基础设施影响劳动力流动的研究虽然说不像高铁的经济增长效应研究一样汗牛充栋，但是相关文献也较为丰富。尤其是近年来随着中国高铁快速发展，以中国高铁为研究对象的文献数量不断增加，为高铁研究提供了很多中国证据。总结现有文献，本书认为在高铁对劳动力流动的影响问题上，仍然存在以下几个方面值得进一步深入探讨。

2.3.1 缺乏从微观层面系统识别高铁对劳动力流动的影响的研究

本书认为，从微观层面系统识别中国高铁对劳动力个体区位选择的影响，是现有研究尚未解决的问题，这也是现有文献最主要的欠缺之处。

首先，通过本章的综述可以发现，国内外现有研究更关注高铁或者交通运输基础设施对劳动力流动带来的宏观层面的影响。大量研究通过使用宏观加总数据考察高铁对区域和城市层面的劳动力流动规模和频率的影响以及对劳动力空间布局变化的影响，例如铁路沿线劳动力增长情况、劳动力密度变化情况和劳动力集聚或扩散情况等。与之相比，考察高铁对微观层面劳动力个体所产生的影响的研究就要少很多，而基于中国高铁的微观经验研究就更少。然而，使用宏观总量数据估算劳动力流动情况是否能真实反映出劳动力被高铁所吸引的情况是存疑的，基于微观数据的研究应该得到重视。

其次，在当前已有的微观层面研究中，对高铁影响劳动力个体区位选择的研究十分缺乏。在梳理当前国内外已有文献的过程中发现，在高铁对经济主体的区位选择的影响研究中，高铁影响企业区位选择的研究成果相对较多，而高铁影响劳动力区位选择的研究却鲜有文献涉及。相比于企业的区位选择，个体的区位选择往往更为复杂，更容易受到经济、社会和文化等不同方面的因素的影响。本章在综述中将微观层面的劳动力流动分为短期和长期，短期流动是指劳动力个体短期内的出行行为，例如出差、旅游和探亲访友等；长期流动则是指劳动力个体就业或居住的空间区位发生改变，这是空间经济学研究更为关注的问题。因为，劳动力个体的区位选择本质上反映的是资源的空间配置问题，而这个问题正是以解释经济活动在地理空间中的集聚现象为主要任务的空间经济学所研究的核心问题。而高铁对劳动力个体出行行为的影响则更多地反映其社会影响，这并不是空间经济学所重点关注的问题。但是，现有的微观研究却大多关注劳动力的短期出行行为，而对于高铁如何影响劳动力的区位选择这一问题却少有涉及。然而这一问题又是空间经济学的研究所不可回避的，因为它是高铁在长期能够影响到宏观层面劳动力空间分布格局变化的微观基础，具有重要的研究价值。

最后，缺乏高铁对劳动力区位选择的影响机制的研究。当前，少有文献关注了高铁对劳动力区位选择的影响机制，这导致高铁影响劳动力流动这一研究问题目前仍停留在评估其宏观政策效果这一层面。虽然多数研究都已经证明高铁的发展影响到了中国劳动力空间分布态势，但是对于这一过程的微观影响机制的研究还很缺乏。因此，分析高铁对劳动力区位选择的影响机制并对其进行实证检验是有必要的。

2.3.2 缺乏高铁对劳动力流动影响的异质性研究

随着空间经济学的不断发展，微观主体的异质性研究已经成为一个重要的研究方向。不同特征的劳动力对于城市是否开通高铁可能会表现出不同的偏好，高铁对他们的影响很可能是有差异的。以劳动力个体作为研究对象，根据其自身和流入地的差异特征，至少可以将研究对象从5个方面划分为不同类型。一是按照劳动力的个人特征划分。例如，按照性别不同可以将劳动力分为男性劳动力和女性劳动力；按照年龄不同可以将劳动力划分为30岁以下的青年劳动力、30~45岁的壮年劳动力和45岁以上的中老年劳动力；

按照劳动力的受教育程度不同可以将劳动力划分为小学及以下的教育程度的劳动力、初中教育程度的劳动力、高中或中专教育程度的劳动力、大专教育程度的劳动力和大学本科及以上教育程度的劳动力等。二是按照劳动力的社会角色划分。例如，可以按照劳动力所从事的职业类型将劳动力划分为从事农林牧渔等第一产业生产的劳动力、从事制造业等第二产业生产的劳动力和从事服务业等第三产业生产的劳动力等。三是按照劳动力的流动范围划分。例如，可以按照劳动力是否流动出省将劳动力划分为跨省流动的劳动力和省内跨市的劳动力。四是按照劳动力的流入地区划分。例如，可以按照劳动力的流动区域不同划分为流入东部地区的劳动力、流入中部地区的劳动力、流入西部地区的劳动力和流入东北地区的劳动力等。五是按照劳动力的流动时长划分。例如，可以按照劳动力在流入地预期居留的时间将劳动力划分为短期流动的劳动力和长期流动的劳动力等。总而言之，本书认为按照不同的异质性对劳动力进行分类研究，将有助于进一步明确高铁对劳动力就业区位选择的差异性影响。但是，在当前研究高铁对劳动力流动的影响的文献中却少有基于劳动力异质性的分析，这有待未来进行深入的研究。

2.3.3　缺乏使用高铁频次考察高铁可达性的研究

高铁的快速发展使区域间的交通运输条件得到了极大的改善，直接导致区域间的交通运输成本大幅下降，区域可达性提高。从本章的文献综述中可以发现，在当前已有的考察高铁对劳动力流动的影响的经验研究中，通常使用城市间的高铁通行时间作为衡量城市间交通运输成本的主要指标。当然，使用高铁通行时间来衡量交通运输条件改善后的区域间的通行成本是十分合理的，但是，只使用这一个指标来考察区域间的通行成本却是不完善的。因为，使用通行时间来考察城市间可达性的变化只强调了高铁带来的城市间通行时间的缩短，而忽略了城市间高铁的通行频次。高铁通行频次不仅能反映城市间是否通过高铁相连，还能够反映出城市间通过高铁相连的强度。在通行时间相同的情况下，两个城市之间高铁每日通行频次为 1 次和两个城市之间高铁每日通行频次为 50 次所导致的城市间的联系强度显然是完全不一样的。因此,在经验研究中,当需要考察高铁对区域可达性的影响效应时,只考虑区域间的高铁通行时间是不够的,还应该综合考虑区域间的高铁通行频次的影响。

综上所述,在中国高铁建设快速推进和劳动力流动日益频繁的大背景下,考察高铁对劳动力区位选择的影响有重要的理论意义和现实意义。通过本章所述可知,当前高铁在短期中已经影响到了居民的出行方式,并且影响到了全社会人口流动的规模和频率。在长期中,高铁已经对中国的劳动力和人口的空间分布格局产生了影响,那么根据直观的判断,高铁肯定也影响到了这一宏观变化的微观基础——劳动力区位选择。如何科学地识别高铁对劳动力区位选择的影响效果与影响机制,是本书所着力解决的问题。

第 3 章

高铁影响劳动力流动的理论框架

　　劳动力流动的本质是劳动力所处的地理空间的改变，是劳动力对其所在的空间区位进行重新选择的结果。高铁的快速发展之所以能够使宏观层面的劳动力空间分布格局发生变化，是因为它可以对劳动力个体出于自身或家庭发展的需要所作出的空间区位的重新选择产生影响。考察高铁对劳动力流动的影响，本质上是在考察高铁对劳动力区位选择的影响。那么，高铁是通过什么途径影响劳动力区位选择的呢？本章将对这一问题进行回答。本章首先从高铁作为交通运输方式、作为大型基建和作为准公共物品这三个角度出发总结了高铁的三大基本属性，接着分别从区域通达程度影响劳动力流动、区域经济发展影响劳动力流动和区域不可贸易品影响劳动力流动这三个方面对相关理论进行分析，之后讨论高铁对劳动力区位选择的直接影响效应和间接影响效应并在此基础上总结高铁对劳动力区位选择的影响机制。

3.1　高铁的三大基本属性

　　高铁作为国民经济大动脉的重要组成部分、关键基础设施和重大民生工程，是中国现代化综合交通运输体系的重要交通方式之一，在中国经济社会发展中的地位和作用越来越重要。本书认为,在研究高铁对某项经济社会活动的具体影响之前,有必要先对高铁的基本属性进行明确。高铁的基本属性主要有三点:一是高铁作为一种新型便利的交通运输方式所具备的实用性,二是高铁作为一项国家大型基础设施建设工程所具备的经济性,三是高铁作为一类准公共物品所具备的公益性。

首先,高铁的实用性是显而易见的。对任何一种交通运输方式而言,它的基本功能就是作为要素空间流动的载体实现要素在空间上的位移。与传统铁路相比,高铁具有速度更快、能耗更低、安全性更高和舒适度更好等特点,能够有效降低旅客的通行时间成本,使人们出行变得更加方便高效快捷,方便人们的工作、生活和娱乐,提高人们的生活品质。与飞机相比,除上述优势之外,高铁因其更低的交通运输费用、更加方便快捷的出行体验和更高的通行速度超越飞机成为中、短途旅行的首选交通运输方式。因此,作为一种新型、便利的交通运输方式,高铁的实用性是毋庸置疑的。

其次,高铁具有经济性。交通条件的改善在很多研究中都被视为是区域经济发展的一个重要因素,是带动国家经济社会发展的不可或缺的重要组成部分(周浩,2015)。古典经济学之父斯密就曾指出:"一切改良中,以交通运输改良最有实效。"(斯密,1776)这是因为,交通运输业是经济社会发展的先导性和基础性产业,这一特征决定了交通运输条件改善与经济社会发展的方方面面都具有很强的关联性,其对经济活动的空间调整具有不可忽视的重要作用。当前,交通运输基础设施建设已经成为各个国家或地区促进经济发展的重要措施。近年来,中国高铁的快速发展也无疑具有这一层因素。在国家发展和改革委员会 2016 年发布的《中长期铁路网规划》中,明确提出"到 2020 年,高铁建成 3 万公里,覆盖 80% 以上的大城市""到 2025 年,高铁建成 3.8 万公里左右,网络覆盖进一步扩大"和"到 2030 年,基本实现内外互联互通、区际多路畅通、省会高铁连通、地市快速通达、县域基本覆盖"的高铁网络规划目标。在 2017 年中国共产党第十九次全国代表大会上,习近平总书记所作的大会报告中也强调"高铁、公路、桥梁、港口、机场等基础设施建设快速推进"①。这都说明，在未来的一段时期内，高铁建设仍将继续作为中国交通运输基础设施建设的主力军，成为中国经济发展新常态下促进区域经济增长、实现区域经济协调发展的重要工具。可见，高铁作为一项支撑经济与社会发展、关乎国计民生的重大基础设施建设工程，经济性是它的另一个基本属性。

最后，高铁还具有一定的公益性。西方经济学认为纯公共物品具有两个特征：一是非竞争性，包括增加一个消费者给公共物品的供给者带来的边际成本为零，以及增加一个消费者不会影响其他消费者消费公共物品的数量和质量；二是非排他性，指一个人在消费公共物品时，无法排斥他人也同时消费这一公共物品（Samuelson and Nordhaus，2009）。从这两个方面考虑，中国高铁当前并不能被视为纯公共物品。因为高铁所提供的产品具有一定的竞争性但一般不具有排他性，因为只要不因超载导致拥挤，一定容量内的消费互不干扰，而消费高铁产品却必须付费。而且，当前中国的高铁建设也并不是完全由市场发挥作用，它离不开公共部门的介入。因此，可以将高铁视为一种准公共物品。作为一项准公共物品，高铁的建设具有明显的公益性，能够提高当地的公共服务水平。

3.2　劳动力流动影响因素的理论分析

基于高铁的三大基本属性，本节将从区域通达程度影响劳动力流动、区域经济发展影响劳动力流动和区域不可贸易品影响劳动力流动这三个方面展开劳动力流动影响因素的理论分析。

---

① 习近平：《决胜全面建成小康社会　夺取新时代中国特色社会主义伟大胜利——在中国共产党的第十九次全国代表大会上的报告》，人民出版社，2017。

3.2.1 区域通达程度影响劳动力流动的理论

与日本和欧洲等较早发展高铁的国家和地区通常仅在个别城市或区域等局部地区修建高铁不同,中国的高铁线路是高度网络化的(Perl and Goetz, 2015)。随着高铁网络化程度提高,区域之间的通达程度也会相应提升,这将对区域之间劳动力等经济要素的流动迁移产生深刻的影响。可以说,高铁网络的发展变化对中国经济社会发展所带来的影响正在变得越来越复杂。针对这一问题,一个重要的理论研究工具就是可达性理论。自20世纪50年代以来,可达性理论就一直在交通运输网络的相关研究中负有盛名。近年来,随着高铁的迅猛发展,可达性理论的重要性也不断被凸显出来。因此,本节主要对区域可达性理论进行简要阐述。并将从可达性的概念和内涵以及交通运输网络和可达性这两个方面对可达性理论进行概述。

1. 可达性的概念和内涵

区域可达性是反映区域通达程度的重要指标,这一概念渊源久远,可以追溯至西方古典区位论。在古典区位论中,可达性被视作反映交通运输成本的基本指标,旨在对空间上某一要素实体(点、线或区域)的位置的优劣程度进行度量(陈洁等,2007)。1959年,美国学者汉森(Hansen)在研究城市土地利用时首次明确了"可达性"的概念,他将其解释为交通运输网络中各节点之间潜在的空间相互作用机会的大小(Hansen, 1959)。此后,可达性受到了城市规划、交通运输经济学、经济地理学、区域经济学和空间经济等众多领域的学者的持续关注。由于不同领域的学者的研究内容不同,学者们对于可达性的界定也不尽相同,因此,在汉森(1959)之后的半个多世纪里,可达性的内涵越来越丰富,甚至还衍生出了心理可达性和社会可达性等概念。本书基于区域经济学和经济地理学的相关研究,对可达性的概念定义进行了梳理。在此,本书列举出一些具有代表性的观点:威布尔(1976)将可达性定义为交通运输网络中各节点之间空间相互作用的便利程度；莱昂纳尔迪（1978）将其与效用的概念相联系，将可达性解释为空间要素的一种潜在收益；多曼斯基（1979）认为空间上某一实体要素利用机会的潜力；莫里斯等（1979）利用一种特定的交通系统从某一给定区位到达活动地点的便利程度；吉尔特曼和范埃克（Geertman and Van Eck，1995）认为可达性是在指定时间内利用交通运输设施抵达指定地点的能力，空间要素实体进行位移的能力和机会决定了可达性水平的高低；陆大道（1995）将可达性引入国内区域经济学领域，并将其定义为一个区域与其他相关区域通过各种方式进行物质、能量和信息交换的能力；沈（1998）将城市空间定义为一系列城市居民与他们的经济社会活动之间的地理关系的整体，认为可达性是衡量这些地理关系深度和广度的指标；关等（2003）将可达性区分为行为主体可达性和区位可达性，前者可以反映行为主体的生活质量，后者则可以反映访问某一空间位置的便利程度；安德森（2012）将可达性定义为从空间中的某特定区位到达某一特定目标区位的容易程度等。可以发现，可达性的概念内涵十分丰富，它既可以指在一定的交通系统中到达某一地点的难易程度，也可以指不同空间要素之间相互影响的潜力，还可以指个体参与经济社会活动的自由度等。因此，很难对可达性作出统一的界定。

但是，总结不同学者对于可达性的定义可以发现，现有研究对于可达性内涵的理解具有一定的共性，主要表现在两个方面：一是可达性能够反映节点区位之间的交通运输成本，二是可达性能够反映出节点区位对于空间要素实体的吸引力。这也是当前经济地理学和区域经济学在研究交通运输网络时所主要考察的两个方面，前者可以看作对可达性概念的狭义的理解，后者可以看作对可达性概念的广义的理解。具体来看，可达性的第一个内涵——节点区位之间的交通运输成本就是反映从一个空间区位到另一个空间区位的容易程度，这种成本主要包括交通运输的费用、交通运输的距离、交通运输的时间、交通运输的班次、交通运输的风险和交通运输的舒适程度等方面，可达性提高就意味着从空间中一点位移到另一点变得更容易了。可达性的第二个内涵是它能够反映出节点区位对于空间要素实体的吸引力。这种对于空间实体要素的吸引力不仅与节点区位的交通运输成本相关，还与节点区位的经济规模、人口总量、就业情况和社会发展等多方面的因素相关。从这个角度理解，经济地理学认为可达性可以看作节点区位与市场的接近程度，能够反映出节点区位的经济潜力（Anderson，2012）。基于这种理解，经济地理学中通常使用市场潜力指标来衡量区位的可达性。市场潜力模型在衡量可达性时能够考虑由于吸引力而产生的节点区位之间的相互作用（李平华、陆玉麒，2005）。根据市场潜力模型，节点区位的可达性或者说经济潜力与中心区位的吸引力成正比，与两者之间的距离的幂成反比。其中，中心区位的吸引力可以理解成为接近中心区位以获得某种机会的能力，中心区位与节点区位之间的距离则可理解为使用某种交通运输系统产生的交通运输成本，通常由通行时间来衡量。区位的市场潜力越大，也就意味着区位的可达性越强。

2. 交通运输网络和可达性

在可达性理论中，起始点、终结点和交通运输网络是研究区域可达性所必不可少的三个关键要素。这是因为可达性衡量的是空间中特定的两个区位之间的关系，空间实体的流动方向决定了这两个区位中哪一个是起始点哪一个是终结点，并且可达性需要通过某一种交通运输网络作为起始点和终结点之间进行空间相互作用的连接工具。所以在可达性的研究中，这三者缺一不可。

具体而言，所有交通运输方式都包含了交通运输工具和交通运输基础设施两种物质要素，其中交通运输基础设施又可以分为线性基础设施和终端基础设施。以高铁这一交通运输方式为例，高铁动车组列车是交通运输工具，高铁动车组列车沿其方向运行的高铁线路和无砟轨道属于线性基础设施，高铁站则属于终端基础设施。终端基础设施和线性基础设施相结合就是交通运输网络（Anderson，2012）。在交通运输网络中，终端基础设施可以表示为交通运输行程开始和结束的点，一般将其称为"节点"（如图 3 - 1 中标注英文字母的点），在各终端基础设施之间运行的路径可以表示为节点之间的连接线（如图 3 - 1 中每两点之间的连线），节点和连接线是交通运输网络的基本组成要素。大多数交通运输网络最初都是从树状结构开始的，因为建立交通运输网络的部门首先考虑的是能够把所有的节点都连接起来。之后，随着时间的推移，交通运输网络中会不断增加新的连接线，节点之间的平均距离会不断缩小，从一个节点（起始点）到另一个节点（终结点）的难度随之逐渐降低。随着交通运输网络中的连接线不断增加，交通运输网络的结构也会逐步由树状变为环状并在最终演变为网状（见图3-1）。可达性则可以用来表示从交通运输网络中的一个节点到达另一个节点的容易程度。随着交通运输网络中的连接线不断增加，所有节点的可达性也会随之提高。

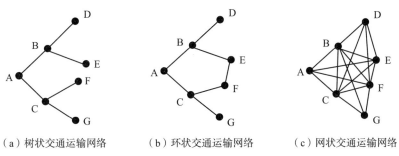

（a）树状交通运输网络　（b）环状交通运输网络　（c）网状交通运输网络

图3-1　不同结构的交通运输网络示意图

3.2.2　区域经济发展影响劳动力流动的理论

本节主要从西方经济学和新经济地理学两个视角对区域经济发展影响劳动力流动的理论进行分析。在西方经济学的视角下，对于劳动力区位选择的研究主要侧重于在古典主义或新古典主义的均衡模式下研究劳动力空间区位变化的经济动机和个体特征，预期收入差距被认为是影响劳动力区位选择的关键因素。而新经济地理学则将空间因素纳入主流经济学分析框架之中，运用中心—外围模型研究劳动力区位选择问题，认为区位实际工资差额是劳动力区位选择的核心机制、异质性劳动力区位选择存在空间选择效应和空间类分效应。

1. 西方经济学视角

最早从经济发展的角度分析劳动力区位选择的原因的经济学家是古典经

济学的创始人配第（盛来运，2005）。配第在其著作《政治算术》中指出：劳动力和资本等生产要素会在比较利益的驱动下从农业部门流向工商业部门，而发展经济则需要允许要素的这种自由流动（配第，1690）。之后，魁奈、斯密和李嘉图等古典经济学家都对劳动力的区位选择作出了经济上的解释。魁奈认为，工资差异是导致劳动力空间区为发生改变的主要因素，更高的工资和更好的生活环境是劳动力流向大城市的主要原因（魁奈，1758）。斯密以分工的演进为基础，认为在市场的作用下，劳动力会从工资较低的行业和地区流向工资较高的行业或地区，通过区位选择，劳动力的工资最终会达到大致相同。由于城市的劳动工资比农村高，因此，斯密认为劳动力最终都会离开农村而汇集于城市（斯密，1776）。李嘉图以地租理论为切入点，从供给和需求两个角度来分析劳动力的区位选择，认为农业部门的劳动力将向非农业部门转移，劳动力个体会从农村流向城市（李嘉图，1817）。可以发现，早期的古典经济学家均认为，在国家安全稳定、法律法规健全和基础设施良好等条件下，地区之间的收入差距是劳动力空间区位变化的最主要原因。

与古典经济学不同，新古典经济学在新古典主义的均衡模式下，基于宏观的结构性因素和微观的个体选择等因素综合考察劳动力的区位选择。新古典经济学对于劳动力的区位选择的研究形成了两大理论：一是以赫伯拉（1938）、博格（1959）和李（1966）为代表的"推拉理论"；二是以刘易斯（1954）、拉尼斯和费（Ranis and Fei，1961）、托达罗（1969）、哈里斯和托达罗（1970）为代表的"二元经济结构理论"。推拉理论借鉴了物理学中经典力学的分析方法，主要认为劳动力的区位选择是在各种"力"的作用下进行的，这些"力"主要可以分为两类，一类是吸引劳动力进入某地的"拉力"，另一类是促使劳动力离开某地的"推力"，"推力"和"拉力"相互作用所形成的"合力"最终决定了劳动力的区位选择（Herberle，1938）。之后，博格（1959）进一步发展了劳动力流动的推拉理论，他较为全面的概括了影响劳动力流动的 12 种"推力"和 6 种"拉力"，并且指出不论是流入地还是流出地都同时存在推动劳动力离开的"推力"和拉动劳动力进入的"拉力",只不过劳动力流出地的"推力"更强,而流入地则是"拉力"更强。李(1966)进一步发展了博格(1959)的劳动力流动理论,用来分析劳动力在流动过程中所遇到的"拉力"和"推力"以及不同劳动力对这些作用力的反应。李(1966)认为劳动力在流动的过程中会受到很多因素的影响,例如,在客观上劳动力对流出地和流入地的了解程度会影响其区位选择,在心理上个体特征不同的劳动力面对"推力"通常会作出不同评估和决定。最终,只有流动意愿强并且能克服"推力"的劳动力才能顺利实现空间区位的改变。

二元经济结构理论是"二战"后发展经济学领域兴起的用于研究发展中国家劳动力区位选择的理论。刘易斯(1954)认为,发展中国家或地区的经济存在着明显的二元结构,即同时存在劳动力过剩的传统农业部门和劳动力供应不足的现代工业部门。由于两个部门的劳动生产率和劳动边际收益率存在差异,农业部门的剩余劳动力会源源不断地被现代工业部门所吸引,劳动力因此会从农村流向城市。当农村剩余劳动力被城市完全吸收时,城乡工资会趋于一致,城乡差距也随之消失。拉尼斯和费(1961)对刘易斯(1954)的模型进行了修正,他们改变了劳动力无限供给的假设条件,强调劳动力发生区位变化的前提是农业劳动生产率大幅提高以至于出现剩余产品,并在此基础上提出了劳动力区位选择的三阶段发展过程。托达罗(1969)与哈里斯和托达罗(1970)进一步解释了为何农村剩余劳动力会不顾城市事实上存在的失业而继续选择流入城市的问题。他们认为,相比于绝对收入,预期收入才是劳动力改变空间区位的主要动力,劳动力个体在进行区位决策时会先对改变空间区位所带来的预期成本和预期收益进行权衡,劳动力的区位选择取决于城乡之间预期收入差距。

20 世纪 70 年代后,西方心理学界发起的行为科学革命影响到了经济学的发展,部分经济学家将对劳动力区位选择的研究重点从宏观数量模型转向劳动力个体的流动行为,重视从社会因素、个体特征因素和偶然性因素等方面分析劳动力的区位选择行为(姚华松、许学强,2008)。这些研究不再只关注劳动力的个体决策,而是更加强调在劳动力进行区位选择的过程中家庭集体决策的重要性，他们认为对于家庭而言，劳动力空间区位的改变是一种控制家庭收入风险和增加增本的重要途径，每个家庭都会依照家庭预期收入最大化和风险最小化的基本原则，决定家庭成员的区位选择（Stark and Bloom，1985；Stark and Taylor，1991）。而针对劳动力在城乡之间流动的现象，斯塔克和泰勒（1991）认为除了城乡之间的预期收入差额，劳动力流入城市后从家乡亲友处和自身生活方式转变上所感受到的相对经济地位的变化也是影响劳动力从农村流向城市的重要因素。

2. 新经济地理学视角

主流经济学对于劳动力区位选择的研究忽略了劳动力流动对区域经济空间结构的重塑，而新经济地理学的相关研究弥补了这一领域的空白（梁琦等，2018）。为了将规模经济和不完全竞争纳入经济模型之中，新经济地理学先驱克鲁格曼（1991）使用迪克西特—斯蒂格里茨的垄断竞争模型（简称"D–S模型"）（Dixit and Stiglitz，1977）和冰山成本（Samuelson，1952；Samuelson 1954a）将空间因素模型化，提出了空间一般均衡模型，将空间经济分析范式引入劳动力区位选择问题，丰富和发展了劳动力区位选择理论及其效应研究。

新经济地理学运用空间一般均衡模型，以劳动力个体为研究对象，将城市视为基本空间单元，从空间视角考察了劳动力区位选择过程中的集聚效应的变化。克鲁格曼（1991）认为受区域或城市之间贸易成本变化的影响，经济主体和经济活动在空间上会更加集中，进而形成本地市场效应和上下游产业关联，技术外部性和货币外部性也更加显著，集聚经济优势不断凸显，从而吸引劳动力等要素向中心区域集聚。藤田昌久等（1999）假设在一个经济体中只有农业和制造业两个部门，农业部门是完全竞争的，生产单一的同质产品，而制造业部门是不完全竞争的，供给大量的差异化产品并且具有收益递增的特征，当劳动力自由流动时，劳动力会从实际工资低的区域向实际工资高的区域集聚。从动态的视角来看，在产业集聚的过程中，起初劳动力跟随产业进入中心区域，之后当集聚程度不断扩大直至出现过度集聚时，中心区域的市场竞争将越来越激烈，此时一些无法应对激烈竞争的落后产业就会向外围区域转移，一部分劳动力因而会跟随产业转移出中心城市。除此之外，这种"优胜劣汰"的市场机制在劳动力的竞争中也会存在，部分竞争力较弱的劳动力也会在激烈竞争中被迫流出中心区域而重新进行就业区位选择。通过共享、匹配和学习三个微观机制，集聚经济会产生正的空间外部性，对于进入中心区域的劳动力而言，这种正的空间外部性能够使他们从集聚中获得收益，促使他们更快地成长，提高劳动生产率（Duranton and Puga，2004；Combes et al.，2008）。

新经济地理学对于劳动力区位选择的研究的发展脉络是从同质性劳动力假设逐步向异质性劳动力假设延伸的。自梅利茨（2003）将企业生产率差异引入克鲁格曼（1980）的贸易模型之中起，新经济地理学逐步构建了一个研究异质性经济主体（企业和劳动力个体）区位选择问题的完整框架。新经济地理学拓展了集聚的内涵，在集聚的本质之外，它更加强调经济主体的空间选择（Spatial Selection）效应和空间类分（Spatial Sorting）效应[①]（梁琦等，2018；张可云、何大梽，2020）。所谓"空间选择"，是指劳动力个体的就业决策和企业的市场决策（Behrens and Robert‐Nicoud，2015）。对于空间选择的解释主要有两种，一是基于主动选择和被动选择的视角，二是基于正向选择和负向选择的视角。维纳布尔斯（2011）强调主动选择和被动选择。他认为劳动力和城市都存在一种自选择机制，劳动力的自选择被视为主动选择，主要指当劳动力（尤其是高技能劳动力）对不同城市的劳动力市场的质量进行权衡之后，他们更可能选择进入与自身技能水平相匹配的城市；城市的自选择被视为被动选择，意思是拥有更高质量的劳动力市场的城市能够吸引来更多技能水平与其相匹配的高质量劳动力，同时这类城市由于生活成本较高又会导致部分低技能劳动力选择离开本地。而库姆斯等（2012）则强调正向选择和负向选择，他将劳动力从经济密度较低的区域流

[①]　已有文献普遍将"Spatial Sorting"翻译成"空间分类"，但本书认为按照"主谓结构"翻译这个词组可能更为恰当，因此，本书使用张可云、何大梽（2020）的译法，将其译为"空间类分"。

动到经济密度较高的地区称为正向选择，反之则称为负向选择。所谓"空间类分"，是指异质性劳动力或企业的异质性区位选择（Behrens and Robert - Nicoud，2015）。贝伦斯等（2014）研究发现，高技能劳动力在进行居住或就业区位选择时更倾向于选择大城市，而大城市中高技能劳动力和高生产率企业也更多。不过该文也强调，虽然规模更大的城市分布着更多的高技能劳动力和高生产率企业，但是在这些城市里也分布着一些低技能劳动力和低生产率企业，也就是说经济主体的空间类分并不是完全严格按照技能或生产率的高低排序而一一对应的。埃克豪特等（2014）从劳动力技能互补的角度讨论了空间类分效应，认为城市规模和异质性经济主体之间存在着一定的配对规则，空间类分就是不同规模的城市和异质性经济主体按照配对规则自发进行空间配置的结果。以劳动力为例，空间类分效应能够确保首位城市拥有的高技能劳动力的份额是所有城市中最高的，次等规模的城市拥有的高技能劳动力份额则次之，并且城市规模等级越低其所拥有的高技能劳动力份额也越少，绝不会出现次一等级规模的城市所拥有的高素质经济主体的份额超过上一等级规模的城市的情况。可以说，空间选择效应是对微观个体而言，是指微观经济主体对于空间区位的选择；而空间类分效应是对宏观整体而言，是指宏观整体因为个体的空间区位选择而形成了宏观层面经济区位的差异（梁琦等，2018）。这两种效应如同一枚硬币的正反面，共同构成了新经济地理学分析异质性劳动力区位选择的重要理论基础。

3.2.3　区域不可贸易品影响劳动力流动的理论

本节主要从公共经济学和城市经济学两个视角对区域不可贸易品影响劳动力流动的理论进行分析。在公共经济学的视角下，研究劳动力区位选择问题的主要理论依据是蒂伯特"用脚投票"理论，侧重于研究公共物品供给对于劳动力区位选择的影响。在城市经济学的视角下，研究劳动力区位选择问题的主要理论依据是罗森－罗巴克（Rosen－Roback）城市空间均衡理论，侧重于研究在开放城市体系中劳动力会根据不同的城市特征来选择效用最大化的城市就业和居住。

1. 公共经济学视角

公共经济学中对于劳动力区位选择的研究的主要理论依据是蒂伯特（1956）提出的"用脚投票"理论，侧重于研究公共物品供给对于劳动力区位选择的影响。西方经济学通常认为劳动力流动是由资源分布不均衡引起的，劳动力对于不同产品的偏好常常会促使他们进行区位选择，这既包括可贸易产品，也包括诸如地方公共服务和公共物品之类的不可贸易产品。对于地方公共物品的供给问题，经济学家马斯格雷夫（1939）和新古典综合学派创始人萨缪尔森（1954b）都认为公共物品和私人物品不同，由于存在"搭便车"等问题，公共物品供给中不存在最优均衡解，即不能利用市场机制来解决公共物品的最优配置问题。而针对这一观点，美国经济学家蒂伯特（1956）提出了地方公共物品支出中的"用脚投票"理论（Vote with Their Feet）。蒂伯特（1956）认为虽然马斯格雷夫（1939）和萨缪尔森（1954b）的理论适用于研究国家层面的公共物品支出，但是在人口自由流动的前提下，该理论无法研究区域层面的公共物品支出。蒂伯特（1956）的"用脚投票"理论最早将地方公共服务和公共物品供给加入人口流动的效用模型中，他认为在人口流动不受限制的条件下，居民可以根据各地提供公共物品的情况和税负情况自由"选购"拥有最令他们满意的公共服务和税收的组合的地区。也就是说，居民可以"用脚投票"来展现其偏好并作出选择流向哪个地区的决定，这一过程可以起到类似于市场机制的作用。

蒂伯特（1956）这一大胆、新颖并且具有开创性意义的理论假说开启了地方公共经济学研究的序幕，同时也成为城市经济学和区域经济学研究劳动力区位选择的一个重要理论依据。"用脚投票"理论问世之后，在城市经济学与区域经济学研究领域内，围绕地方公共服务和公共物品对劳动力区位选择的影响这一研究问题，涌现出了大量基于该理论的理论与经验研究文献（Quigley，1985；Rapaport，1997；Nechyba and Strauss，1998；Bayoh et al.，2006；Dahlberg et al.，2012），这些文献都证实了在很多国家和地区，在劳动力的区位选择过程中，劳动力对于地方公共服务和公共产品的"用脚投票"机制确实存在。

2. 城市经济学视角

劳动力流动不会只受到经济变量的驱使，当劳动力把非经济因素看得很重要时，他们会追求更多的社会化需求和特定的福利环境（Combes et al.，2008）。在现实的城市空间里，除了地方公共服务和公共物品之外，城市还具有其他不同的特征，劳动力在进行区位选择时常常会受到城市特征的影响。基于此，城市经济学从城市特征的角度，研究在开放城市体系中劳动力如何根据不同的城市特征来选择效用最大化的城市就业和居住。

在西方经济学中，用商品价格对商品特征进行回归的做法由来已久。（Rosen，1974）通过构建市场供需均衡模型，从消费者和厂商双方的优化行为中导出商品价格和商品特征的均衡关系，为特征回归（Hedonic Regression）提供了一个严谨的理论基础（张俊富，2019）。之后，罗森（1979）和罗巴克（1982）又用类似的分析方法来研究城市特征的隐形价格，这一分析框架后来发展成为城市经济学的重要理论支柱之一，被称为"罗森－罗巴克城市空间均衡理论"。该理论从空间均衡的两个基本条件出发，假设劳动力可以在城市之间自由流动，在这种情况下，具有相同偏好的劳动力无论选择流动到何处都会获得相同的效用，劳动力的区位选择只取决于工资和生活成本两个方面。在一般均衡的条件下，工资水平较高的城市的生活成本也较高。当面临不同城市特征时，例如城市的宜居性（Amenities），不同城市的宜居性的差异就会反映到工资和生活成本中。在罗森－罗巴克城市空间均衡模型所推导出的一组结果中，这一结论可以表示为：

$$p_s = y\frac{\mathrm{d}p}{\mathrm{d}s} - \frac{\mathrm{d}w}{\mathrm{d}s} \tag{3.1}$$

其中 p_s 代表劳动力对于某一城市特征的边际支付意愿，城市的生活成本主要指住房成本，y 是房产消费量，p 是单位房产价格，w 是工资水平。也就是说，"罗森－罗巴克城市空间均衡理论"将劳动力在城市之间的区位选择视为劳动力对于不同城市的工资收入、宜居性和住房成本的取舍。

罗森－罗巴克城市空间均衡理论为城市经济学研究城市的宜居性等城市特征对于劳动力区位选择的影响提供了坚实的理论基础。在罗森（1979）和罗巴克（1982）之后，布洛姆奎斯特等（1988）、乔尔科和特雷西（Gyourko and Tracy，1991）、加布里埃尔和罗森塔尔（2004）和阿尔布伊（2016）等文献延续了这一理论分析框架，都对城市的宜居性对劳动力区位选择的影响进行了研究，认为城市的宜居性对劳动力通过区位选择获得的效用有正向的促进作用，具有更高生活质量的城市更容易吸引劳动力的进入。虽然这些研究都对罗森－罗巴克空间均衡模型进行了一定程度上的拓展，但是其核心思想并没有发生改变。总体而言，城市空间均衡理论认为，在劳动力自由流动的情况下，城市间的住房价格差异可以被工资差异和宜居性的差异所解释，并最终实现空间均衡。也就是说，在开放城市体系中劳动力会根据不同城市的工资水平、宜居性（例如自然环境、基础设施条件和公共卫生服务等）以及生活成本（例如住房和其他非贸易品的本地消费）来选择效用最大化的城市就业和居住。

3.3　高铁对劳动力流动的影响机制分析

在对相关理论进行分析之后，本节将在此基础上探讨高铁对劳动力区位选择的影响机制。首先基于高铁的三个基本属性探讨高铁对劳动力区位选择的直接影响效应，进而讨论高铁对劳动力区位选择的间接影响效应，最后对高铁对劳动力区位选择的主要影响机制进行总结。

3.3.1　高铁对劳动力流动的直接影响效应

在 3.1 节中，指出高铁具有实用性、经济性和公益性，本小节将基于这三种基本属性讨论高铁对劳动力区位选择的直接影响效应。本书认为，高铁能够通过时空压缩效应、增长拉动效应和"用脚投票"效应直接提高区域的可达性水平、提升区域的市场潜力并且增强区域对劳动力的吸引力，从而影响劳动力的区位选择。具体分析如下：

首先，考虑高铁的实用性。作为一种新型的交通运输方式，高铁区别于传统铁路的最主要特征就是运行速度快。以京沪线为例，在 2011 年京沪高铁开通之前，从北京乘坐火车到上海最快也需要花费 15 个小时左右的时间，而在 2011 年 6 月 30 日京沪高铁全线通车之后，从北京乘坐高铁到上海全程只需 6 个小时左右，比之前用时的一半还要少。在 2017 年中国标准动车组复兴号动车组投入使用之后，京沪高铁全线用时最短可缩减至 4.5 小时左右，约为高铁开通前通行时间的 1/3，极大地缩短了京沪之间的通行时间。交通便捷的京沪线尚且如此，对于国内其他城市来说，高铁的开通带来的通行时间缩短的效应就更为明显。除此之外，随着高铁发展速度不断加快，高铁在铁路交通运输体系中的骨干作用越来越凸显，区域间高铁的通行频次也在不断增加。通行时间的大幅压缩和通行频次的不断增加大大增强了高铁的时空压缩效应，降低了区域之间的交通运输成本，提高了区域的可达性，区域的市场潜力也会随之提高，从而增强了区域对劳动力的吸引力，直接影响了劳动力的区位选择。

其次，考虑高铁的经济性。作为一项大规模的基础设施建设工程，高铁建设往往投资规模大且工期耗时长，从地方经济发展的角度看，高铁建设能够产生投资乘数效应拉动相关配套产业发展，从而促进地区经济增长。例如，高铁建设能够直接拉动与其紧密相关的交通运输装备制造业、通用和专用电子设备制造业、其他电子设备制造业、建筑业和相关建材等装备制造业，而在拉动这些产业发展的同时，与这些产业相关的上游产业也会从中获益，从而形成投资拉动效应，促进地区经济增长，地区经济增长还会提高居民的收入和消费水平，反过来又能够进一步拉动经济增长。除了投资拉动作用之外，当前中国高铁在开通之后往往能够成为带动地区经济发展的新增长极，因为在高铁建设的同时，围绕高铁站点区域的公共服务设施开发以及交通基础设施水平的提升，会使得高铁站点经济快速发展，有的地区甚至会依托高铁，发展高铁新区或者高铁新城。如此一来，高铁站点或者高铁新区（新城）的快速发展，就有可能成为区域经济发展的新增长极，重塑区域空间经济格局。而且，在高铁建设和开通的一系列过程中会创造出更多的就业机会，增加地区对劳动力的需求。于是，更高的经济发展水平和更多的就业机会就会提高地区对劳动力等空间要素的吸引力，直接影响劳动力的区位选择。

最后，考虑到高铁的公益性。作为一项准公共物品，高铁能够直接提高当地的交通基础设施水平和公共服务水平。而结合当前国内各地积极发展的高铁站点建设、高铁综合交通枢纽建设和高铁新区（新城）建设可以发现，以高铁站点为依托对高铁站点周边地区进行开发建设，能够有效地拓展城市的生产和生活空间，促进城市内部产业结构的优化调整，完善城市的产业空间布局，不断促进城市的工业化和城市化的融合发展，提高城市的总体经济发展水平。如此一来，城市的宜居性或者说便利性便得以提高，城市的生活质量会因此提升。本书认为，无论是人们对于高铁这一准公共物品的直接偏好还是人们对由高铁导致的更高的城市宜居性的偏好，都会提升城市对于劳动力的吸引力，提高城市的可达性，通过引发"用脚投票"效应，直接对劳动力的区位选择产生影响。

3.3.2　高铁对劳动力流动的间接影响效应

在讨论了高铁对劳动力区位选择的直接影响效应之后，本小节将进一步探讨高铁对劳动力区位选择的间接影响效应。本书认为，高铁开通之后，区域可达性的提高能够加快区域间劳动力、资本和技术等经济要素的流动速度，促进劳动力、企业和技术等在空间中的集聚，通过集聚效应、选择效应和类分效应，改变区域的空间经济格局，从而影响劳动力的区位选择，提高劳动力选择进入本地的概率。具体分析如下：

首先，考虑高铁带来的集聚效应。高铁开通之后，区域可达性提高，区域间劳动力、资本和技术等经济要素得以快速流动和集聚。经济要素和经济活动在空间中的集聚主要通过形成区域劳动力池和改变区域市场结构两个方面影响劳动力的区位选择。一方面，区域劳动力池的形成是高铁引致的集聚效应对于劳动力的直接影响。这是因为，高铁开通不仅能够通过降低市场准入等因素还能够通过降低劳动力在区域之间的流动成本来扩大劳动力的就业范围，进而促进区域劳动力池的形成。对于企业来说，大量劳动力在空间中集聚，可以大大缩减企业的招聘成本，降低企业用工难度；而对于劳动力来说，企业在空间中集聚也有助于劳动力获得更多的就业机会，从而避免单个企业波动对个人造成的冲击（邓涛涛等，2019）。区域劳动力池的形成可以在一定程度上提高技能水平存在差异的劳动力和不同岗位的匹配度，进一步促进劳动力快速流动，扩大劳动力市场规模，产生更多的就业机会，最终影响到劳动力的区位选择。另一方面，高铁引致的集聚效应能够改变区域市场结构。对于消费者而言，高铁开通导致区域可达性的提升可以使得消费者出于生活、工作和旅游等多方面需求的交通出行成本大幅度降低，从而会引致更多的服务需求，促使区域服务业不断发展。而与此同时，高铁开通带来的人口流动活动的增加又会提高消费者对于地方公共物品和公共服务的需求，促进了区域第三产业的不断发展。对于生产者而言，高铁开通后，随着区域可达性的提升和经济要素的不断集聚，企业在投资、研发和生产等一系列经济活动中面临的沟通成本、商务成本和交易成本等都有所降低，特别是对于像金融服务业、信息技术等高技术产业和商业服务业等对于面对面沟通和高频次的商务往来要求较高的生产性服务业而言，这种集聚效应导致的企业成本的降低表现得尤为明显。不仅如此，区域可达性的提升还会通过降低企业商务活动的时间成本和提高商务活动的效率来扩大商务活动的半径，从而为经济活动和经济要素的进一步集聚、形成更大的市场提供可能。另外，集聚还会导致企业之间的竞争程度增强，为了应对不断加剧的市场竞争，企业会进一步提高生产效率和产品产量，从而提升整个市场的生产效率，这一点也常常成为高铁影响企业这一经济主体区位选择的重要因素。

其次，考虑到高铁带来的选择效应和类分效应。选择效应和类分效应是指前文 3.1.2 节中所述的"空间选择效应"和"空间类分效应"。新经济地理学认为选择效应和类分效应是除集聚效应之外，产生内部异质性集聚的另外两种机制（Behrens and Robert – Nicoud, 2015）。异质性的存在会影响微观经济主体的区位选择，如果笼统使用集聚效应来分析经济要素和经济活动在空间上的集中，可能会掩盖异质性经济主体的异质性行为决策。从上一段论述中可知，高铁开通后，区域可达性提升，市场潜力随之提高，这会产生区域规模经济，从而不断促使经济要素和经济活动在空间上集聚，导致区域劳动力池形成、区域市场结构改变、区域市场规模扩大以及区域总体生产效率提高。但是，这种集聚收益并不会一直持续。城市的规模不会因为规模经济的存在而无限扩大，因为城市的空间是有限的，当集聚的程度达到空间限制时，就会产生一系列负效应，例如城市成本的增加（张可云、何大梽，2020）。如此一来，有限的空间和不断增加的成本将促使微观经济主体根据自身的情况作出不同的区位选择。例如，企业根据自身的生产效率水平选择留在中心区域还是迁往外围区域，劳动力根据自身技能高低决定留在中心区域还是选择离开。从前文的分析中可知，高铁的建设与开通能够从降低城市的通行成本、拉动城市的经济增长、提高城市的宜居性和公共服务水平等多个方面提高城市的发展潜力，与此同时也必然会提高城市成本。在集聚规模不可能无限大的情况下，选择效应和类分效应开始对经济要素和经济活动起作用。就选择效应而言，劳动力个体开始权衡城市的劳动力市场质量，并且在进行就业区位选择时倾向于选择与自身技能水平相匹配的城市，同时，劳动力市场质量高的城市也会吸引更多与之相匹配的企业和劳动力，而那些与之不相匹配的经济主体会因为较高的城市成本迁出城市。就类分效应而言，城市现有的经济主体分布和匹配环境决定了异质性经济主体的区位选择，在同时存在不同特征的经济主体的情况下，类分效应能够保证首位城市一定拥有最大份额的高生产率企业或高技能劳动力，而不会出现次等规模的城市所拥有的高生产率企业或高技能劳动力的份额超越首位城市的情况。

3.3.3　高铁影响劳动力流动的机制总结

至此，本节已经对高铁影响劳动力区位选择的作用机制进行了详细阐述。这一小节将对本书探讨的高铁对劳动力区位选择的主要影响机制进行总结，具体的影响机制图如图 3 - 2 所示。

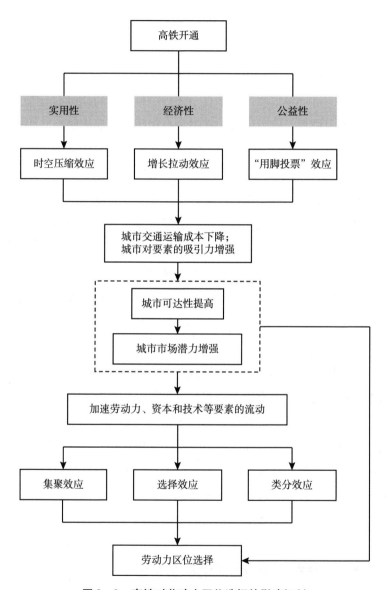

图 3 - 2　高铁对劳动力区位选择的影响机制

首先，高铁作为一种新型便利的交通运输方式，具有很强的实用性。高铁开通后，通过大幅缩短城市间的通行时间和增加城市间的高铁通行频次强化时空压缩效应，极大地降低了城市的交通运输成本。其次，高铁作为一项国家重大基础设施建设工程，具有很强的经济性。高铁开通后，一方面通过拉动投资、消费和促进相关产业发展，另一方面通过高铁站点建设和高铁新区或高铁新城建设成为区域经济发展的新增长极，产生增长拉动效应，提高了地区的经济发展水平。最后，高铁作为一类准公共物品，具有很强的公益性。高铁开通后会提高地区的基础设施水平和公共服务水平，还能够提高城市的宜居性，这种不可贸易物品会提高城市对于劳动力的吸引力，引发"用脚投票"效应。通过上述的时空压缩效应、增长拉动效应和"用脚投票"效应，高铁开通后能够降低城市的交通运输成本，增强城市对于经济要素的吸引能力。由可达性的主要内涵可知，城市的交通运输成本下降和城市对于经济要素的吸引力增强都意味着城市的可达性提升，从而城市的市场潜力也会随之增强。高铁能够因此直接影响到劳动力的区位选择。此外，城市可达性提升和市场潜力增强还可以导致城市间劳动力、资本和技术等经济要素在空间中的流动与集聚不断加快，城市规模经济产生，集聚效应显现，促进城市劳动力池形成、市场结构改变、市场规模扩大以及城市总体生产效率提高等。然而，由于集聚的收益不会一致扩大，集聚效应导致的不断增加的城市成本和城市有限的空间将促使异质性经济主体根据自身的情况作出不同的区位选择，所以，对于异质性劳动力而言，在集聚效应之外，选择效应和类分效应也不可忽视。因此，集聚效应、选择效应和类分效应是高铁间接影响劳动力区位选择的主要渠道。

3.4　本章小结

本章从高铁作为交通运输方式、大型基建工程和准公共物品这三个角度出发，总结了高铁的三大基本属性：实用性、经济性和公益性。在此基础上，本书从区域通达程度影响劳动力流动、区域经济发展影响劳动力流动和区域不可贸易品影响劳动力流动这三个方面对相关理论进行分析。之后，从高铁的三大基本属性入手，本章进一步探讨了高铁对劳动力区位选择的影响机制。本书认为，高铁能够通过时空压缩效应、增长拉动效应和"用脚投票"效应直接提高区域的可达性水平、提升区域的市场潜力并且增强区域对劳动力的吸引力，从而直接影响劳动力的区位选择。除此之外，高铁开通之后，区域可达性和市场潜力的提高还能够加快区域间劳动力、资本和技术等经济要素的流动速度，促进劳动力和企业等经济主体在空间中的集聚，通过集聚效应、选择效应和类分效应，改变区域的空间经济格局，从而间接影响劳动力的区位选择，提高劳动力选择进入本地的概率。

第 4 章

中国高铁对劳动力流动的总体影响研究

　　劳动力在作出"要进行流动"的决策之后，紧接着面临的一个重要问题就是"要流向何处"。现实中劳动力个体在进行区位选择时往往面临着很多种选择，而且能够影响劳动力区位选择的因素也有很多。这些影响因素归纳起来主要有两类：一是不随个体选择方案的改变而改变的因素，如劳动力个体特征；二是随个体选择方案的改变而改变的因素，如流入地特征。由于目前并不是所有城市都开通了高铁，那么在研究中就可以将"城市是否开通高铁"视为一种流入地特征。量化流入地特征对劳动力区位选择的影响效果曾经一度是个难题。然而，不断成熟的条件 Logit 模型的理论和应用技术使定量研究流入地特征对劳动力区位选择的影响得以实现。因此，在接下来三章的经验研究中就使用条件 Logit 模型对城市高铁开通对劳动力以就业为导向的区位选择的影响进行计量分析。本章将劳动力视为同质，重点探讨中国高铁对劳动力就业区位选择的总体影响。本章首先对实证分析所使用的数据、计量回归模型和主要变量进行说明，之后对基准回归结果进行分析讨论并对回归结果的稳健性进行检验，最后通过"安慰剂"检验对高铁建设过程中存在的非随机性选址问题进行检验。

4.1 数据来源与处理

本书在实证分析中所使用的数据主要包括全国流动人口动态监测调查数据和城市高铁数据。接下来，本节将依次对这两类数据进行说明。

4.1.1 劳动力数据

本书采用的劳动力样本来自国家卫生健康委员会（以下简称"国家卫健委"）① 在2013～2017年开展的全国流动人口动态监测调查数据（China Migrants Dynamic Survey，CMDS）。该调查数据最初两年的调查范围并没有覆盖全国（2009年只调查了北京、上海、深圳、太原和成都五所城市，2010年调查了全国100个城市），2011年才开始对全部地级市的流动人口进行抽样调查。但是2011年和2012年的调查数据与2013年及之后的调查数据的统计口径不完全一致，例如2011年和2012年的数据均没有统计人口流动原因、2012年没有统计流动人口流动的具体月份等，并且2013年前后的抽样调查时间也发生了变化。因此，本书选择2013～2017年国家卫健委发布的全国流动人口动态监测调查数据作为劳动力个体层面的主要研究数据。

2013～2017年全国流动人口动态监测调查均在每年5月正式开展，之后在次年的下半年公布上一年的具体调查数据。根据国家卫健委发布的《全国流动人口卫生计生动态监测调查技术文件》（2013～2017年）可知，该数据以31个省（区、市）和新疆生产建设兵团在前一年的全员流动人口年报数据为基本抽样框，采用分层、多阶段、与规模成比例的PPS（Probability Proportionate to Size Sampling）方法进行抽样。全国流动人口动态监测调查数据覆盖面广、样本量大。2013～2017年该调查数据的总样本量分别

---

① 原名为"国家卫生和计划生育委员会"，2018年改名为国家卫生健康委员会。

约为 19.88 万人、20.09 万人、20.60 万人、16.90 万人和 17.00 万人，每年涉及的以就业为流动目的的流动人口占比分别为 88.54%、88.13%、84.39%、83.60% 和 83.61%，能够较好反映全国劳动力生存发展状况与流动迁移趋势和特点等情况，具有一定的代表性和说服力。针对本书的研究问题，全国流动人口动态监测调查数据的一大优势在于给出了流动人口的具体流动原因（以此可以识别出以就业为目的的流动）、精确到年月的流动人口流入时间（即本书在实证中重点关注的流动人口就业区位选择的决策时间点）、具体的流动范围（跨省、省内跨市或者市内跨区县）、具体到区县层面的流入地信息和户籍地信息以及诸如性别、年龄、受教育程度、从事职业等能够反映流动人口自身特征的具体指标。这些信息有利于本书更加准确地匹配流动人口在进行就业区位选择决策时考虑的关键因素，从而更加准确地反映不同因素对流动人口就业区位选择的影响效果。

在本书的实证研究中，作者主要通过考虑以下六个方面对流动人口样本进行筛选。第一，考虑流动人口的流动原因。由于本书重点考察的是中国高铁对劳动力流动的影响问题，那么考察样本就应该是劳动力而不是全部流动人口。而在流动人口动态监测调查数据中，流动人口的流动原因主要包括务工/工作、经商、家属随迁、婚姻嫁娶、拆迁搬家、投亲靠友、出生、异地养老和照顾老人小孩等，因此本书在实证中仅保留流动原因为"务工/工作"和"经商"的流动人口。第二，考虑流动人口的就业状态。因为劳动力是指有劳动能力的适龄人口中已就业的人口和有就业意愿的失业人口，因此本书在实证中删除当前未工作的原因为"不想工作""丧失劳动能力""退休""料理家务/带孩子""怀孕/哺乳"和"学习培训"等样本，保留"已经找到工作等待上岗"和"临时性停工或季节性歇业"的样本。第三，考虑流动人口的流动时间。流动人口动态监测调查将在流入地居住 1 个月及以上的流动人口都视为可抽样的对象。但是，本书认为 1 个月的居住时间过短，不能排除短期内流动人口来了又走的情况。由于 2013～2017 年的流动人口动态监测调查都是在每年的 5 月开展，因此本书在实证研究中只保留流入时间为调查年份前一年的 1～4 月的调查对象。这种筛选方法既能仅保留上一年流入的流动人口，又能保证调查对象已经在流入地生活了一年以上。第四，考虑流动人口的年龄。2013~2014年的流动人口动态监测调查对象的年龄范围是15~59周岁，2015年起调整为15周岁及以上，不再设置年龄上限。为保证前后统一，在实证研究中只保留年龄在15~59周岁的流动人口。第五，考虑流动人口的流动范围。由于本书考察的是地级市层面的区位选择，所以删除流动范围是"市内跨县"和"跨境"的样本，保留流动范围是"跨省"和"省内跨市"的样本。第六，考虑流动人口的流入地。考虑到实证分析所需的城市层面的控制变量的可得性和口径一致性，实证研究中仅保留流入地为本书所选取的282个地级市的调查对象①，删除流入地为地区、州和自治州、盟、省直管县、新疆生产建设兵团、神农架林区和各类新区、示范区与综合试验区等非地级市区域以及数据缺失的部分地级市的调查对象。根据这六个筛选原则对初始样本进行筛选之后，2012~2016年1~4月流入居住地的劳动力数量分别为10 204人、9 438人、9 937人、7 524人和6 565人，总计43 668人。

4.1.2　城市高铁数据

本书所需的城市高铁数据主要有两种：城市是否开通高铁和城市间高铁开通频次。为了得到这两个数据，作者需要掌握的信息主要包括：高铁线路信息、高铁列车信息、高铁站开通年份和已开通高铁站的地址等。这些数据信息的来源主要有两个渠道：一是中国研究数据服务平台（CNRDS）的高铁数据，由此得到高铁站开通年份、高铁线路开通情况和高铁列车信息等信息；二是作者在学期间收集购买的2011~2015年《全国铁路旅客列车时刻表》，作者根据这些列车时刻表整理出了历年各地级市之间的高铁通行频次。

由于本书在实证分析中只保留流入时间为2012~2016年1~4月流入居

---

① 对于劳动力在进行区位选择时所面临的备选城市的选取，本书将在4.2.3节中进行介绍。

住地的劳动力样本,同时又考虑到高铁开通对经济社会产生的影响可能有一定的时滞性,因此本书选取 2011 ~ 2015 年开通的高铁线路作为具体研究对象。在研究中参照中国国家铁路局给出的高铁定义,即将设计开行时速 250 公里以上(含预留)并且初期运营时速 200 公里以上的客运列车专线铁路视为高铁,并根据这一定义对所有 G、D、C 开头的铁路线路进行筛选,得到符合条件的高铁线路和相应已开通的高铁站点。在筛选出符合定义的高铁线路之后,进一步对相应高铁站的地理位置进行空间识别,从而将各站点定位到城市。本书参考席强敏和梅林(2019)的做法,使用 XGeocoding 和 ArcGIS 等软件对高铁站点进行空间区位识别,从而确定每个高铁站所属行政区信息。通过这种方法,得到 2011 ~ 2015 年城市是否开通高铁这一数据。此外,本书参考种照辉(2018)的做法使用历年《全国铁路旅客列车时刻表》计算城市高铁开通频次数据。具体而言,在获取 t 年城市 i 与城市 j 之间的高铁开通频次时,首先以城市 i 为出发地、城市 j 为目的地进行搜索,记录符合条件的线路数量,然后以城市 j 为出发地、城市 i 为目的地进行搜索,记录符合条件的线路数量,这样就可以得到两地之间的高铁联系数据,当城市 i 或城市 j 有不止一个高铁站点时,将多个站点的不同线路相加,以此反映两城市间的总高铁开通频次(种照辉,2018)。本章和第 5 章所需的高铁数据是城市是否开通高铁。城市间高铁开通频次数据将在第 6 章使用。

4.2 计量模型与变量选取

本章将利用全国流动人口动态监测调查数据和条件 Logit 微观计量模型,实证分析城市开通高铁对劳动力区位选择的总体影响。上一节已经对实证研究所使用的主要数据进行了详细介绍,本节将进一步对实证研究所要使用的计量模型和主要变量进行说明。

4.2.1　条件 Logit 模型简介

劳动力在决定要进行流动之后其所面临的一个重要问题就是决定要流向何处。针对这一问题，当前国内外大量文献都利用微观调查数据和 Logit 模型对劳动力的空间区位选择进行经验研究。然而，基础的二值选择 Logit 模型只能用来分析个体面临的选择方案"非 0 即 1"的问题，例如，劳动力是选择流入北京市还是选择不流入北京市。但是在现实生活中，如果没有特定的流动原因，劳动力个体在作出空间区位选择时往往面临着很多种选择，此时摆在劳动力面前可供其选择的城市不是一个而是一系列备选城市的集合。对于这类多值选择的问题，在实证研究中就要使用多项 Logit 模型进行分析。但是，普通的多项 Logit 模型适用于解释变量不随个体选择的方案改变的情况，例如个体的性别、年龄、受教育水平等特征如何影响个体的区位选择，但无法适用于解释变量随个体的选择方案改变的情况，例如本书想要研究的流入地的某一特征能否影响劳动力区位选择的问题。然而，劳动力的流向选择是受多方面因素共同影响的，流入地的城市特征作为影响劳动力区位选择的一个十分重要的因素，不应该被忽视。在条件 Logit 模型发展出来之前，已经有很多文献运用普通多项 Logit 模型研究个体或家庭特征对劳动力区位选择的影响（陆铭等，2011）。而直到计量经济学家麦克法登（1974）发展出了一整套完整的理论和实证方法即条件 Logit 模型（也称"麦克法登选择模型"）之后，流入地城市特征如何影响劳动力区位选择的问题才逐渐引起经济学界的重视。

近年来，国内外越来越多的学者使用微观数据和条件 Logit 模型来研究城市特征对劳动力或者人口空间区位选择的影响问题。巴约等（2006）通过对美国 1995 年内在俄亥俄州富兰克林县的 17 个学区间进行流动的家庭进行调查研究，发现家庭在不同学区之间进行居住区位选择时，学区内的学校的教学质量会对家庭的区位决策产生显著影响。达尔伯格等（2012）通过对 1990～1991 年流入瑞典斯德哥尔摩地区的人口进行研究，发现在照顾孩子这项地方公共服务上的支出越多的社区越能够吸引人口选择到此地居住。陈等（Chen et al. ，2017）利用中国人口普查数据研究了 1996 ～ 2010 年空气污染对于中国人口流动的影响，发现在研究期内空气污染变化能够减少一个县城 50% 的流动人口迁入量，最终通过净流出减少 5% 的总人口。夏怡然和陆铭（2015）利用 2005 年全国 1% 人口抽样调查数据和 220 个地级市的统计数据，研究公共服务和工资对劳动力区位选择的影响，结果表明更高的工资水平、更多的就业机会和更好的基础教育和医疗服务都会影响劳动力选择流入某个城市的概率。孙伟增等（2019）利用 2011 ～ 2015 年全国流动人口动态监测调查数据研究了空气污染对流动人口就业区位选择的影响，发现城市的 PM2.5 浓度每上升 1 个单位，流动人口到该城市就业的概率将显著下降 0.39%。洪俊杰和倪超军（2020）利用 2017 年全国流动人口动态监测调查数据研究城市公共服务质量对农民工居住地区位选择的影响，发现城市的公共服务质量每提高 1 个单位，农民工流动到本地定居的概率就将显著增加 0.90%，而决定在本地永久定居的概率将显著增加 1.60%。

与宏观加总数据相比，将微观数据和条件 Logit 模型相结合来研究城市特征对劳动力区位选择的影响的实证研究方法主要有三个优点：一是更加直观地展现出某一项城市特征对劳动力个体的影响；二是更容易对劳动力的异质性进行研究；三是使用城市特征数据来解释劳动力个体的流动方向可以较好地回避反向因果关系（夏怡然、陆铭，2015）。

4.2.2　实证模型设定

鉴于前述分析，为了能够更加直观地反映劳动力的就业区位选择，本书在第 4 章、第 5 章和第 6 章的经验研究中也将使用条件 Logit 模型，结合流动人口动态监测调查数据，实证分析在当前中国高铁快速发展的背景下劳动力是否会选择流入已经开通了高铁的城市，比较异质性劳动力对城市开通高铁的反应是否存在差异，并且检验城市开通高铁对劳动力区位选择的影响机制。接下来，将介绍本书实证模型的设定方法。

　　劳动力在进行空间区位决策时面临着一系列的备选城市，根据条件 Logit 模型的性质，假定劳动 i 选择备选城市 j 所获得的随机效用为：

$$U_{ij} = \beta HSR_{ij} + \theta X_{ij} + \varepsilon_{ij} (i \in [1, N], j \in [1, J]) \qquad (4.1)$$

其中，i 表示劳动力个体，N 表示劳动力的总数，j 表示劳动力可选择的城市，J 为备选城市总数，劳动个体 i 在进行区位选择时共有 J 个备选城市可以选择。HSR_{ij} 表示劳动力 i 可选的城市 j 的高铁开通特征向量，hsr_{ij} 为该矩阵的元素，hsr_{ij} 取 1 表示城市 j 开通了高铁，取 0 则表示城市 j 没有开通高铁。控制变量 X_{ij} 表示劳动力 i 可选的城市 j 的其他特征向量，ε_{ij} 为未观测因素。显然，解释变量和控制变量不仅随劳动力个体 i 而变，也随备选城市 j 而变。根据显示性偏好理论，当且仅当劳动力 i 选择城市 j 带来的效用高于选择其他所有城市所带来的效用时，劳动力 i 才会选择流向城市 j。因此，劳动力 i 选择城市 j 的概率可以表示为：

$$P(choice_{ij} = 1 | HSR_{ij}, X_{ij}) = P(U_{ij} \geq U_{ik}, \forall j \neq k) \qquad (4.2)$$

其中，$choice_{ij}$ 取 1 表示劳动力选择流入城市 j。假设 ε_{ij} 为独立同分布（Independent and Identical Distribution，IID），并且服从 I 型极值分布（Type I Extreme Value Distribution）。将式（4.1）代入式（4.2）可推出：

$$P(choice_{ij} = 1 | HSR_{ij}, X_{ij}) = \frac{\exp(\beta HSR_{ij} + \theta X_{ij})}{\sum_{k=1}^{J} \exp(\beta HSR_{ik} + \theta X_{ik})} \qquad (4.3)$$

显然，选择不同备选城市的概率之和为 1。通过极大似然估计（Maximum Likelihood Estimate，MLE）可以得到系数 β 和 θ 的估计量。需要注意的是，由于条件 Logit 模型是非线性模型，系数 β 和 θ 的估计量并不能直接解释为边际效应（Marginal Effects），它们的实际含义是解释变量增加一个微小量时所引起的对数概率比 $\ln\left[\dfrac{P(choice_{ij} = 1)}{P(choice_{i1} = 1)}\right]$（Log-odds Ratio）的边际变化。也就是说，估计系数的绝对值只能够反映相应的城市特征值对城市被选择的概率的影响程度和影响方向。如果估计系数的绝对值大，则表明相应的城市特征值对城市被选择的概率的影响程度大。如果估计系数为正值，可表明城市特征值越大，该城市被选择的概率就越大，反之，则表明城市特征值越大，该城市被选择的概率就越小。然而，城市被选择的概率具体变动了多少，并不能直接通过系数 β 和 θ 的估计量进行准确评价。因此，本书在后续的实证分析中并不直接报告模型的系数估计量，而是报告在回归结束后通过 Stata 软件计算出的所有变量的平均边际效应（dy/dx），从而更为直观地量化解释变量对城市被选择的概率的影响。此外，考虑到解释变量和控制变量对劳动力区位选择的影响可能存在滞后，本书在实证分析中解释变量和控制变量均滞后 1 年。表 4 – 1 展示了条件 Logit 模型的长形数据格式（Long Form）。在表 4 – 1 中，每个劳动力 i 和其对应的备选城市 j 是该数据的一个样本，劳动力总数为 N，备选城市总数为 J，总样本量为 $N \times J$。对于以劳动力 i 为核心的 J 个样本，只有劳动力 i 的实际流入城市 j 对应的 $choice$ 变量取值为 1，其他样本的 $choice$ 变量取值为 0。D_j 则为与备选城市相对应的虚拟变量，有多少个备选城市就有多少个城市虚拟变量。

表 4 – 1　　　　　　　　　条件 Logit 模型的数据格式示意表

流动人口 i	备选城市 j	备选城市的虚拟变量 D_j				选择 $choice_{ijt}$	是否开通高铁 $hsr_{ij,t-1}$	控制变量 $X_{ij,t-1}$
		$j=1$	$j=2$	$\cdots$	$j=J$			
1	1	1	0	$\cdots$	0	1		
1	2	0	1	$\cdots$	0	0		
$\cdots$	$\cdots$	$\cdots$	$\cdots$	$\cdots$	$\cdots$	0		
1	J	0	0	$\cdots$	1	0		
2	1	1	0	$\cdots$	0	0		
2	2	0	1	$\cdots$	0	1		
$\cdots$	$\cdots$	$\cdots$	$\cdots$	$\cdots$	$\cdots$	0		
2	J	0	0	$\cdots$	1	0		
$\cdots$	$\cdots$	$\cdots$	$\cdots$	$\cdots$	$\cdots$	$\cdots$		
N	1	1	0	$\cdots$	0	0		
N	2	0	1	$\cdots$	0	0		
$\cdots$	$\cdots$	$\cdots$	$\cdots$	$\cdots$	$\cdots$	$\cdots$		
N	J	0	0	$\cdots$	1	1		

4.2.3 主要变量选取

前文介绍了实证研究所使用的劳动力个体数据和高铁数据来源。除此之外，为了能够更加准确地估计中国高铁对劳动力就业区位选择的影响效应，本书还需要对劳动力流动所面临的备选城市以及实证所需的控制变量进行合理的选择。

1. 备选城市选取

从理论上来说，对于任何一个不考虑出国或出境的劳动力而言，所有地级市都可以视为其区位选择的备选方案。也就是说，对于每个劳动力个体而言，他（她）所面临的备选城市集合应该包括 293 个地级市。但是由于一些城市设立地级市的时间较晚，例如海南省儋州市 2015 年才从县级市升格成为地级市，以及一些城市相关数据缺失等原因，本书最终选择 282 个地级市作为实证研究中劳动力流动的备选城市。这 282 个地级市是研究样本中劳动力流入的主要城市。在本书使用的流动人口动态监测调查数据中，流入这282 个地级市的劳动力占流入全部地级市的劳动力的比例高达 95% 以上。因此，将这 282 个地级市作为劳动力区位选择的备选城市集合，既具有很好的代表性，同时也兼顾了备选城市的全面性。

2. 控制变量选取

由于条件 Logit 模型在回归时本身已经加入了个体固定效应，因此不需要再额外考虑控制流动人口的控制变量（陈强，2014）。因此选取控制变量时主要考虑影响劳动力区位选择的城市特征变量。本书从城市的经济发展水平、劳动力收入水平、人口规模、行政级别、教育医疗等公共服务水平、开放水平、备选城市与劳动力户籍地的地缘关系以及城市主要地理特征这八个方面来选取控制变量，以期尽可能控制其他可能影劳动力区位选择的因素。下文对所选取的数据进行了较为详细的阐述，除特别说明数据来源的指标之外，其余指标的数据来源均为《中国城市统计年鉴（2012～2016年）》。表4-2为主要变量定义和描述性统计。

第一，控制城市经济发展水平的变量为城市的人均GDP。城市人均GDP是了解和把握城市宏观经济运行情况的重要指标之一，与GDP总量相比，人均GDP能够更好地反映城市的经济发展质量。本书预期，较高的城市经济发展质量能够显著提高城市对于劳动力的吸引力。

第二，控制城市劳动力收入水平的变量为城市职工平均工资。工资能够直接衡量劳动力价值，是反映一个地区劳动力收入水平的主要指标，同时也能在一定程度上反映城市经济发展水平。高工资无疑对劳动力具有更大的吸引力，因此本书使用城市职工年平均工资控制城市的劳动力收入水平。

第三，控制城市人口规模的变量为城市年末总人口。人口规模是衡量城市经济社会发展的又一重要指标。杜兰顿和普加（2004）指出人口规模可以通过共享（Sharing）、学习（Learning）和匹配（Matching）这三个集聚的微观机制直接对个人产生有利的影响。而且，城市人口规模的扩大也有利于提高劳动力的就业概率和实际收入水平（高虹，2014）。考虑到数据的可得性，本书选择城市年末人口数来衡量城市人口规模，该指标统计的是城市年末户籍人口而非常住人口。

第四，控制城市行政级别的变量为城市是否为直辖市或省会。中国的行政区划是国家上层建筑的重要组成部分，关系到国家的政权建设、经济发展、民族团结、文化传承、社会生活和国土资源开发利用等一系列重大问题（朱建华等，2015；王开泳等，2019）。与西方国家不同，中国的行政区划等级鲜明，不同行政级别的城市所拥有的权利、资源和政策支持力度也不同，因此本书为了控制一些与城市级别有关同时又可能会影响劳动力流向的不可观测因素，使用城市是否为直辖市或省会这一指标控制城市的行政级别。该变量为虚拟变量，城市是直辖市或省会城市取1，不是则取0。

第五，控制备选城市与劳动力户籍地的地缘关系的指标为备选城市与劳动力户籍所在地的地理距离和备选城市与劳动力户籍所在地是否同省。前者指城市间的直线距离，是依据城市的经纬度坐标运用 ArcGIS 运算得到①。后者是一个虚拟变量，备选城市与劳动力户籍地不同省取 1，同省取 0。已有研究发现，在现实中劳动力流动不仅会受到货币成本的制约，还会受到地理成本、信息成本和心理成本等因素的制约，在面对更多的不确定性时，部分劳动力往往会倾向于相对短距离的流动（Poncet，2006）。张和赵（2013）研究发现工资水平每提高 15%，劳动力离家距离就会相应增加 10%。夏怡然和陆铭（2015）发现备选城市距劳动力户籍所在城市的距离每增加 1 个标准差，该城市被选择的概率就降低 1.343 倍。孙伟增等（2019）也发现备选城市与劳动力户籍所在城市的距离每增加 100 公里，劳动力选择该城市的概率就显著降低 0.92 个百分点。因此，本书预期与劳动力户籍所在地距离更近的城市对劳动力的吸引力更大。

第六，控制城市教育和医疗等公共服务水平的指标为人均中小学教师数和每千人医生数。在相关经验研究中，研究者常用人均教师数量衡量一个城市的教育资源（梁若冰、汤韵，2008；孙伟增等，2019），本书也参考这些研究的做法，采用人均中小学教师数衡量城市的基础教育资源。具体做法是分别用城市中、小学专任教师数除以城市人口数，求得城市人均中、小学教师数，再将二者相加求和。除基础教育外，医疗卫生条件也是衡量一个城市公共服务水平的重要指标，因此本书使用每千人医生数用以衡量城市医疗卫生服务的情况。

第七，控制城市开放水平的变量为城市到海岸线距离。城市到海岸线的距离具体指城市的几何中心到海岸线的最短距离。在国际贸易领域，常常使用这一指标衡量城市与海外市场的邻近程度，因为对外贸易的主要运输形式是海运，从节约运输成本的角度来看，城市距离海岸线越近就意味着其越邻近海外市场，这在一定程度上能够反映城市的贸易开放程度（黄玖立、李

---

① 2017 年全国流动人口动态监测调查数据中统计了流动人口户籍地所在城市这一信息，"备选城市与劳动力户籍所在地的地理距离"则指备选城市与流动人口户籍所在城市之间的直线距离。而 2013~2016 年的调查数据中只统计了流动人口户籍地所在省份的信息。针对这种情况，"备选城市与劳动力户籍所在地的地理距离"则使用备选城市到流动人口户籍所在省份的省会城市的直线距离来代替。

坤望，2006）。因此，本书借鉴这一做法，使用城市到海岸线距离控制城市的开放水平。该指标由 ArcGIS 软件计算得到。

第八，城市主要地理特征指标为城市平均坡度。城市平均坡度通常指城市高程差与水平距离的比值，用来衡量城市居住和开发建设的适宜性。一般而言，城市平均坡度越小，意味着城市的地势越平坦，越适宜生活居住和开发建设。城市平均坡度这一指标主要基于中国 90 米分辨率数字高程数据，也是通过 ArcGIS 软件计算得到。

表 4 - 2　　　　　　　　　主要变量定义及描述性统计

变量	定义	样本量	均值	标准差	最小值	最大值
choice	被调查者是否流入该城市	1 231 212	0.004	0.059	0	1
hsr	城市是否开通高铁	1 231 212	0.450	0.498	0	1
pgdp	城市人均 GDP（万元）	1 231 212	4.704	3.326	0.646	46.775
wage	城市职工平均工资（万元）	1 231 212	4.485	1.131	0.496	11.307
pop	城市年末总人口（百万人）	1 231 212	4.466	3.142	0.195	33.752
admin	城市是否为直辖市或省会	1 231 212	0.110	0.312	0	1
dis_u	调查者户籍所在城市与备选城市的直线距离（百公里）	1 231 212	11.038	6.304	0	37.994
prov	调查者户籍所在城市与备选城市是否同省（是 =0）	1 231 212	0.954	0.209	0	1
tch	城市每千人中小学教师数（人）	1 231 212	8.013	1.806	4.789	24.605
doc	城市每千人医生数（人）	1 231 212	2.141	1.111	0.584	9.833
dis_c	城市到海岸线的最短距离（百公里）	1 231 212	4.585	4.203	0.011	27.468
slope	城市的平均坡度（%）	1 231 212	2.446	1.981	0.040	11.822

4.3　基准回归结果

在对实证模型和数据进行了详细的说明之后，本节对计量回归结果进行分析与讨论。首先，在进行回归分析之前，需要对实证研究中样本的选取进行说明。其次，本节将汇报基准回归结果，并对其进行分析。最后，本节将对基准回归结果的稳健性进行检验。

4.3.1　样本的选取

由前 4.1.1 的论述可知，本书的劳动力样本共有 43 668 人，且每个劳动力个体面对的备选城市均为全国 282 个地级市。如果在实证分析中使用全部样本，那么实证分析的样本量则为 43 668 × 282 = 12 314 376 个。从表 4 - 1 中可知，条件 Logit 模型中每个备选城市都对应一个虚拟变量，这样一来，城市虚拟变量再加上本书的解释变量和控制变量一共就有 293 个，再乘以 12 314 376 个样本量，那么实证研究数据将有 36 亿多个观测量。这对 Stata 软件来说是一个十分巨大的数字。根据 Stata 官方网站介绍（ht-tps：//www. stata. com/features/overview/huge - datasets），Stata SE 的运算上限仅为 2.1 亿个观测量，而 Stata MP 虽然能运算超过 20 亿个观测量的数据，但其前提是所使用的计算机硬件配置十分先进。因此，综合考虑 Stata 软件的运行能力和计算机的硬件条件，本书在实证中参考董等（2020）的做法，使用 Stata 软件对现有样本进行随机抽样。董等（2020）在对于高铁开通对青年学者的就业区位选择问题的实证研究中使用 58 460 个青年学者样本的 1% 子样本进行回归分析，样本量共有八万余个。与董等（2020）不同，本书更倾向于在适当缩小样本量的同时保证样本量足够大。因此，按 10% 的比例分别对 2012 ~ 2016 年每年的劳动力样本进行随机抽样，得到劳动力样本共 4 366 人，这样实证研究的样本量则为 4 366 × 282 = 1 231 212 个，数据观测量共约 3.6 亿个。这种做法既保证了样本量足够大，同时也能够保证软件运算的可行性。另外，本书也对 5% 和 7.5% 子样本进行了实证检验，相关回归结果将作为稳健性检验的主要内容在 4.3.3 中进行汇报。

4.3.2　主要回归结果

表 4 - 3 为城市开通高铁影响劳动力就业区位选择的回归结果。如前文 4.2.2 中所述，为了更加直观地展示解释变量对城市被选择的概率的影响效果，本书后续的计量回归结果均直接报告解释变量和控制变量的平均边际效应（dy/dx），即解释变量变化一单位对被解释变量——城市被选择的概率的影响。

在表 4 - 3 的第（1）列中，仅加入了城市高铁开通变量，结果显示城市高铁开通与劳动力选择在该城市就业的概率呈现出显著的正相关关系。平均来看，城市开通高铁会使得劳动力选择该城市的概率提高 32 个百分点。在第（2）列中，加入了反映城市经济发展水平、城市职工收入水平、城市人口规模和城市行政等级的变量，此时的回归结果显示城市开通高铁能够使得劳动力选择到该城市就业的概率提高 11.1 个百分点。虽然数值有所下降，但是结果仍然非常显著。在第（3）列中，继续加入反映城市间地缘特征的变量，结果显示城市开通高铁能够使得劳动力选择该城市的概率显著提高 16.9 个百分点，影响效果有所提升。之后，在第（4）列中，加入了反映城市公共卫生服务水平的变量，此时的结果显示城市开通高铁能够使得劳动力选择到该城市就业的概率显著提高 17.7 个百分点，与第（3）列的结果变化不大。最后，在第（5）列中又加入了反映城市开放程度和宜居程度的地理变量，此时的结果显示城市开通高铁会导致劳动力选择到该城市就业的概率显著增加 15.4 个百分点，比前一列的结果略小。从表 4 - 3 中的第（1）列到第（5）列数据报告的估计结果中可以看出，不管控制变量如何变化，城市开通高铁对劳动力选择该城市的概率一直存在正向的影响，并且高铁开通的平均边际效应一直在 1% 的显著性水平下显著。

除解释变量外，模型中加入的控制变量对于劳动力就业区位选择概率的影响也都十分显著，并且均符合前文的预期。具体而言，城市人均 GDP、城市职工平均工资、城市人口规模、城市是否为直辖市或省会、城市中小学教师数、城市医生数和城市平均坡度都对劳动力的就业区位选择概率有显著的正向影响。从第（5）列结果来看，城市人均 GDP 每增长 1 万元，城市被选择的概率会增加 0.8 个百分点；城市职工平均工资每增加 1 万元，城市被选择的概率会增加 3.1 个百分点；城市的总人口每增加 100 万人，城市被选择的概率会增加 0.6 个百分点；城市为直辖市或省会能够使其被选择的概率提高 19.5 个百分点；城市每千人中小学教师数每增加 1 人，城市被选择的概率会增加 1.0 个百分点；城市每千人医生数每增加 1 人，城市被选择的概率会增加 1.9 个百分点；城市平均坡度每增加 1%，城市被选择的概率会增加 1.2 个百分点。这说明，经济发展水平、工资水平、人口规模、行政级别、公共服务水平和居住、建设适宜度更高的城市对劳动力的吸引力更强。除此之外，城市到劳动力户籍所在城市的距离、城市与劳动力户籍所在城市是否同省以及城市到海岸线的距离都对劳动力的就业区位选择概率有显著的负向影响。城市到劳动力户籍所在城市的距离每增加 100 公里，城市被选择的概率就下降 2.8 个百分点；城市与劳动力户籍所在城市不同省会使得城市被选择的概率降低 28.1 个百分点；城市与海岸线的距离每增加 100 公里，城市被选择的概率就下降 1.0 个百分点。这意味着，在其他条件相同的情况下，人们更愿意选择离户籍所在地距离更近的以及与户籍所在地同省的城市作为流动的目的地。

表 4 - 3　　　　　　　高铁影响劳动力就业区位选择的回归结果

choice	(1)	(2)	(3)	(4)	(5)
hsr	0.320 *** (32.48)	0.111 *** (8.04)	0.169 *** (7.27)	0.177 *** (7.82)	0.154 *** (6.09)
pgdp		0.009 *** (4.82)	0.017 *** (6.59)	0.008 *** (2.74)	0.008 ** (2.52)
wage		0.015 *** (6.61)	0.046 *** (7.25)	0.042 *** (5.56)	0.031 *** (3.63)
pop		0.005 *** (5.51)	0.004 *** (2.66)	0.006 *** (4.32)	0.006 *** (4.14)

续表

choice	(1)	(2)	(3)	(4)	(5)
admin		0.131 *** (6.59)	0.198 *** (11.92)	0.192 *** (9.43)	0.195 *** (9.55)
dis_u			−0.028 *** (−17.77)	−0.030 *** (−18.52)	−0.028 *** (−13.43)
prov			−0.284 *** (−14.21)	−0.298 *** (−14.10)	−0.281 *** (−11.81)
tch				0.013 *** (3.56)	0.010 *** (2.65)
doc				0.020 ** (2.49)	0.019 ** (2.47)
dis_c					−0.010 *** (−4.28)
slope					0.012 *** (2.86)
样本量	1 231 212	1 231 212	1 231 212	1 231 212	1 231 212
城市数	282	282	282	282	282
人数	4 366	4 366	4 366	4 366	4 366
准 R^2	0.089	0.199	0.303	0.319	0.339

注：①本书所有条件 Logit 模型回归结果都是使用 Stata 软件中"clogit"命令估计得到的。②表格中的报告的是变量的平均边际效应 dy/dx；小括号里的数字是估计系数的异方差稳健 z 统计量；*、**、*** 分别表示 10%、5% 和 1% 显著性水平。后文中各表同。③由于非线性模型不存在平方和分解公式，故无法计算 R^2。但是，Stata 仍然汇报了一个"准 R^2"（pseudo R^2）。"准 R^2"的定义为 $\frac{\ln L_0 - \ln L_1}{\ln L_0}$，其中，$\ln L_1$ 是原模型的对数似然函数的最大值，$\ln L_0$ 是以常数项为唯一解释变量的对数似然函数的最大值（陈强，2014）。后文中各表同。

4.3.3　稳健性检验

上一小节使用 10% 子样本实证分析了全国层面高铁对劳动力就业区位

选择的影响效应，发现城市开通高铁能够显著提高该城市被劳动力选择的概率。本节将通过改变抽样比例，分别使用5%和7.5%子样本进行回归，由此对实证结果的稳健性进行检验。

表4-4分析了5%和7.5%子样本的计量回归结果。由表4-4可知，对于5%子样本而言，当模型中只加入城市高铁开通变量时，回归结果显示城市开通高铁能够使得劳动力选择该城市的概率提高31个百分点。当模型中继续加入反映城市间地缘关系的变量时，高铁的平均边际效应有所下降，城市开通高铁能够使得劳动力选择该城市的概率提高17.4个百分点。当模型中进一步加入反映城市公共卫生服务水平、城市开放程度和城市地理环境的变量时，结果显示城市开通高铁能够使得劳动力选择该城市的概率提高14.8个百分点。这三个回归结果比表4-3中第（1）列、第（4）列和第（5）列数据报告的结果略小，但均十分显著。同样地，对于7.5%子样本而言，当模型中只加入城市高铁开通变量时，此时的回归结果显示城市开通高铁能够使得劳动力选择该城市的概率提高32.4个百分点。当模型中继续加入反映城市间地缘关系的变量时，城市开通高铁能够使得劳动力选择该城市的概率提高18.3个百分点。当模型中进一步加入反映城市公共卫生服务水平、城市开放程度和城市地理环境的变量时，结果显示城市开通高铁能够使得劳动力选择该城市的概率提高16.6个百分点。这三个回归结果比表4-3中第（1）列、第（4）列和第（5）列数据报告的结果略大，但依旧十分显著。此外，对比表4-3的第（5）列和表4-4的第（3）列和第（6）列可以发现，在三种不同的抽样比例下，解释变量和控制变量的平均边际效应的估计值整体变化幅度不大。不过，从准R^2的值来看，10%子样本回归准R^2最大，表示该回归模型的拟合程度最好。综上所述，在不同抽样比例下，城市开通高铁对劳动力选择到该城市就业的概率的影响始终是正向的，且十分显著。可以说明，城市开通高铁对劳动力的就业区位选择具有显著的正向影响，并且该影响效应十分稳健。

表 4 - 4　　　　高铁影响劳动力就业区位选择的稳健性检验结果

choice	抽样比例：5%			抽样比例：7.5%		
	（1）	（2）	（3）	（4）	（5）	（6）
hsr	0.310 *** (23.11)	0.174 *** (6.10)	0.148 *** (4.82)	0.324 *** (31.37)	0.183 *** (7.16)	0.166 *** (5.95)
pgdp		0.018 *** (5.68)	0.009 ** (2.37)		0.015 *** (5.94)	0.007 ** (2.04)
wage		0.047 *** (5.88)	0.029 *** (2.79)		0.039 *** (6.67)	0.031 *** (3.31)
pop		0.004 ** (2.31)	0.006 *** (3.39)		0.007 *** (2.85)	0.007 *** (4.31)
admin		0.198 *** (9.40)	0.195 *** (7.62)		0.201 *** (10.70)	0.199 *** (8.89)
dis_u		- 0.027 *** (- 13.77)	- 0.027 *** (- 10.13)		- 0.029 *** (- 16.19)	- 0.028 *** (- 12.90)
prov		- 0.290 *** (- 11.68)	- 0.276 *** (- 9.30)		- 0.285 *** (- 13.10)	- 0.283 *** (- 11.27)
tch			0.008 * (1.77)			0.010 *** (2.58)
doc			0.016 * (1.72)			0.020 ** (2.33)
dis_c			- 0.013 *** (- 4.72)			- 0.011 *** (- 3.99)
slope			0.016 *** (2.98)			0.012 ** (2.40)
样本量	615 606	615 606	615 606	923 550	923 550	923 550
城市数	282	282	282	282	282	282
人数	2 183	2 183	2 183	3 275	3 275	3 275
准 R^2	0.078	0.299	0.318	0.095	0.306	0.325

注：*、**、*** 分别表示10%、5%和1%显著性水平。

4.4 "安慰剂"检验

从逻辑分析的角度来看,本书使用的条件 Logit 模型能够很好地规避双向因果问题,这是因为城市开通高铁可能会对劳动力的流动决策产生影响,然而反过来劳动力个体的流动决策是很难对城市是否要开通高铁产生影响的。但值得注意的是,在现实中城市建设高铁和城市的经济发展水平通常有着紧密的联系,即经济增长潜力更大的城市开通高铁的可能性更大,开通高铁的城市很有可能是发展潜力更好、经济增速更快的城市(种照辉,2018)。高铁建设过程中存在的这种选址非随机性无疑会使人发出疑问:究竟是高铁的开通影响了劳动力的区位选择,还是开通高铁的城市的其他经济因素影响了劳动力的区位选择?针对这一问题,本节将参考唐纳森(2018)的方法进行"安慰剂"检验。

4.4.1 "安慰剂"的选取

唐纳森(2018)以殖民时期印度修建的铁路网络为例研究了交通运输基础设施条件的改善对区域经济发展的影响,当他通过实证分析发现铁路建设能够对殖民时期印度的经济发展产生正向影响之后,他又使用了一种十分值得借鉴的"安慰剂"检验方法来验证这种正向影响确实是由铁路网络建设本身所导致的。具体而言,唐纳森(2018)所使用的"安慰剂"检验方法就是将那些已经被纳入国家的铁路建设规划之中、但是在研究时间内还没有建成通车的铁路线路视为"安慰剂"线路,并考察它们是否与已经建成通车的铁路线路一样都能对区域经济发展产生正向影响,以此来判断铁路建设对于区域经济发展的影响究竟是否真正地由铁路开通本身所引致。在这种"安慰剂"检验方法被提出之后,一些国内学者在相关领域的研究中也运用了这种方法解决相应问题。例如,颜色和徐萌(2015)在研究清末 1881 ~

1911 年中国铁路建设对市场整合度的影响时，运用"安慰剂"检验法检验当时计划修建但没有建成的铁路是否会提高沿线地区的市场整合度；种照辉（2018）在研究高铁网络对中国区域经济增长的影响时，也运用了"安慰剂"检验法检验尚未通车的高铁沿线城市之间的经济差距是否比无高铁建设规划的城市间的经济差距更小等。可以说，这种分析方法十分适用于检验铁路建设的非随机选址问题。因此，本书也参考唐纳森（2018）的这一做法，在研究样本期间，选择那些已经规划但尚未开工建设和已经开工建设但尚未建成的高铁线路，利用这些高铁规划线路信息，构建一个"虚拟高铁开通"的哑变量①，并将此变量记为 hsr_pl。如果一个城市已经规划建设了高铁但是尚未建成通车，那么就将该城市的"虚拟高铁开通"变量值设为1，否则设为 0 之后，用"虚拟高铁开通" hsr_pl 这一变量代替基准回归中的城市高铁开通变量，使用条件 Logit 模型进行回归，通过最大似然估计得出变量的平均边际效应估计值。"安慰剂"检验的计量模型设定为：

$$P(choice_{ij} = 1 \mid HSR\_PL_{ij}, X_{ij}) = \frac{\exp(\beta HSR\_PL_{ij} + \theta X_{ij})}{\sum\limits_{k=1}^{J} \exp(\beta HSR\_PL_{ik} + \theta X_{ik})} \quad (4.4)$$

与基准回归相同，在"安慰剂"检验的计量回归中解释变量和控制变量也都滞后一年。本书希望通过这种"安慰剂"检验方法考察那些已经规划并且开工建设但还没有建成通车的高铁线路是否和已开通的高铁线路一样能够显著影响劳动力的就业区位选择决策。如果通过实证发现，"虚拟高铁开通"和实际高铁开通一样，都能够显著提高劳动力选择到该城市就业的概率，那么这就意味着劳动力选择进入该城市未必是由高铁开通引起的。反之，如果"虚拟高铁开通"对于劳动力选择进入该城市的概率没有显著影响，那么这意味着尚未通车的高铁并不能像已经通车的高铁一样对劳动力的就业区位选择产生影响，高铁线路规划不存在"安慰剂"效应。再结合上一节的实证结果就可以说明高铁对劳动力就业区位选择的影响确实是由高铁

---

① 中国国家铁路局和中国国家铁路集团有限公司等机构的官方网站、《中长期铁路网规划》等政府文件以及网页新闻等信息。

开通本身所导致的。这也能够从另一个角度证明上一节的计量回归结果是稳健的。

4.4.2 主要回归结果

表4-5为"安慰剂"检验的回归结果。同表4-3一样，表4-5的第（1）列仅放入了"虚拟高铁开通"变量，第（2）列在此基础上加入了城市GDP、城市职工平均工资、城市总人口和城市是否为直辖市或省会这四个控制变量，分别从经济发展水平、收入水平、人口规模和行政级别四个方面进行控制。第（3）列进一步加入城市和劳动力户籍所在城市的直线距离与城市与劳动力户籍所在城市是否同省这两个控制城市地缘关系的变量。第（4）列继续加入城市每千人中小学教师数和每千人医生数这两个控制城市公共服务水平的变量。第（5）列加入城市与海岸线的直线距离和城市平均坡度这两个反映城市地理情况的指标，分别控制城市的开放程度和城市居住、建设的适宜性。通过观察可以发现，将"虚拟高铁开通"变量代替真实的高铁开通变量放入实证模型中之后，不论是否放入控制变量以及控制变量放入的数量是多少，"虚拟高铁开通"这一解释变量的平均边际效应虽然始终为正，但是一直未能通过显著性检验，因而不能说明"安慰剂"的城市高铁开通能够提高劳动力流入本地就业的概率。根据前文中对于"安慰剂"检验的说明，表4-5所显示的回归结果恰好能够说明那些虽然已经在建高铁但还尚未连通到国家高铁网络中的城市并没有像已经开通高铁的城市一样显现出对劳动力区位选择的显著影响。由此，可以认为，高铁对劳动力就业区位选择的影响确实是由高铁开通本身所引起的，而非开通高铁的城市的其他经济因素影响了劳动力的区位决策。这也从另一个角度证明了4.3节里的基准回归结果是稳健的，即城市开通高铁确实能够增强该城市对于劳动力的吸引力。

表 4 – 5　　　"虚拟高铁开通"影响劳动力就业区位选择的回归结果

choice	（1）	（2）	（3）	（4）	（5）
hsr_pl	0.181 (1.60)	0.119 (0.76)	0.105 (0.26)	0.097 (0.42)	0.093 (0.12)
pgdp		0.013 *** (4.70)	0.008 *** (3.99)	0.004 ** (2.46)	0.005 ** (2.24)
wage		0.018 *** (4.77)	0.014 *** (4.81)	0.010 *** (4.06)	0.009 ** (2.43)
pop		0.007 *** (5.28)	0.004 *** (4.53)	0.004 *** (3.80)	0.006 *** (3.66)
admin		0.197 *** (5.65)	0.113 *** (4.76)	0.089 *** (4.09)	0.132 *** (4.09)
dis_u			− 0.001 * (− 1.73)	− 0.001 (− 1.07)	− 0.001 * (− 1.71)
prov			− 0.097 *** (− 5.42)	− 0.081 *** (− 4.31)	− 0.105 *** (− 4.49)
tch				0.003 *** (2.85)	0.003 (1.60)
doc				0.005 (1.22)	0.012 * (1.67)
dis_c					− 0.004 ** (− 2.30)
slope					0.002 *** (2.86)
样本量	1 231 212	1 231 212	1 231 212	1 231 212	1 231 212
城市数	282	282	282	282	282
人数	4 366	4 366	4 366	4 366	4 366
准 R^2	0.001	0.129	0.139	0.142	0.143

注：*、**、*** 分别表示10%、5%和1%显著性水平。

4.4.3　稳健性检验

上一小节使用了10%子样本进行了"安慰剂"检验回归分析,发现"安慰剂"高铁开通并不能显著提高劳动力选择进入该城市就业的概率。也就是说,虽然已经规划建设但尚未开通高铁的城市和已经开通了高铁的城市一样具有相对较好的经济发展潜力,但是这些即将连入全国高铁网络的城市并没有表现出与已经开通高铁的城市一样的对劳动力的吸引力,这意味着不能将城市开通高铁对劳动力的吸引力归因于城市自身的经济发展潜力,劳动力在进行就业区位选择时确实会受城市开通高铁的影响。为了检验"安慰剂"检验回归结果的稳健性,本小节仍将通过改变研究对象的抽样比例,重新进行"安慰剂"检验,并将得到的结果与上一小节的回归结果进行对比分析。

表4-6为5%和7.5%子样本的"安慰剂"检验回归结果。从该表展示的结果中可以看出,对于5%和7.5%子样本而言,不管控制变量如何改变,解释变量"虚拟高铁开通"的平均边际效应一直都不能通过显著性检验,说明作为"安慰剂"的高铁开通并不能对劳动力就业区位选择产生显著影响。这与表4-5所报告的10%子样本的"安慰剂"检验回归结果是一致的。不仅如此,从各个变量平均边际效应的绝对值大小、正负性和显著性以及模型的拟合优度来看,使用三个不同抽样比例的子样本数据得出的回归结果是十分相近的,并没有显著的差异。

这说明"安慰剂"检验的回归结果具有较强的稳健性。至此,本书就可以回答本节在最开始时提出的问题:究竟是高铁的开通影响了劳动力的就业区位选择,还是开通高铁的城市的其他经济因素影响了劳动力的就业区位选择。这个问题的答案是显而易见的,因为本节的实证结果说明没有实际通车的"安慰剂"高铁线路并不能像已经通车的高铁线路一样显著提高劳动力选择到该城市就业的概率,城市开通高铁对劳动力选择到该城市就业的概率的正向促进作用确实是由高铁开通本身所引致的,并且这种显著的促进作用是稳健的。

表 4 - 6　"虚拟高铁开通"影响劳动力就业区位选择的稳健性检验结果

choice	抽样比例: 5%			抽样比例: 7.5%		
	(1)	(2)	(3)	(4)	(5)	(6)
hsr_pl	0.195 (1.45)	0.108 (0.20)	0.095 (0.11)	0.174 (1.42)	0.096 (0.29)	0.089 (0.15)
pgdp		0.010*** (3.45)	0.008** (2.44)		0.008*** (3.57)	0.005** (2.23)
wage		0.015*** (3.71)	0.010** (1.87)		0.014*** (4.73)	0.011*** (3.21)
pop		0.005*** (3.54)	0.007*** (3.20)		0.004*** (4.16)	0.006*** (3.23)
admin		0.148*** (4.29)	0.175*** (3.85)		0.111*** (4.32)	0.127*** (3.62)
dis_u		-0.001 (1.39)	-0.002 (1.40)		-0.001* (-1.74)	-0.001* (-1.70)
prov		0.111*** (4.78)	0.121*** (4.13)		0.084*** (4.75)	0.088*** (3.89)
tch			0.003 (0.90)			0.003 (1.25)
doc			0.018* (1.66)			0.008 (1.23)
dis_c			-0.005** (-1.98)			-0.003** (-1.96)
slope			0.002 (0.60)			0.003 (1.07)
样本量	615 606	615 606	615 606	923 550	923 550	923 550
城市数	282	282	282	282	282	282
人数	2 183	2 183	2 183	3 275	3 275	3 275
准 R^2	0.001	0.148	0.153	0.001	0.148	0.151

注：*、**、***分别表示 10%、5% 和 1% 显著性水平。

4.5 本章小结

劳动力流动重要微观基础是劳动力个体的区位选择，它能够直接影响到宏观层面劳动力的空间分布格局，从而对区域与城市经济发展产生不可忽视的影响。本章基于劳动力以就业为导向的区位选择行为，使用国家卫生健康委员会 2013～2017 年发布的全国流动人口动态监测调查数据与 2011～2015 年全国 282 个地级市的高铁开通数据等城市特征数据，运用条件 Logit 模型，从微观角度实证分析了城市开通高铁对劳动力流动的影响效应。研究结果显示：

第一，对 2012～2016 年 1～4 月流入居住地的 43 668 个劳动力样本的 10% 子样本进行的基准回归结果显示，城市开通高铁能够使得劳动力选择进入该城市就业的概率显著提高 15.4 个百分点，当模型中的控制变量发生变化时，这种显著的促进作用始终不发生改变。之后，通过改变子样本的抽样比例对基准回归结果的稳健性进行检验。分别对 43 668 个劳动力样本的 5% 子样本和 7.5% 子样本进行了条件 Logit 模型回归，结果发现，使用不同抽样比例的子样本得到的回归结果均十分显著，并且解释变量的系数值也与基准回归结果十分接近，并不存在显著的差异。由此，本书认为城市开通高铁有助于提高劳动力选择进入该城市就业的概率，并且这种正向促进作用是稳健的。

第二，实证结果显示，除解释变量外，本书选取的控制变量的回归结果也都十分显著，并且符合初始预期。具体而言，城市人均 GDP、城市职工平均工资、城市人口规模、城市是否为直辖市或省会、城市中小学教师数、城市医生数和城市平均坡度都对劳动力的就业区位选择概率有显著的正向影响，而城市到劳动力户籍所在城市的距离、城市与劳动力户籍所在城市是否同省以及城市到海岸线的距离都对劳动力的就业区位选择概率有显著的负向影响。这说明在其他条件相同的情况下，劳动力更愿意选择经济发展水平、工资水平、人口规模、行政级别、公共服务水平和居住、建设适宜度更高、离户籍所在地距离更近以及与户籍所在地同省的城市作为其流动的主要目的地。

　　第三，在现实中，经济增长潜力更大的城市开通高铁的可能性更大，这种高铁选址的非随机性使得本书不得不思考一个问题，那就是：究竟是高铁的开通影响了劳动力的就业区位选择，还是开通高铁的城市的其他经济因素影响了劳动力的就业区位选择。针对这个问题，本书进行了"安慰剂"检验，选择那些已经规划但尚未开工建设和已经开工建设但尚未建成的高铁线路，利用这些高铁规划线路信息，构建了"虚拟高铁开通"的虚拟变量，并用这个变量代替基准回归中的城市高铁开通变量，使用条件 Logit 模型进行回归，通过最大似然估计得出变量的平均边际效应估计值。"安慰剂"检验结果显示，"虚拟高铁开通"的平均边际效应始终未能通过显著性检验，也就是说，那些即将在未来连通到国家高铁网络中的城市并没有像已经开通高铁的城市一样显现出对劳动力的吸引力。随后，依旧通过改变子样本的抽样比例的方法检验了"安慰剂"检验回归结果的稳健性。对不同抽样比例的子样本的回归结果均显示没有实际通车的虚拟高铁线路并不能像已经通车的高铁线路一样显著提高劳动力选择到该城市就业的概率。由此，本书认为，城市开通高铁对劳动力选择到该城市就业的概率的正向促进作用确实是由高铁开通本身所引致的，并且这种显著的促进作用是稳健的。

第 5 章

中国高铁对劳动力流动的异质性影响研究

在上一章中，本书将所有劳动力都视为对高铁开通等流入地特征具有相同偏好的同质个体，所得出的研究结果反映了高铁开通影响劳动力就业区位选择的总体影响效果。然而，在现实中，劳动力是存在差异的，不同特征的劳动力对城市是否开通高铁或许会表现出不同的偏好。因此，在计量分析中考虑劳动力的异质性十分有必要。本章将基于劳动力的异质性，对劳动力样本进行分组回归，考察城市开通高铁对劳动力就业区位选择的异质性影响效果。

5.1 异质性劳动力说明

本章将从劳动力的个体特征、流动空间和未来预期三个方面考察劳动力的异质性，分别选取劳动力的性别、年龄、受教育程度、职业类型、流动范围、流入区域和预期居留时间这七个具有代表性的变量对劳动力样本进行分组回归检验，从而研究城市开通高铁对劳动力就业区位选择的异质性影响效果。在进行计量回归分析之前，本节首先对实证分析中所使用的劳动力样本的异质性特征进行描述性统计说明。

5.1.1　劳动力个体特征异质性

本书选取的反映劳动力个体特征异质性的变量是劳动力的性别、年龄、受教育程度和职业类型。表 5 – 1 为 43 668 个劳动力全样本的个体特征异质性的描述性统计量。从性别来看，在 43 668 个劳动力个体中，男性占比 55.96%，女性占比 44.04%，男性显著多于女性。从年龄来看，劳动力样本的年龄平均值接近 31 岁，15 ~ 29 周岁这个年龄段的年轻劳动力人数最多，占总体样本的 53.68%，30 ~ 44 周岁的劳动力人数次之，占比为 36.62%。15 ~ 44 周岁的青壮年劳动力人数占总体样本的九成以上，45 ~ 59 周岁的劳动力占比仅为 9.70%。从受教育程度来看，劳动力平均受教育年限约为 10.2 年，样本中受过初中教育的劳动力占比最高为 51.42%，其次是受过高中或中专教育的劳动力，占比为 23.48%，可见受过中等学校教育的劳动力是本书研究样本的主体。受过大专及以上教育的劳动力占总样本的 14.69%，其中有 35.6% 的劳动力受过本科或研究生教育，受过高等教育的劳动力占比相对偏低。从职业类型来看，在劳动力样本中，商业和服务业人员占比最高，达到 56.08%，其次是生产、运输设备操作人员及有关人员，占比为 30.38%。从事这两类职业的人数比例之和高达 86.46%，可见劳动力主要在第二、第三产业就业。其余人员中，专业技术人员占比 7.44%，公务员、办事人员和有关人员占比 1.42%，从事第一产业生产的人员占比 0.90%，国家机关、党群组织、企事业单位负责人占比仅为 0.26%，无固定职业人员占比 3.53%。

表 5 – 1　　　　　劳动力个体特征异质性描述性统计（全样本）

变量	类别	占比（%）	最大值	最小值	平均值	标准差	总人数
性别	男（取 1）	55.96	1	0	0.560	0.492	43 668
	女（取 0）	44.04					

续表

变量	类别	占比（%）	最大值	最小值	平均值	标准差	总人数
年龄	15～29 周岁	53.68	59	15	30.695	9.093	43 668
	30～44 周岁	36.62					
	45～59 周岁	9.70					
受教育程度	未上过学（0 年）	1.10	19	0	10.177	2.753	43 668
	小学（6 年）	9.31					
	初中（9 年）	51.42					
	高中/中专（12 年）	23.48					
	大学专科（14 年）	9.46					
	大学本科（16 年）	4.85					
	研究生（19 年）	0.38					
职业类型	农林牧渔及水利业生产人员（取1）	0.90	6	0	2.683	0.843	43 668
	生产、运输设备操作人员及有关人员（取2）	30.38					
	商业、服务业人员（取3）	56.08					
	专业技术人员（取4）	7.44					
	公务员、办事人员和有关人员（取5）	1.42					
	国家机关、党群组织、企事业单位负责人（取6）	0.26					
	其他、无固定职业（取0）	3.53					

注：全国流动人口动态监测调查数据统计了受访者的受教育程度，为了便于估计，本书在实证分析中将劳动力的受教育程度转换成为受教育年限，其对应关系如表中所示。下表同。

由于本书的计量回归分析主要使用的是 43 668 个劳动力的 10% 子样本，因此，为了确保子样本在异质性劳动力的结构上与总样本没有较大偏差，同时也对劳动力 10% 子样本进行了描述性统计，相关统计量在表 5 - 2 中进行了分析。从性别来看，在 10% 子样本中，男性占比 54.28%，女性占比 45.72%，男性依旧显著多于女性，男女性占比差额略有下降。从年龄来看，10% 子样本的年龄平均值约为 31.6 岁，略高于总样本的平均年龄，但是不同年龄段所占的比例与总样本大致相似。从受教育程度来看，10% 子样本的平均受教育年限约为 10.2 年，与总样本基本持平，受过高等教育的劳动力占比有所上升，而受过中等教育的劳动力依旧是样本的绝对主体，占比达到 73.66%。从职业类型来看，在 10% 子样本，商业和服务业人员依旧占比最高，达到 56.16%，其次仍为生产、运输设备操作人员及有关人员，占比为 29.87%，从事这两类职业的人数总和占比高达 86.03%。可以发现，在 10% 子样本中，劳动力的性别、年龄、受教育程度和职业类型这四项个体特征的描述性统计情况和全样本基本一致，结构上没有明显的偏差。

表 5 - 2　　　　　劳动力个体特征异质性描述性统计（10% 子样本）

变量	类别	占比（%）	最大值	最小值	平均值	标准差	总人数
性别	男（取 1）	54.28	1	0	0.543	0.498	4 366
	女（取 0）	45.72					
年龄	15 ~ 29 周岁	51.37	59	15	31.559	9.479	4 366
	30 ~ 44 周岁	34.68					
	45 ~ 59 周岁	13.95					
受教育程度	未上过学（0 年）	1.12	19	0	10.215	3.052	4 366
	小学（6 年）	9.53					
	初中（9 年）	50.87					
	高中/中专（12 年）	22.79					
	大学专科（14 年）	10.01					
	大学本科（16 年）	5.02					
	研究生（19 年）	0.66					

续表

变量	类别	占比（%）	最大值	最小值	平均值	标准差	总人数
职业类型	农林牧渔及水利业生产人员（取1）	0.91	6	0	2.692	0.909	4 366
	生产、运输设备操作人员及有关人员（取2）	29.87					
	商业、服务业人员（取3）	56.16					
	专业技术人员（取4）	7.81					
	公务员、办事人员和有关人员（取5）	1.40					
	国家机关、党群组织、企事业单位负责人（取6）	0.30					
	其他、无固定职业（取0）	3.55					

5.1.2　劳动力流动空间异质性

本书选取的反映劳动力流动空间异质性的变量是劳动力的流动范围和流入空间。为了更加全面地反映劳动力的流动空间异质性，本书尝试从不同角度对劳动力的流动空间进行分组。对于劳动力的流动范围而言，先按照"是否跨省流动"这一划分标准将劳动力划分为跨省流动和省内跨市流动两组。此外，又根据劳动力的流动距离（即流入地到户籍所在地的直线距离）将劳动力划分为流动距离不超过200公里、流动距离大于200公里但不超过500公里、流动距离大于500公里但不超过1 000公里和流动距离大于1 000公里四组。对于劳动力的流动空间而言，先按照四大经济区域将劳动力划分为流入东部地区、流入东北地区、流入中部地区和流入西部地区四组。此外，又根据2014年国务院《关于调整城市规模划分标准的通知》这一文件中给出的城市规模划分标准将282个备选城市按照城区常住人口规模①划分为大城市、中等城市和小城市，并将劳动力相应划分为流入大城市、流入中等城市和流入小城市三组。根据相关文件，各类城市的具体划分标准为：城区常住人口在50万以下的城市为小城市；城区常住人口在50万以上100万以下的城市为中等城市；城区常住人口在100万以上的城市为大城市②。根据这一划分标准得出的备选城市具体分组情况详见文末附录二。

表5-3分析了43 668个劳动力全样本的流动空间异质性的描述性统计量。首先从两个不同的角度考察劳动力的流动范围。从劳动力是否跨省流动这个角度来看，在全样本中跨省流动的劳动力占比达到61.88%，而省内跨市的劳动力占比则为38.12%，可见跨省流动的劳动力在全样本中占绝大多数，其人数约为省内跨市流动的劳动力人数的1.6倍。从劳动力的流动距离这个角度来看，在全样本中流动距离不超过200公里的劳动力占比为29.88%，流动距离大于200公里但不超过500公里的劳动力占比为28.76%，流动距离大于500公里但不超过1 000公里的劳动力占比为20.20%，流动距离大于1 000公里的劳动力占比为21.16%。劳动力的平均流动距离为562.65公里，流动距离在500公里以下的劳动力占比将近60%，流动距离在1 000公里以下的劳动力占比近80%。可以发现，劳动力流动有一定的地理范围，大部分人更倾向于中短距离的流动。

此外，本书还从两个不同的角度考察了劳动力的流入空间。从四大经济区域来看，东部地区是劳动力流动的主要目的地，流向东部地区的劳动力占样本的比例最高，达到了54.85%，其次是西部地区，占比为23.42%，再次是中部地区，占比14.26%，流向东北地区的劳动力人数最少，占比为

① 本书所使用的城区常住人口数据来源为《中国城市建设统计年鉴（2012~2016年）》。《中国城市建设统计年鉴》统计了各地级市的城区人口数据和城区暂住人口数据，根据年鉴中的主要指标解释可知，该年鉴统计的城区人口指划定的城区范围的人口数，以公安部门的户籍统计为准，暂住人口则指离开常住户口地到本市居住半年以上的人员，因此本书在数据处理过程中将城市的城区人口和暂住人口相加，从而得到城市的城区常住人口数据。
② 这一划分标准为2014年国务院《关于调整城市规模划分标准的通知》中给出的城市规模划分标准。

7.47%。从大中小城市来看，有76.87%的劳动力都选择流入城区常住人口在100万以上的大城市①，可见大城市是劳动力流动的主要目的地。其次是城区常住人口在50万以上100万以下的中等城市，流向中等城市的劳动力在全样本中占比为14.23%。最后是城区常住人口在50万以下的小城市，流向小城市的劳动力在全样本中占比为8.90%。

表5-3 劳动力流动空间异质性描述性统计（全样本）

变量	类别	占比（%）	最大值	最小值	平均值	标准差	总人数
流动范围	跨省流动（取1）	61.88	1	0	0.619	0.486	43 668
	省内跨市（取0）	38.12					
	0~200公里	29.88	2 956.58	19.65	562.65	515.24	43 668
	200~500公里	28.76					
	500~1 000公里	20.20					
	1 000公里以上	21.16					
流入空间	东部地区（取1）	54.85	4	1	2.063	1.275	43 668
	东北地区（取2）	7.47					
	中部地区（取3）	14.26					
	西部地区（取4）	23.42					
	大城市（取1）	76.87	3	1	1.320	0.581	43 668
	中等城市（取2）	14.23					
	小城市（取3）	8.90					

与5.1.1节相同，由于本书的计量回归分析主要使用的是43 668个劳动力的10%子样本，因此，为了确保子样本在异质性劳动力的结构上与总样本没有较大偏差，本小节也对劳动力10%子样本进行了描述性统计，表5-4对

---

① 根据2014年国务院《关于调整城市规划分标准的通知》中给出的城市规模划分标准，城区常住人口在100万以上的大城市包括以下四类：城区常住人口大于100万小于300万的Ⅱ型大城市、大于300万小于500万的Ⅰ型大城市、大于500万小于1 000万的特大城市和大于1 000万的超大城市。

相关统计量进行了分析。首先，考察劳动力的流动范围。从劳动力是否跨省流动这个角度来看，在 10% 子样本中跨省流动的劳动力占比为 59.76%，省内跨市的劳动力占比为 40.24%，可见跨省流动的劳动力在 10% 子样本依旧占绝大多数，占比与全样本也十分接近。从劳动力的流动距离这个角度来看，在 10% 子样本中流动距离不超过 200 公里的劳动力占比为 29.48%，流动距离大于 200 公里但不超过 500 公里的劳动力占比为 29.59%，流动距离大于 500 公里但不超过 1 000 公里的劳动力占比为 21.55%，流动距离大于 1 000 公里的劳动力占比为 19.38%。劳动力的平均流动距离为 544.67 公里，流动距离在 500 公里以下的劳动力占比将近 60%，流动距离在 1 000 公里以下的劳动力占比超 80%。可以发现，在 10% 子样本中不同流动距离区间内的劳动力占比与全样本基本一致，并无较大偏差。

其次，考察劳动力的流入空间。从四大经济区域来看，东部地区仍是劳动力的主要流入地，流向东部地区的劳动力占样本的比例最高为 53.95%，流向西部地区的劳动力人数次之，占比为 23.13%，流向中部地区的劳动力人数较少，占比 14.77%，流向东北地区的劳动力人数最少，占比为 8.15%。从大中小城市来看，在子样本中依然有近八成（77.39%）的劳动力选择流入城区常住人口在 100 万以上的大城市，可见在子样本中劳动力流动的主要目的地仍然是大城市。其次是城区常住人口在 50 万以上 100 万以下的中等城市，流向中等城市的劳动力在全样本中占比为 14.02%。最后是城区常住人口在 50 万以下的小城市，流向小城市的劳动力在全样本中占比为 8.59%。可以发现，不管是四大经济区域还是大中小城市，在子样本中流入不同区域空间的人数比例与全样本中的相应比例均十分接近，没有明显偏差。

表 5 - 4　　　劳动力流动空间异质性描述性统计（10% 子样本）

变量	类别	占比（%）	最大值	最小值	平均值	标准差	总人数
流动范围	跨省流动（取 1）	59.76	1	0	0.598	0.4914	4 366
	省内跨市（取 0）	40.24					

续表

变量	类别	占比（%）	最大值	最小值	平均值	标准差	总人数
流动范围	0~200公里	29.48	2 749.23	19.69	544.67	501.30	4 366
	200~500公里	29.59					
	500~1 000公里	21.55					
	1 000公里以上	19.38					
流入空间	东部地区（取1）	53.95	4	1	2.071	1.287	4 366
	东北地区（取2）	8.15					
	中部地区（取3）	14.77					
	西部地区（取4）	23.13					
	大城市（取1）	77.39	3	1	1.312	0.582	4 366
	中等城市（取2）	14.02					
	小城市（取3）	8.59					

5.1.3 劳动力未来预期异质性

本书选取的反映劳动力未来预期的变量是劳动力在流入地的预期居留时间。由于全国流动人口动态监测调查自 2014 年起才开始统计受访者的预期居留时间，2014 年之前的调查问卷都没有涉及这一问题，所以在样本中流入时间为 2012 年的劳动力（即 2013 年流动人口动态监测调查的调查对象）没有此项数据。因此，本书只能统计流动时间为 2013~2016 年的劳动力样本的预期居留时间，与此相对应的是 2014~2017 年的流动人口动态监测调查问卷，共有 33 464 份。表 5-5 分析了 43 668 个劳动力全样本的未来预期异质性的描述性统计量。由于在全部问卷中回答了相关问题的有效问卷共有 32 195 份，因此表 5-5 中"预期居留时间"一栏的观测人数是 32 195 人。需要注意的是，劳动力在流入地的预期居留时间的统计口径在研究年份内发生了变化。在 2014~2016 年的调查问卷里，对于劳动力在流入地的预期居留时间的调查问题是"您今后是否打算在本地长期居住（5 年以上）"，对应的选项有"打算""继续流动""返乡"和"没想好"。而在 2017 年的调查问卷中，该问题的表述变成了"如果您打算留在本地，您预计自己将在本地留多久"，相应选项变成"定居""10 年以上""6～10 年""3～5 年""1～2 年"和"没想好"。为了保证前后统一，本书在实证中将预期居留时间在 5 年以上的视为长期流动，主要包括 2014～2016 年调查问卷的相关问题选择"打算"的问卷和 2017 年调查问卷的相关问题选择"定居""10 年以上"和"6～10 年"的问卷；将预期居留时间在 5 年以下的视为短期流动，主要包括 2014～2016 年调查问卷的相关问题选择"继续流动"和"返乡"的问卷以及 2017 年调查问卷的相关问题选择"3～5 年"和"1～2 年"的问卷；将尚不确定预期居留时间的视为"没想好"，主要包括 2014～2016 年调查问卷的相关问题选择"没想好"的问卷和 2017 年调查问卷的相关问题选择"没想好"的问卷。由表 5－5 可知，在 32 195 份回答了这一问题的有效问卷中共有 38.29% 的劳动力倾向于 5 年以下的短期流动，32.75% 的劳动力预期在本地长期居留，余下 28.96% 的劳动力并不确定自己在流入地的居留时间。

表 5－5　　　　　劳动力未来预期异质性描述性统计（全样本）

变量	类别	占比（%）	最大值	最小值	平均值	标准差	总人数
预期居留时间	5 年以上（取 2）	32.75					
	5 年及以下（取 1）	38.29	2	0	1.038	0.785	32 195
	没想好（取 0）	28.96					

对劳动力 10% 子样本进行了描述性统计。在 10% 子样本中，流入时间为 2013～2016 年的劳动力共有 3 344 人，其中回答了"本人预期居留时间"这一问题的劳动力共有 3 256 人。从表 5－6 可以看出，在 3 256 个研究对象中，38.42% 的劳动力倾向于 5 年以下的短期流动，33.57% 的劳动力预期在本地长期居留，剩余 28.01% 的劳动力尚不确定自己在流入地的居留时间。对比表 5－5 和表 5－6 的数据可以发现，在 10% 子样本中，异质性劳动力的构成比例与总样本十分接近，没有出现明显的结构偏差。

表 5 – 6　　　　　劳动力未来预期异质性描述性统计（10％子样本）

变量	类别	占比（％）	最大值	最小值	平均值	标准差	总人数
预期居留时间	5 年以上（取 2）	33.57	2	0	1.056	0.783	3 256
	5 年及以下（取 1）	38.42					
	没想好（取 0）	28.01					

5.2　基于劳动力个体特征异质性的研究

本节主要从劳动力的年龄与性别、劳动力的受教育程度和劳动力的职业类型三个方面考察劳动力的个体特征异质性。依次按照不同个体特征对劳动力进行分组回归，研究城市开通高铁对不同个体特征的劳动力的异质性影响。本章的回归模型均采用与第 4 章 4.3.2 节中的表 4 – 3 中第（5）列的回归相同的设定。

5.2.1　年龄与性别

本节首先考察城市开通高铁对不同性别的劳动力就业区位选择的影响。从表 5 – 7 的前两列报告的回归结果来看，城市开通高铁对不同性别的劳动力的就业区位选择都会产生显著影响。对女性劳动力而言，城市开通高铁会使其选择进入城市的概率显著提高 19.4 个百分点，明显大于城市开通高铁对男性劳动力的影响（11.2 个百分点）。也就是说，女性劳动力对于城市高铁开通情况的反应要比男性劳动力更强烈。有趣的是，从控制变量的平均边际效应估计值可以发现，男性劳动力在进行就业区位选择时对城市职工平均工资的反应不明显，而女性劳动力恰恰相反，其对城市平均工资的反应十分显著。此外，在对城市公共服务水平的反应上，女性劳动力对城市中小学教师的数量十分敏感，每千人中小学教师数量每增加 1 人，女性劳动力来此就业的概率就提高 1.5 个百分点，但是她们对城市医生的数量不敏感。而男性劳动力则恰恰相反，他们对城市医生的数量很敏感，城市每千人医生数每增加1人，他们来此就业的概率就提高2.1个百分点，但是他们对城市中小学教师的数量不敏感。这反映出女性劳动力更在意城市的基础教育质量，而男性劳动力更在意城市医疗卫生情况。

　　表5-7的后三列分析了高铁对不同年龄段的劳动力就业区位选择的影响。在研究中，本书将样本根据年龄段划分为三组，依次是：15~29周岁的青年劳动力、30~44周岁的壮年劳动力和45岁以上的中老年劳动力。整体来看，高铁对劳动力的就业区位选择的影响随着劳动力年龄的增长会出现一个先下降后增长的变化过程。从解释变量具体的平均边际效应数值来看，对于15~29周岁的青年劳动力而言，城市开通高铁会使他们选择进入该城市就业的概率提高15.8个百分点，对于30~44周岁的劳动力来说，他们选择到该城市就业的概率随着城市开通高铁会提高13.6个百分点，比15~29周岁的劳动力低了2.2个百分点。而对于45岁以上的劳动力，高铁对他们的吸引力却又有所提高，城市开通高铁会使他们选择该城市的概率提高15.3个百分点，小于高铁对15~29周岁劳动力的影响，但是明显大于高铁对30~44周岁的劳动力的影响。出现上述结果的原因可能主要有以下几点：第一，年轻的劳动力在进行就业区位选择时更关注城市的就业机会、工资收入、城市文化、生活便利程度和个人发展前景，而开通高铁的城市往往具备这些因素，因此年轻人更倾向于选择这些城市就业。第二，30~44岁的劳动力往往处于上有老下有小的状态，因此他们的就业流动常常会伴随着配偶、子女或父母的迁移，这种家庭化的流动往往需要考虑长期效用，除了流入地的城市经济社会发展水平，他们还需要综合考虑流入地的生活成本、子女教育和老人医疗养老等因素，因此在进行就业区位选择时这个年龄段的劳动力受高铁开通的影响相对较低。第三，对于45岁以上的劳动力来说，他们在流动时时常会受到子女的影响，常常出现随子女流动的情况，而他们的子女通常处于15~29周岁之间，对高铁的偏高较高。此外，随着年龄增加，劳动力在进行就业流动时也会更注重流入地的生活环境和便利程度，这也有可能增加他们流入开通高铁的城市的概率。

表5－7　　高铁影响不同性别与年龄的劳动力就业区位选择的回归结果

choice	性别		年龄		
	男性	女性	15～29 岁	30～44 岁	45 岁以上
hsr	0.112 *** (3.43)	0.199 *** (5.85)	0.158 *** (4.17)	0.136 *** (3.29)	0.153 ** (2.41)
pgdp	0.006 * (1.74)	0.009 ** (2.02)	0.011 * (1.83)	0.016 *** (2.93)	0.015 * (1.69)
wage	0.014 (1.40)	0.049 *** (4.50)	0.024 ** (2.22)	0.036 ** (2.35)	0.036 (1.51)
pop	0.004 *** (2.59)	0.007 *** (3.27)	0.007 *** (4.08)	0.005 ** (2.10)	0.001 (0.19)
admin	0.201 *** (6.37)	0.153 *** (5.04)	0.171 *** (6.27)	0.212 *** (5.94)	0.194 *** (3.49)
dis_u	－0.023 *** (－6.54)	－0.031 *** (－13.35)	－0.028 *** (－8.55)	－0.026 *** (－7.47)	－0.027 *** (－4.98)
prov	－0.243 *** (－6.44)	－0.289 *** (－9.46)	－0.254 *** (－7.49)	－0.306 *** (－7.33)	－0.241 *** (－4.07)
tch	0.005 (1.18)	0.015 *** (2.92)	0.011 ** (2.34)	0.003 (0.42)	0.002 (0.17)
doc	0.021 ** (2.53)	0.012 (0.94)	0.029 *** (3.47)	0.006 (0.45)	0.008 (0.32)
dis_c	－0.009 *** (－3.60)	－0.010 ** (－2.41)	－0.014 *** (－5.02)	－0.002 (－0.41)	－0.016 *** (－2.66)
slope	0.011 ** (2.11)	0.013 ** (1.98)	0.002 (0.41)	0.017 ** (2.22)	0.035 *** (3.01)
样本量	668 340	562 872	632 526	426 948	171 738
城市数	282	282	282	282	282
人数	2 370	1 996	2 243	1 514	609
准 R^2	0.287	0.302	0.343	0.265	0.256

注：*、**、*** 分别表示10%、5%和1%显著性水平。

　　与第 4 章相同，本章在异质性研究中也通过改变研究样本的抽样比例来检验异质性研究回归结果的稳健性。表 5 - 8 分析了高铁对不同性别和年龄的劳动力就业区位选择的稳健性检验结果。从表 5 - 8 的回归结果可以看出，改变样本抽样比例后，高铁对不同性别的劳动力仍然具有很强的吸引力。在5% 子样本中，城市开通高铁会使女性劳动力选择进入该城市的概率显著提高 20.4 个百分点，使男性劳动力选择进入该城市的概率显著提高 10.9 个百分点。而在 7.5% 子样本中，高铁对女性劳动力和男性劳动力的影响效应也与此相近，城市开通高铁会使女性劳动力选择进入该城市的概率显著提高20.3 个百分点，使男性劳动力选择进入该城市的概率显著提高 11.5 个百分点。和表 5 - 7 前两列的回归结果相比，不论样本抽样比例如何变化，不同性别劳动力对城市开通高铁的反应始终保持稳定，没有较大的改变。表 5 - 8 的结果还显示，在不同抽样比例下，高铁对不同年龄段的劳动力的吸引力始终显著，并且解释变量系数估计值的大小十分接近。在基准回归中，高铁对15 ~ 29 周岁、30 ~ 44 周岁和 45 周岁以上的年龄段的平均边际效应分别为0.158、0.136 和 0.153，在 5% 子样本中为 0.152、0.134 和 0.146，在7.5% 子样本中则为 0.156、0.136 和 0.151，并且这些回归结果全部都在1% 的显著性水平下显著。从系数的变化中可以看出，在不同抽样比例下，高铁对劳动力的吸引力都会随着劳动力年龄的增加而先减小后增加，这种 U型变化趋势始终保持一致。由此可见，高铁对不同性别和年龄的劳动力的就业区位选择的影响效果是稳健的。

表 5 - 8　　高铁影响不同性别劳动力就业区位选择的稳健性检验结果

项目	choice	性别		年龄		
		男性	女性	15 ~ 29 岁	30 ~ 44 岁	45 岁以上
5% 子样本	hsr	0.109 *** (2.94)	0.204 *** (4.66)	0.152 *** (4.47)	0.134 *** (2.94)	0.146 ** (2.47)
	控制变量	已控制	已控制	已控制	已控制	已控制
	样本量	336 708	278 898	319 788	216 576	79 242

项目	choice	性别		年龄		
		男性	女性	15~29岁	30~44岁	45岁以上
5% 子样本	城市数	282	282	282	282	282
	人数	1 194	989	1 134	768	281
	准R^2	0.301	0.316	0.411	0.266	0.257
7.5% 子样本	hsr	0.115*** (3.24)	0.203*** (5.11)	0.158*** (4.17)	0.136*** (3.29)	0.153** (2.41)
	控制变量	已控制	已控制	已控制	已控制	已控制
	样本量	509 010	414 540	484 758	329 376	109 416
	城市数	282	282	282	282	282
	人数	1 805	1 470	1 719	1 168	388
	准R^2	0.292	0.318	0.369	0.276	0.228

注：*、**、*** 分别表示10%、5%和1%显著性水平。

5.2.2 受教育程度

在考察了高铁对不同性别和年龄的劳动力就业区位选择的影响效果之后，接下来，本小节考察高铁对不同受教育程度的劳动力就业区位选择的影响。从5.1.1节中的表5-2中可知，在基准回归使用的10%子样本中，这7类劳动力所占比例分别为1.12%、9.53%、50.87%、22.79%、10.01%、5.02%和0.66%。考虑到受教育程度为"未上过学"和"研究生"的两类劳动力占比都很低，本书在计量回归中将劳动力分为小学及以下、初中、高中或中专、大专和本科及以上五组。表5-9分析了高铁对不同受教育程度的劳动力的影响效果。回归结果显示，不管劳动力的受教育程度如何，城市开通高铁都会对他们的就业区位选择产生十分显著的正向吸引力，特别是对于本科及以上受教育程度的劳动力而言，这种吸引力尤为强烈。具体来看，城市开通高铁能够促使受教育程度为小学及以下的劳动力选择到该城市就业的概率显著提高17.4个百分点，促使受教育程度为初中的劳动力选择到该城市就业的概率显著提高 14.7 个百分点，促使受教育程度为高中或中专的劳动力选择到该城市就业的概率显著提高 17.2 个百分点，促使受教育程度为大专的劳动力选择到该城市就业的概率显著提高 17.5 个百分点，促使受教育程度为大学和研究生的劳动力选择到该城市就业的概率显著提高 34.1个百分点，这些回归结果都通过了 1% 的显著性水平检验。

整体来看，对于全部初中及以上受教育程度的劳动力而言，学历越高，其对城市开通高铁的反应越强烈。具体而言，高铁对小学及以下、高中或中专和大专受教育程度的劳动力的影响效果其实都十分接近，几乎没有明显差异。虽然受教育程度为初中的劳动力在就业区位选择时受到高铁的影响最小，但是和小学及以下、高中或中专以及大专受教育程度的劳动力受到的影响大约只相差了 0.25 个百分点，影响效果的差距有限。而使影响效果发生了显著差异的是是否受过本科及以上层次的教育。由表 5 - 9 可知，本科以下受教育程度的劳动力受到高铁影响的平均边际效应的均值是 0.167，而本科及以上受教育程度的劳动力受到高铁影响的平均边际效应是 0.341，后者是前者的 2 倍还多。这一结果说明，相比于低学历劳动力而言，高学历的劳动力对开通高铁的城市有着更加强烈的偏好。

表 5 - 9　　　　高铁影响不同受教育程度劳动力就业区位选择的回归结果

choice	小学及以下	初中	高中/中专	大专	本科及以上
hsr	0.174 *** (2.86)	0.147 *** (4.15)	0.172 *** (3.11)	0.175 *** (2.96)	0.341 *** (3.18)
pgdp	0.005 ** (2.16)	0.013 *** (2.79)	0.008 * (1.66)	0.007 ** (1.96)	0.007 * (1.87)
wage	0.056 ** (2.30)	0.033 ** (2.51)	0.032 * (1.90)	0.025 * (1.89)	0.028 ** (2.22)
pop	0.004 (0.75)	0.005 ** (2.25)	0.009 *** (3.09)	0.007 *** (2.58)	0.011 ** (2.35)
admin	0.121 ** (2.15)	0.170 *** (5.51)	0.240 *** (5.33)	0.153 *** (2.74)	0.194 *** (3.49)

续表

choice	小学及以下	初中	高中/中专	大专	本科及以上
dis_u	−0.036 *** （−7.39）	−0.029 *** （−9.82）	−0.032 *** （−8.49）	−0.017 *** （−2.71）	−0.016 *** （−3.59）
prov	−0.191 *** （−3.36）	−0.285 *** （−8.30）	−0.277 *** （−6.07）	−0.198 *** （−2.74）	−0.220 *** （−5.13）
tch	0.009 （0.90）	0.010 * （1.70）	0.019 ** （2.44）	0.008 * （1.74）	0.011 * （1.65）
doc	0.011 （0.48）	0.014 （1.07）	0.024 （1.40）	0.028 *** （2.61）	0.019 *** （2.83）
dis_c	−0.021 *** （−3.07）	−0.008 ** （−2.00）	−0.010 * （−1.68）	−0.007 * （−1.83）	−0.010 * （−1.94）
slope	0.027 ** （2.35）	0.016 ** （2.40）	0.012 （1.16）	0.014 （0.90）	0.015 （0.75）
样本量	131 130	626 322	280 590	123 234	69 936
城市数	282	282	282	282	282
人数	465	2 221	995	437	248
准 R^2	0.232	0.254	0.335	0.385	0.393

注：* 、** 、*** 分别表示10%、5%和1%显著性水平。

接下来，本节继续通过改变研究样本的抽样比例来考察异质性研究回归结果的稳健性。表 5 – 10 分析了使用 5% 子样本和 7.5% 子样本进行的条件 Logit 模型回归结果。与 10% 子样本的回归结果相比较后可以发现，5% 子样本的回归结果和 7.5% 子样本的回归结果都显示城市开通高铁能够提高不同受教育程度的劳动力进入该城市工作的概率。纵向观察解释变量的系数估计值可以发现，不论在何种抽样比例下，高铁对相同受教育程度的劳动力的影响效果是十分近似的。具体来看，高铁对小学及以下受教育程度的劳动力的影响作用分别为 0.174 （10% 子样本）、0.172 （5% 子样本） 和 0.171 （7.5% 子样本），对于初中受教育程度的劳动力的影响作用分别为 0.147 （10% 子样本）、0.144 （5% 子样本） 和 0.154 （7.5% 子样本），对于高中或中专受教育程度的劳动力的影响作用分别为0.172（10%子样本）、0.173（5%子样本）和0.177（7.5%子样本），对于大专受教育程度的劳动力的影响作用分别为0.175（10%子样本）、0.174（5%子样本）和0.180（7.5%子样本），对于本科及以上受教育程度的劳动力的影响作用分别为0.341（10%子样本）、0.338（5%子样本）和0.354（7.5%子样本），这些回归结果全部通过了1%显著性水平检验。可以说高铁对不同受教育程度的劳动力就业区位选择的影响效果十分稳健。从横向来看，在每一个回归中高铁对不同受教育程度的劳动力的影响效果的相对大小都是一致的。不管抽样比例为多少，每一个回归结果都显示本科及以上受教育程度的劳动力受高铁的影响最为强烈。大专、高中或中专以及小学及以下受教育程度的劳动力受高铁的影响效果十分接近，其中大专受教育程度劳动力所受影响略大一些，但这三类劳动力受高铁的影响效果均约为本科及以上受教育程度劳动力受高铁影响效果的一半。初中受教育程度的劳动力受高铁的影响效果虽然从绝对值上看较大，但是和其他几类劳动力相比，其影响效果最小。整体而言，对于所有初中及以上受教育程度的劳动力来说，受教育程度越高，对城市开通高铁的反应越强烈。由此可见，高铁对不同受教育程度的劳动力的就业区位选择的影响效果是十分稳健的。

表5-10　　高铁影响不同受教育程度劳动力就业区位选择的稳健性检验结果

项目	*choice*	小学及以下	初中	高中/中专	大专	本科及以上
5%子样本	*hsr*	0.172 *** (2.87)	0.144 *** (2.98)	0.173 *** (3.08)	0.174 *** (2.85)	0.338 *** (3.46)
	控制变量	已控制	已控制	已控制	已控制	已控制
	样本量	65 142	313 866	141 282	60 912	34 404
	城市数	282	282	282	282	282
	人数	231	1 113	501	216	122
	准 R^2	0.231	0.254	0.335	0.385	0.393

项目	choice	小学及以下	初中	高中/中专	大专	本科及以上
7.5% 子样本	hsr	0.171 *** (3.03)	0.154 *** (4.06)	0.177 *** (3.09)	0.180 *** (3.03)	0.354 *** (3.87)
	控制变量	已控制	已控制	已控制	已控制	已控制
	样本量	97 290	472 068	213 756	89 958	50 478
	城市数	282	282	282	282	282
	人数	345	1 674	758	319	179
	准 R^2	0.232	0.254	0.335	0.385	0.393

注：*、**、***分别表示10%、5%和1%显著性水平。

5.2.3 职业类型

接下来，本节将对劳动力按照职业类型不同进行分组，考察从事不同职业的劳动力在进行就业区位选择时对于城市开通高铁的反应有何不同。全国流动人口动态监测调查数据将调查对象的职业类型划分为七类，分别为：农林牧渔及水利业生产人员，生产、运输设备操作人员及有关人员，商业、服务业人员，专业技术人员，公务员、办事人员和有关人员，国家机关、党群组织、企事业单位负责人，其他、无固定职业的人员。从5.1.1节中的表5-2可知，在基准回归使用的10%子样本中，这7类劳动力所占比例分别为0.91%、29.87%、56.16%、7.81%、1.40%、0.30%和3.55%。可以发现，职业类型为"国家机关、党群组织和企事业单位负责人"的劳动力在样本中的数量很小。考虑到"国家机关、党群组织和企事业单位负责人"和"公务员、办事人员和有关人员"这两类劳动力的就业性质十分类似，而且这两类劳动力在样本中所占的比重都很低，因此本书在实证中将这两类劳动力归为一组，统称为"机关、组织和企事业单位从业人员"。

表5-11分析了高铁对不同职业的劳动力就业区位选择的影响效果。通

过回归结果可知，对于职业类型是"生产、运输设备操作人员及有关人员""商业、服务业人员"和"专业技术人员"的劳动力而言，城市开通高铁会显著提高他们进入该城市就业的概率。从影响效果的大小来看，高铁对生产、运输设备操作人员及有关人员的影响最大，城市开通高铁能够使他们选择到该城市就业的概率显著提高 24 个百分点。高铁对商业、服务业人员的影响效果次之，城市开通高铁能够使他们选择到该城市就业的概率显著提高12.1 个百分点。高铁对专业技术人员的影响效果最小，平均边际效应为0.078，即城市开通高铁能够使劳动力中的专业技术人员选择到该城市就业的概率显著提高 7.8 个百分点。而对于另外三组劳动力而言，高铁对他们就业区位选择的影响都不显著。具体来看，对于从事农、林、牧、渔和水利业生产的劳动力来说，高铁对其就业区位选择的影响为负，也就是说，城市开通高铁有可能会使从事农、林、牧、渔和水利业生产的劳动力降低来此就业的概率，但是这个结果的显著性很低，并没有通过显著性检验。对于机关、组织和企事业单位的劳动力来说，由于就业性质不同，他们的就业地受行政因素的影响更多，受市场的影响更小，高铁开通很难对其产生显著影响。而对于无固定职业的劳动力而言，由于职业不定，他们在进行就业区位选择时往往更关注眼前而不太考虑在一个地区的长期发展，常常可能是跟着同乡或者亲戚朋友来到某地，抱着走一步算一步的心态在流入城市谋发展，在这种情况下，他们就业区位选择的不确定因素就很多，高铁开通与否可能并不会对其产生显著影响。

表 5 - 11　　　　高铁影响不同职业劳动力就业区位选择的回归结果

choice	农林牧渔与水利业生产人员	生产、运输设备操作人员及有关人员	商业、服务业人员	专业技术人员	机关、组织与企事业单位从业人员	其他、无固定职业
hsr	- 0.015 （- 0.28）	0.240 *** （4.82）	0.121 *** （3.77）	0.078 ** （2.41）	0.133 （0.34）	0.084 （0.78）
pgdp	0.005 （0.83）	0.014 ** （2.53）	0.007 ** （1.96）	0.009 * （1.92）	0.008 * （1.83）	0.025 ** （2.42）

续表

choice	农林牧渔与水利业生产人员	生产、运输设备操作人员及有关人员	商业、服务业人员	专业技术人员	机关、组织与企事业单位从业人员	其他、无固定职业
wage	0.049 * (1.82)	0.012 * (1.77)	0.032 *** (2.75)	0.023 ** (2.33)	0.005 * (1.77)	0.061 * (1.92)
pop	0.006 * (1.91)	0.011 *** (4.22)	0.003 * (1.69)	0.008 ** (2.16)	0.011 * (1.91)	0.008 * (1.84)
admin	0.007 (0.51)	0.011 (0.48)	0.261 *** (8.56)	0.147 ** (2.44)	0.069 (1.03)	0.246 ** (2.11)
dis_u	− 0.031 ** (− 2.07)	− 0.029 *** (− 8.53)	− 0.028 *** (− 8.93)	− 0.024 *** (− 2.78)	− 0.011 (− 0.66)	− 0.029 *** (− 2.86)
prov	− 0.032 (− 1.28)	− 0.206 *** (− 5.48)	− 0.299 *** (− 8.59)	− 0.204 ** (− 2.54)	− 0.014 (− 0.53)	− 0.315 ** (− 2.34)
tch	0.003 (0.67)	0.007 (1.05)	0.009 * (1.84)	0.007 (0.79)	0.006 (1.01)	0.016 (0.86)
doc	0.008 (0.54)	0.033 ** (2.02)	0.014 (1.42)	0.012 (0.40)	0.009 (0.87)	0.043 (1.43)
dis_c	− 0.026 ** (− 2.20)	− 0.034 *** (− 7.29)	− 0.028 ** (2.48)	− 0.025 *** (− 3.43)	− 0.016 (− 0.94)	− 0.018 * (− 1.66)
slope	0.016 (0.86)	0.034 *** (4.30)	0.008 (1.45)	0.005 (0.34)	0.008 (0.67)	0.008 (0.81)
样本量	11 280	367 728	691 464	96 162	20 868	43 710
城市数	282	282	282	282	282	282
人数	40	1 304	2 452	341	74	155
准 R^2	0.549	0.417	0.385	0.381	0.378	0.356

注：*、**、*** 分别表示10%、5%和1%显著性水平。

表5-12分析了使用5%子样本和7.5%子样本进行的条件Logit模型回归结果。与表5-11分析的回归结果相比较后可以发现，抽样比例的改变并

不会使高铁对不同职业类型的劳动力的就业区位选择的影响效果发生明显改变。从系数估计值的显著性来看，不管是 5% 子样本的回归结果还是 7.5% 子样本的回归结果都表明，依旧是"农林牧渔及水利业生产人员""生产、运输设备操作人员及有关人员"和"商业、服务业人员"这三种职业类型的劳动力在进行就业区位选择时会显著受到城市开通高铁的影响，且结果均通过了 1% 显著性水平检验。另外三种职业类型的劳动力对城市开通高铁的反应并不显著。从解释变量的平均边际效应的估计值来看，在显著受高铁影响的劳动力中，依旧是高铁对生产、运输设备操作人员及有关人员的就业区位选择的平均边际效应最大，对商业、服务业人员的平均边际效应次之，对专业技术人员的平均边际效应最小，并且相应的回归结果与表 5 - 11 中分析的回归结果均十分接近。另外，高铁对农、林、牧、渔和水利业生产人员就业区位选择的影响始终为负，对于机关、组织和企事业单位从业人员和无固定职业的人员就业区位选择的影响始终为正，但是对这三组劳动力的回归结果始终不显著，这也与表 5 - 11 的回归结果相一致。由此可见，在不同抽样比例下，高铁对不同职业类型的劳动力的就业区位选择的影响效果是十分稳健的。

表 5 - 12　　高铁影响不同职业劳动力就业区位选择的稳健性检验结果

项目	*choice*	农林牧渔与水利业生产人员	生产、运输设备操作人员及有关人员	商业、服务业人员	专业技术人员	机关、组织与企事业单位从业人员	其他、无固定职业
5% 子样本	*hsr*	-0.013 (-0.30)	0.246 *** (4.74)	0.123 *** (3.07)	0.077 ** (2.15)	0.138 (0.28)	0.087 (0.83)
	控制变量	已控制	已控制	已控制	已控制	已控制	已控制
	样本量	5640	184 710	345 732	47 376	10 434	21 714
	城市数	282	282	282	282	282	282
	人数	20	655	1 226	168	37	77
	准 R^2	0.518	0.396	0.366	0.383	0.392	0.351

续表

项目	choice	农林牧渔与水利业生产人员	生产、运输设备操作人员及有关人员	商业、服务业人员	专业技术人员	机关、组织与企事业单位从业人员	其他、无固定职业
7.5%子样本	hsr	−0.020 (−0.26)	0.241 *** (4.36)	0.115 *** (3.29)	0.074 ** (2.39)	0.142 (0.31)	0.108 (0.97)
	控制变量	已控制	已控制	已控制	已控制	已控制	已控制
	样本量	8 178	278 334	518 316	70 218	15 792	32 712
	城市数	282	282	282	282	282	282
	人数	29	987	1 838	249	56	116
	准 R^2	0.559	0.423	0.378	0.396	0.377	0.340

注：*、**、*** 分别表示 10%、5% 和 1% 显著性水平。

5.3 基于劳动力流动空间异质性的研究

本节主要从劳动力的流动范围和流入空间两个方面考察劳动力的流动空间异质性。依次从劳动力是否跨省流动、劳动力的流动距离、劳动力流入不同经济区域和劳动力流入不同规模的城市这四个角度对样本中的劳动力进行分组回归，研究城市开通高铁对流动空间不同的劳动力的异质性影响。

5.3.1 流动范围

本书从是否跨省和流动距离两个角度考察劳动力的流动范围异质性。在 5.1.2 节中，已经对劳动力流动范围具体分类情况进行了详细说明，即一方面根据"是否跨省流动"这一划分标准将劳动力划分为跨省流动和省内跨市流动两组，另一方面根据劳动力流动的地理距离也就是流入地到户籍所在地的直线距离将劳动力划分为流动距离不超过 200 公里、流动距离大于 200 公里但不超过 500 公里、流动距离大于 500 公里但不超过 1 000 公里和流动距离大于 1 000 公里四组。下文便从这两个角度分析城市开通高铁对不同流动范围的劳动力的就业区位选择的影响。

1. 是否跨省流动

表 5-13 分析了高铁影响跨省或省内流动的劳动力就业区位选择的回归结果。从条件 Logit 模型回归结果中可以看出，劳动力不管是跨省流动还是省内跨市流动，城市开通高铁都会显著提高他们选择进入该城市就业的概率，但是高铁对二者的影响效果并不相同。具体来看，对于跨省流动的劳动力而言，城市开通高铁会使他们选择进入该城市就业的概率提高 2 个百分点，这一回归结果在 10% 的显著性水平下显著。而对于省内跨市流动的劳动力而言，他们在进行就业区位选择时受到城市开通高铁的影响更为强烈，结果显示城市开通高铁会使他们选择进入该城市就业的概率显著提高 8.7 个百分点，这一结果通过了 5% 的显著性水平检验。由此可见，城市开通高铁对省内跨市流动的劳动力的就业区位选择的影响效果更大也更为显著。

出现这一结果的原因可能是，对于跨省流动的劳动力而言，他们流动时所要考虑的因素更为复杂。因为从第 4 章的基准回归结果可知，整体而言，中国的劳动力在进行流动决策时更倾向于流向与自身户籍所在地更近的、与户籍所在地同省的城市，而当他们进行跨省决策时，除了包括城市是否开通高铁在内的流入地本身的各种经济社会发展因素的影响之外，劳动力的社会关系网络和劳动力户籍地与流入地之间的语言文化差异也是影响他们进行就业区位选择的重要影响因素，劳动力常常更偏好选择进入同乡（孙伟增等，2019）、语言文化差异适度（刘毓芸等，2015）的城市。在这种情况下，高铁开通与否只是衡量城市经济社会发展现状的一个方面，它对劳动力就业区位选择的影响效果也就相对较小。但是，即使如此，在这种情况下高铁对劳动力的就业区位选择的影响仍然是显著的，也能够反映出在劳动力进行就业区位选择时，城市开通高铁是一项重要影响因素。而对于省内跨市流动的劳动力而言，他们在省内的社会关系网络更复杂、人际联系更密切，语言文化差异也更小，因此如果没有特定的因素使他们必须要流动到某个城市的话，

121

那么劳动力在省内进行就业区位选择时往往会选择省内交通便利、基础设施完善和经济社会发展水平较高的城市，而省内开通高铁的城市常常都具备这些特征，就非常容易成为劳动力省内流动的主要目的地。

表5-13　高铁影响跨省或省内流动的劳动力就业区位选择的回归结果

choice	跨省流动	省内跨市
hsr	0.020 * (1.72)	0.087 ** (2.34)
pgdp	0.006 * (1.93)	0.011 ** (2.01)
wage	0.005 * (1.85)	0.007 * (1.82)
pop	0.006 (1.44)	0.010 ** (2.43)
admin	0.013 * (1.85)	0.018 *** (4.07)
dis_u	-0.002 * (-1.67)	-0.047 *** (-4.22)
prov	0.049 ** (2.48)	-0.006 *** (-4.20)
tch	0.007 * (1.81)	0.005 (1.52)
doc	0.002 (0.91)	0.005 *** (3.05)
dis_c	-0.006 (-1.12)	-0.003 (-1.38)
slope	0.006 (1.59)	0.002 ** (2.10)
样本量	735 738	495 474

choice	跨省流动	省内跨市
城市数	282	282
人数	2 609	1 757
准 R^2	0.312	0.683

注：＊、＊＊、＊＊＊分别表示 10%、5% 和 1% 显著性水平。

接下来，本小节继续通过改变研究样本的抽样比例来考察异质性研究回归结果的稳健性。表 5－14 分析了使用 5% 子样本和 7.5% 子样本进行的条件 Logit 模型回归结果。与表 5－13 分析的回归结果相比较后可以发现，抽样比例的改变并不会使高铁对不同流动范围的劳动力的就业区位选择的影响效果发生明显变化。具体来看，5% 子样本的回归结果显示：城市开通高铁能够使跨省流动的劳动力选择进入该城市就业的概率显著提高 1.9 个百分点，这一结果在 10% 的显著性水平下显著；城市开通高铁能够使省内跨市流动的劳动力选择进入该城市就业的概率显著提高 8.3 个百分点，这一结果在 5% 的显著性水平下显著。7.5% 子样本的回归结果则稍微偏小：城市开通高铁能够使跨省流动的劳动力选择进入该城市就业的概率显著提高 1.5 个百分点，这一结果在 10% 的显著性水平下显著；城市开通高铁能够使省内跨市流动的劳动力选择进入该城市就业的概率显著提高 7.9 个百分点，这一结果在 1% 的显著性水平下显著。可以发现，对于跨省流动的劳动力而言，不管样本的抽样比例改变为多少，城市开通高铁对劳动力就业区位选择的影响效果始终通过了 10% 的显著性水平检验，平均边际效应估计值也十分接近。而对于省内跨市的劳动力而言，城市开通高铁对劳动力就业区位选择的影响效果始终通过了 5% 的显著性水平检验，在 5% 子样本的回归结果中，这一影响效果甚至通过了 1% 的显著性水平检验，而且高铁影响劳动力的平均边际效应的估计值也都十分接近。由此可以说明，高铁对跨省流动和省内跨市流动的劳动力的就业区位选择的影响效果是稳健的。

表5-14   高铁影响跨省或省内流动的劳动力就业区位选择的稳健性检验结果

choice	5%子样本		7.5%子样本	
	跨省流动	省内跨市	跨省流动	省内跨市
hsr	0.019 * (1.80)	0.083 *** (2.73)	0.015 * (1.92)	0.079 ** (2.22)
控制变量	已控制	已控制	已控制	已控制
样本量	371 112	244 494	561 744	361 806
城市数	282	282	282	282
人数	1 316	867	1 992	1 283
准 R^2	0.289	0.722	0.258	0.714

注：*、**、*** 分别表示10%、5%和1%显著性水平。

2. 流动距离

在从劳动力流动是否跨省这一角度探讨了劳动力流动范围的异质性之后，进一步对劳动力的流动范围进行细化，从劳动力流动的地理距离层面来考察劳动力流动范围的异质性。表5-15分析了高铁影响不同流动距离的劳动力就业区位选择的回归结果。从条件 Logit 模型回归结果中可以看出，城市开通高铁对不同流动距离的劳动力就业区位选择的影响并不相同。对于流动距离不超过200公里的劳动力而言，备选城市开通高铁对他们的就业区位选择不存在显著影响；对于流动距离大于200公里但不超过500公里的劳动力而言，备选城市开通高铁会显著影响他们的就业区位选择，影响效果为0.074，即城市开通高铁会使劳动力选择进入该城市就业的概率提高7.4个百分点，该结果通过了1%显著性水平检验；对于流动距离大于500公里但不超过1 000公里的劳动力而言，备选城市开通高铁对他们的就业区位选择也存在显著影响，影响效果为0.044，即城市开通高铁会使劳动力选择进入该城市就业的概率提高4.4个百分点，该结果通过了10%显著性水平检验；而对于流动距离大于1 000公里的劳动力而言，备选城市开通高铁对他们的就业区位选择不存在显著影响。由此可见，城市开通高铁对流动距离为200～

500 公里和 500 ~ 1 000 公里的劳动力的就业区位选择具有显著影响,对于流动距离过大或过小的劳动力而言,他们对于城市开通高铁的反应并不敏感。

正如前一小节所言,劳动力在进行就业区位选择时所考虑的因素十分复杂,除了备选城市的交通便利程度、经济发展潜力和就业机会等各种经济社会发展因素之外,流入地是否有自己的同乡、流入地与家乡的文化差异大不大和流入地的生活成本和生活压力自己能否承受等因素也是劳动力需要考虑的重要问题。当流动距离小于 200 公里时,这意味着劳动力是在家乡周边进行短距离流动,那么更多的亲朋好友、更小的文化差异和更相似的生活环境则可能成为劳动力流动的主要考量因素,城市高铁开通与否便不是那么重要了。而当流动距离大于 1 000 公里时,劳动力更可能是基于某一特定目的流动到某一城市,例如亲友之间约定好结伴流动到某地就业或者工作需要必须流动到某地等,因而此时高铁对劳动力就业区位选择的影响并不显著。而对于流动距离在 200 ~ 1 000 公里之间的劳动力来说,他们在进行就业区位选择时会受到城市开通高铁的显著影响,尤其是对于 200 ~ 500 公里的中短距离流动的劳动力而言,他们对于流入地是否开通高铁的反应最为敏感。这意味着,在排除了特定流动目的之后,对于走出家乡及其周边地区的劳动力来说,流入地是否开通高铁是他们在进行就业区位选择时一个重要的考量因素。

表 5 - 15　　　　高铁影响不同流动距离的劳动力就业区位选择的回归结果

choice	200 公里以下	200 ~ 500 公里	500 ~ 1 000 公里	1 000 公里以上
hsr	0. 006 (1. 46)	0. 074 *** (2. 97)	0. 044 * (1. 86)	0. 013 (1. 40)
pgdp	0. 004 * (1. 68)	0. 007 *** (2. 63)	0. 004 (0. 96)	0. 007 * (1. 85)
wage	0. 002 * (1. 94)	0. 013 * (1. 73)	0. 012 * (1. 93)	0. 003 * (1. 86)
pop	0. 006 (1. 62)	0. 005 *** (3. 44)	0. 003 (1. 47)	0. 006 * (1. 71)

续表

choice	200 公里以下	200 ~ 500 公里	500 ~ 1 000 公里	1 000 公里以上
admin	0.024 *** (3.22)	0.047 *** (2.97)	0.028 (1.26)	0.005 (1.00)
dis_u	− 0.015 *** (− 3.36)	− 0.038 *** (− 6.62)	− 0.012 * (− 1.71)	0.005 (1.00)
prov	− 0.024 *** (− 2.89)	− 0.043 *** (− 2.82)	0.150 *** (2.74)	0.005 (1.21)
tch	0.004 (1.14)	0.003 (0.81)	0.006 * (1.89)	0.007 (1.15)
doc	0.005 *** (2.99)	0.008 (1.22)	0.007 (0.87)	0.006 (1.04)
dis_c	− 0.001 (− 1.40)	− 0.014 *** (− 5.43)	− 0.007 (− 1.37)	− 0.006 (1.17)
slope	− 0.001 (− 0.79)	0.003 (0.62)	0.007 (1.50)	0.004 (1.03)
样本量	362 934	364 344	265 362	238 572
城市数	282	282	282	282
人数	1 287	1 292	941	846
准 R^2	0.722	0.604	0.435	0.178

注：*、**、***分别表示10%、5%和1%显著性水平。

接下来，本小节继续通过改变研究样本的抽样比例来考察异质性研究回归结果的稳健性。表 5 – 16 分析了使用 5% 子样本和 7.5% 子样本进行的条件 Logit 模型回归结果。与表 5 – 15 分析的回归结果相比较后可以发现，抽样比例的改变并不会使高铁对不同流动距离的劳动力的就业区位选择的影响效果发生明显变化。具体来看，5% 子样本的回归结果显示：城市开通高铁能够使流动距离为 200 ~ 500 公里的劳动力选择进入该城市就业的概率显著提高 8.5 个百分点，这一结果在 1% 的显著性水平下显著；城市开通高铁能够使流动距离为 500～1 000 公里的劳动力选择进入该城市就业的概率显著提高 5.4 个百分点,这一结果在 10% 的显著性水平下显著。7.5% 子样本的回归结果显示:城市开通高铁能够使流动距离为 200～500 公里的劳动力选择进入该城市就业的概率显著提高 8.2 个百分点,这一结果在 1% 的显著性水平下显著;城市开通高铁能够使流动距离为 500～1 000 公里的劳动力选择进入该城市就业的概率显著提高 3.9 个百分点,这一结果在 10% 的显著性水平下显著。而对于流动距离小于 200 公里和流动距离大于 1 000 公里的劳动力而言,5% 子样本和 7.5% 子样本的回归结果均显示城市开通高铁对他们的就业区位选择没有显著影响。可以发现,在不同抽样比例下,计量回归的结果的显著性都十分一致,并且解释变量的平均边际效应的估计值也都比较接近。由此可以说明,高铁对不同流动距离的劳动力的就业区位选择的影响效果是稳健的。

表 5－16　　高铁影响不同流动距离的劳动力就业区位选择的稳健性检验结果

项目	*choice*	200 公里以下	200～500 公里	500～1 000 公里	1 000 公里以上
5% 子样本	*hsr*	0.004 (1.20)	0.085*** (2.74)	0.054* (1.86)	0.016 (0.94)
	控制变量	已控制	已控制	已控制	已控制
	样本量	180 480	182 736	133 386	119 004
	城市数	282	282	282	282
	人数	640	648	473	422
	准 R^2	0.787	0.648	0.457	0.184
7.5% 子样本	*hsr*	0.006 (1.35)	0.082*** (2.79)	0.039* (1.94)	0.012 (1.00)
	控制变量	已控制	已控制	已控制	已控制
	样本量	268 464	276 642	200 502	177 942
	城市数	282	282	282	282
	人数	952	981	711	631
	准 R^2	0.752	0.625	0.445	0.191

注: *、**、*** 分别表示 10%、5% 和 1% 显著性水平。

5.3.2 流入空间

在对不同流动范围的劳动力进行了异质性分析之后，本节进一步对劳动力按照流入空间的不同进行分组回归。本书从四大经济区域和大中小城市两个角度考察劳动力流入空间的异质性。在 5.1.2 节中，已经对劳动力流入空间具体分类情况进行了详细说明，即一方面按照四大经济区域将劳动力划分为流入东部地区、流入东北地区、流入中部地区和流入西部地区四组，另一方面按照国家相关文件中给出的城市规模划分标准将 282 个备选城市按照城区常住人口规模划分为大城市、中等城市和小城市，并将劳动力相应划分为流入大城市、流入中等城市和流入小城市三组。以下便从这两个角度分析城市开通高铁对不同流入空间的劳动力的就业区位选择的影响。

1. 四大经济区域

本书按照国家统计局的划分方式将我国分为东部地区、东北地区、中部地区和西部地区四个经济区域。在本书的研究年份内（即 2011～2015 年），中国这四个经济区域的高铁建设运营情况并不相同。整体而言，东部地区的高铁建设时间最早，所规划的高铁站点和高铁线路也最多，相比于其他区域，东部地区高铁的覆盖面积更广、网络化程度更高。而中部地区高铁的发展速度与东部地区相比较慢，但是由于中部六省是高铁连接东西、贯通南北的必经之地，京沪高铁、京广高铁和沪昆高铁等多条重要高铁干线都从中部地区经过。因此在研究年份内，中部地区不少重要的区域中心城市及其周边城市和铁路枢纽城市都已开通高铁，区域高铁网络初具规模。而西部地区和东北地区由于地理因素、气候因素和社会经济发展水平等原因，高铁开工建设的时间相对较晚，在研究年份内，西部地区和东北地区的高铁网络尚不发达。因此，本书预期流入东部地区的劳动力受到城市开通高铁的影响最大，而流向其他地区的劳动力在进行就业区位选择时受高铁的影响相对较小。

表 5－17 分析了高铁影响流入不同经济区域的劳动力的就业区位选择的

条件 Logit 回归结果。结果显示，城市开通高铁对流入不同区域的劳动力的就业区位选择都有正向的影响，但是只有对于流入东部地区和中部地区的劳动力来说，这种正向的影响才是显著的。具体而言，城市开通高铁能够使流入东部地区的劳动力选择进入该城市就业的概率显著提高 8.2 个百分点，这一回归结果在 1% 显著性水平下显著。而对于流入中部地区的劳动力来说，城市开通高铁只能使他们选择进入该城市就业的概率显著提高 2.6 个百分点，这一回归结果的显著性水平为 10%。而对于流入东北地区和西部地区的劳动力而言，虽然从平均边际效应的估计值上看，城市开通高铁能够使他们流入该城市的概率分别提高 1.4 个百分点和 1.1 个百分点，但是这两个回归结果并没有通过显著性检验，因此无法说明高铁对流向这两个地区的劳动力的就业区位选择产生了显著影响。这意味着，在研究年份内，东北地区和西部地区尚不发达高铁网络还没有能够对劳动力产生显著的吸引力。综上所述，流入东部地区就业的劳动力对于城市开通高铁的反应最为强烈，流入中部地区就业的劳动力对于城市开通高铁的反应较弱，高铁对流入东部地区的劳动力的影响效果约为对流入中部地区的劳动力的影响效果的 3 倍。而对于流入东北地区和西部地区的劳动力来说，城市开通高铁对他们选择到该城市就业的概率的影响效果虽然为正，但是统计学上并不显著。这一结果与本书的预期基本一致。

表 5 - 17　　高铁影响流入不同经济区域的劳动力就业区位选择的回归结果

choice	东部地区	东北地区	中部地区	西部地区
hsr	0.082 *** (3.49)	0.014 (0.86)	0.026 * (1.74)	0.011 (0.48)
pgdp	0.006 * (1.73)	0.007 * (1.84)	0.003 * (1.76)	0.012 * (1.95)
wage	0.010 * (1.67)	0.009 * (1.92)	0.008 * (1.89)	0.026 ** (2.38)
pop	0.006 *** (3.52)	0.003 (0.71)	0.004 (0.51)	0.002 (1.34)

续表

choice	东部地区	东北地区	中部地区	西部地区
admin	0.017 * (1.80)	0.010 (1.08)	0.019 * (1.88)	0.423 *** (3.10)
dis_u	− 0.015 *** (− 6.40)	− 0.010 * (− 1.78)	− 0.016 ** (− 2.32)	− 0.012 ** (− 2.48)
prov	− 0.082 *** (− 5.38)	− 0.022 * (− 1.91)	− 0.087 ** (− 2.26)	− 0.225 *** (− 2.91)
tch	0.004 (0.52)	0.006 (0.64)	0.007 (0.72)	0.007 (0.66)
doc	0.020 *** (5.68)	0.009 (0.81)	0.005 (0.88)	0.051 ** (2.05)
dis_c	− 0.065 *** (− 8.32)	− 0.012 (− 0.50)	− 0.009 (− 0.71)	− 0.018 *** (2.67)
slope	0.007 ** (2.55)	− 0.001 (− 0.73)	0.001 (0.11)	0.006 (1.09)
样本量	664 110	100 392	181 890	284 820
城市数	282	282	282	282
人数	2 355	356	645	1 010
准 R^2	0.395	0.487	0.388	0.485

注：* 、** 、*** 分别表示10%、5%和1%显著性水平。

接下来，本节继续通过改变研究样本的抽样比例来考察异质性研究回归结果的稳健性。表5－18分析了使用5%子样本和7.5%子样本进行的条件Logit模型回归结果。5%子样本的回归结果显示：城市开通高铁能够使得流入东部地区的劳动力选择进入该城市就业的概率显著提高9.1个百分点，这一结果在1%显著性水平下显著；城市开通高铁能够使得流入中部地区的劳动力选择进入该城市就业的概率显著提高2.9个百分点，这一结果在10%显著性水平下显著；城市开通高铁对流入东北和西部地区的劳动力的影响效果不显著。7.5%子样本的回归结果显示：城市开通高铁能够使得流入东部地区的劳动力选择进入该城市就业的概率显著提高 8.5 个百分点，这一结果在 1% 显著性水平下显著；城市开通高铁能够使得流入中部地区的劳动力选择进入该城市就业的概率显著提高 2.6 个百分点，这一结果在 10% 显著性水平下显著；城市开通高铁对流入东北和西部地区的劳动力的影响效果不显著。对比表 5 - 17 和表 5 - 18 的回归结果可以发现：选择进入东部地区就业的劳动力受高铁的影响效果始终最强也最显著；选择进入中部地区就业的劳动力受高铁的影响效果约为选择进入东部地区就业的劳动力所受影响的 1/3；而对于选择进入东北地区和西部地区就业的劳动力来说，他们进行就业区位选择时受城市开通高铁的影响最弱而且并不显著。由此可以说明，高铁对流入不同经济区域的劳动力的影响效果十分稳健。

表 5 - 18　　高铁影响流入不同经济区域的劳动力就业区位选择的稳健性检验结果

项目	*choice*	东部地区	东北地区	中部地区	西部地区
5%子样本	*hsr*	0.091 *** (2.92)	0.015 (0.48)	0.029 * (1.74)	0.013 (0.51)
	控制变量	已控制	已控制	已控制	已控制
	样本量	333 606	49 068	90 240	142 692
	城市数	282	282	282	282
	人数	1 183	174	320	506
	准 R^2	0.400	0.546	0.351	0.505
7.5%子样本	*hsr*	0.085 *** (3.08)	0.017 (0.62)	0.026 * (1.66)	0.017 (0.54)
	控制变量	已控制	已控制	已控制	已控制
	样本量	502 524	71 910	134 232	214 884
	城市数	282	282	282	282
	人数	1 782	255	476	762
	准 R^2	0.413	0.512	0.388	0.510

注：* 、** 、*** 分别表示 10%、5% 和 1% 显著性水平。

2. 大中小城市

在从四大经济区域这一层面探讨了劳动力流入空间的异质性之后,接下来缩小劳动力流入空间的尺度,从城市层面来考察劳动力流入空间的异质性。本书认为,仅从四大经济区域的层面划分劳动力的流入空间有可能导致结果过于宽泛,因为虽然整体而言西部地区和东北地区的经济发展水平和高铁建设水平低于东部地区,但是西部地区和东北地区的一些区域中心城市以及由这些区域中心城市带动发展的城市群在近些年里发展良好,如东北地区的哈长城市群和西部地区的成渝城市群等,这些区域中心城市的城市规模、高铁发展水平以及它们对劳动力的吸引力都是其他西部地区或东北地区的城市所无法比拟的。因此,将划分劳动力流入区域的尺度从地区层面缩小到城市层面,将研究样本划分为流入大城市的劳动力、流入中等城市的劳动力和流入小城市的劳动力三组,从劳动力流入不同规模的城市这个角度考察劳动力的流入空间异质性是十分必要的。

表 5 - 19 分析了高铁影响流入不同规模的城市的劳动力就业区位选择的回归结果。从条件 Logit 模型回归结果中可以看出,城市开通高铁对流入大城市、中等城市和小城市的劳动力的就业区位选择的影响并不相同。对于流入大城市的劳动力而言,备选城市开通高铁会使他们选择进入该城市就业的概率显著提高 23.5 个百分点,该结果通过了 1% 显著性水平检验;对于流入中等城市的劳动力而言,备选城市开通高铁会使他们选择进入该城市就业的概率显著提高 7.8 个百分点,该结果通过了 5% 显著性水平检验;对于流入小城市的劳动力而言,备选城市开通高铁不会显著影响他们选择进入该城市就业的概率。由此可见,流入大城市的劳动力对城市开通高铁的反应最为敏感,流入中等城市的劳动力对高铁的反应程度次之,而流入小城市的劳动力对城市开通高铁并不敏感。这一结果意味着,在研究年份内,高铁开通对于不同规模等级的城市吸引劳动力的影响并不相同。对于大城市和中等城市而言,高铁开通能够显著提高该城市对劳动力的吸引力,而且从解释变量的平均边际效应可以看出,大城市开通高铁对劳动力的吸引效果比中等城市更

强。这说明高铁开通将最有可能进一步促进劳动力向大城市集聚，而在此过程中一部分劳动力可能会向大城市周边区域内已经通过开通高铁而与大城市连通的中等城市扩散，从而导致开通高铁的中等城市对劳动力的吸引力更强。出现这一结果的可能原因是由于这些连通高铁的中等城市与大城市往来密切，更容易受到大城市的溢出效应和辐射效应的影响，比起尚未连入高铁网络的中等城市这些城市有更大的发展潜力和就业机会，而因其生活成本又相对大城市更低，因此这类中等城市越来越成为劳动力流动的重要目的地。这一结果也与董等（Dong et al.，2020）在研究中所提出的"许多与一线城市连通高铁的二三线城市也已成为劳动力在进行区位选择时的重要备选项"这一观点相符合。而对于小城市而言，目前高铁开通并不能提高该城市对劳动力的吸引力。可能导致出现这一现象的原因主要有两点，一是在研究年份内，备选城市中小城市的高铁建设还不完善，高铁网络覆盖率相对较低，二是由于小城市自身的经济实力不强，城市的基础设施和公共服务水平较低，仅仅依靠开通高铁吸引劳动力比较困难，有的时候小城市开通高铁甚至会加速城市劳动力等要素的流失（卞元超等，2018）。因此，小城市在加快发展高铁的同时更要努力提升自身的整体发展实力，提高城市的软硬件设施和开放程度，从而为高铁建设后吸引劳动力来此就业奠定基础。

表 5–19　高铁影响流入不同规模的城市的劳动力就业区位选择的回归结果

choice	大城市	中等城市	小城市
hsr	0.235 *** (6.47)	0.078 ** (1.97)	0.012 (0.88)
pgdp	0.013 *** (3.80)	0.010 * (1.65)	0.005 * (1.89)
wage	0.014 * (1.66)	0.031 * (1.87)	0.008 * (1.68)
pop	0.008 *** (5.78)	0.003 * (1.74)	0.009 (1.11)

续表

choice	大城市	中等城市	小城市
admin	0.236 *** (10.24)	0.146 ** (2.45)	0.082 ** (2.24)
dis_u	−0.025 *** (−12.66)	−0.023 *** (−2.74)	−0.031 *** (−2.95)
prov	−0.268 *** (−11.47)	−0.128 ** (−2.50)	−0.072 ** (−2.21)
tch	0.004 (1.07)	0.003 (1.36)	0.005 (0.75)
doc	0.033 *** (4.11)	0.039 (1.22)	0.013 (0.88)
dis_c	−0.008 *** (−2.93)	−0.019 *** (−3.14)	−0.009 (−1.21)
slope	0.008 (1.60)	0.006 (0.90)	0.005 (0.92)
样本量	952 878	172 584	105 750
城市数	282	282	282
人数	3 379	612	375
准 R^2	0.469	0.376	0.307

注：*、**、*** 分别表示10%、5%和1%显著性水平。

同样地，本小节也通过改变研究样本的抽样比例来考察异质性研究回归结果的稳健性。表 5 − 20 分析了使用5% 子样本和7.5% 子样本进行的条件 Logit 模型回归结果。5% 子样本的回归结果显示：大城市开通高铁能够使得劳动力选择进入该城市就业的概率显著提高 22.0 个百分点，这一结果在 1% 显著性水平下显著；中等城市开通高铁能够使得劳动力选择进入该城市就业的概率显著提高 10.0 个百分点，这一结果在 5% 显著性水平下显著；小城市开通高铁对劳动力就业区位选择的影响并不显著。7.5% 子样本的回归结果显示：大城市开通高铁能够使得劳动力选择进入该城市就业的概率显著提高24.6个百分点，这一结果在1%显著性水平下显著；中等城市开通高铁能够使得劳动力选择进入该城市就业的概率显著提高10.7个百分点，这一结果在5%显著性水平下显著；小城市开通高铁对劳动力就业区位选择的影响依旧不显著。对比表5-19和表5-20的回归结果可以发现：选择进入大城市就业的劳动力受高铁的影响效果始终最强也最显著；选择进入中等城市就业的劳动力受高铁的影响效果弱于选择进入大城市的劳动力但也十分显著；而选择进入小城市就业的劳动力在进行就业选择时始终不受城市开通高铁的影响。可以发现，5%和7.5%子样本的回归结果与前文中10%子样本的回归结果在显著性和数值关系上并没有明显的改变。因此可以认为高铁对流入大中小城市的劳动力的就业区位选择的影响是稳健的。

表5-20 高铁影响流入不同规模的城市的劳动力就业区位选择的稳健性检验结果

choice	5%子样本			7.5%子样本		
	大城市	中等城市	小城市	大城市	中等城市	小城市
hsr	0.220 *** (4.76)	0.100 ** (1.98)	0.016 (0.70)	0.246 *** (6.33)	0.107 ** (2.15)	0.010 (0.76)
控制变量	已控制	已控制	已控制	已控制	已控制	已控制
样本量	476 298	86 292	53 016	714 588	129 438	79 524
城市数	282	282	282	282	282	282
人数	1 689	306	188	2 534	459	282
准 R^2	0.496	0.374	0.302	0.486	0.372	0.322

注：*、**、*** 分别表示10%、5%和1%显著性水平。

5.4 基于劳动力未来预期异质性的研究

除了劳动力的个体特征异质性和流动空间异质性之外，本书认为劳动力对于未来的预期的异质性也同样十分重要。本节将从劳动力在流入地的预期居留时间这个角度考察劳动力的未来预期，按照预期居留时间的不同对劳动力进行分组回归，实证研究高铁对未来预期不同的劳动力的异质性影响效果。

在国家卫生健康委员会 2014～2016 年的全国流动人口动态监测调查问卷里，对于劳动力在流入地的预期居留时间的调查问题是"您今后是否打算在本地长期居住（5 年以上）"，对应的选项有"打算""继续流动""返乡"和"没想好"。然而，在 2017 年的调查问卷中，该问题的表述变成了"如果您打算留在本地，您预计自己将在本地留多久"，相应的选项变成了"定居""10 年以上""6～10 年""3～5 年""1～2 年"和"没想好"。因此，为了保证前后统一，本书在实证分析中进行如下处理：对于 2014～2016 年的调查者，将选择"打算"的人则视为预期居留时间为 5 年以上的劳动力，将选择"继续流动"和"返乡"的人视为预期居留时间为 5 年及以下的劳动力，其余是"没想好"的劳动力；对于 2017 年的调查者，将选择"定居""10 年以上"和"6～10 年"的人视为预期居留时间为 5 年以上的劳动力，将选择"3～5 年"和"1～2 年"的人视为预期居留时间为 5 年及以下的劳动力，其余是"没想好"的劳动力。由此，本书将样本中回答了该项问题的调查对象按照预期居留时间划分成了 3 组：预期居留时间在 5 年以上的长期劳动力、预期居留时间在 5 年及以下的短期劳动力和没想好居留多久的劳动力。表 5 - 13 分析了对这 3 组劳动力进行条件 Logit 回归的估计结果。

从表 5 - 21 的回归结果中可以发现，整体而言，不论劳动力在流入地的预期居留时间是多长，城市开通高铁都能够显著提高他们选择进入该城市就业的概率，但是对于不同预期居留时间的劳动力来说，他们对城市开通高铁的反应程度并不相同。具体来看，对于预期居留时间为 5 年以上的劳动力来说，他们对城市开通高铁的反应最为强烈，高铁的开通会使他们选择进入该城市就业的概率提高 14.3 个百分点，并且这一结果通过了 1% 的显著性水平检验。对于预期居留时间为 5 年及以下的劳动力来说，他们对城市开通高铁的反应略小于预期居留时间为 5 年以上的劳动力，高铁开通会使他们选择进入该城市就业的概率提高 13.5 个百分点，这一结果通过了 5% 的显著性水平检验。而对于还没想好预期居留时间的劳动力来说，他们对城市开通高铁的反应明显小于前两者，高铁开通只会使他们选择进入该城市就业的概率提高 8.7 个百分点，影响效果的强度约为前两者的 60%，这一结果也通过了 10% 的显著性水平检验。可以发现，预期在流入地长期居留的劳动力对流入地开通高铁的反应最为强烈且最为显著，随着劳动力在流入地预期居留时间不断降低，劳动力选择进入本地就业的概率受城市开通高铁的影响的强度不断减弱，影响效果的显著性水平也在不断下降。

表 5 - 21　　高铁影响不同预期居留时间的劳动力就业区位选择的回归结果

choice	5 年以上	5 年及以下	没想好
hsr	0.143 *** (2.85)	0.135 ** (2.45)	0.087 * (1.86)
pgdp	0.017 *** (2.95)	0.013 * (1.84)	0.011 * (1.85)
wage	0.018 * (1.71)	0.012 ** (1.98)	0.024 ** (2.14)
pop	0.010 *** (4.02)	0.007 ** (2.31)	0.004 * (1.95)
admin	0.166 *** (4.54)	0.087 (1.49)	0.172 *** (3.72)
dis_u	- 0.028 *** (-5.97)	- 0.027 ** (-2.51)	- 0.022 *** (-4.02)
prov	- 0.254 *** (-5.41)	- 0.249 ** (-2.35)	- 0.238 *** (-3.96)
tch	0.003 (0.42)	0.007 (0.66)	0.007 (0.42)
doc	0.020 (1.50)	0.048 ** (2.45)	0.016 (1.31)

续表

choice	5 年以上	5 年及以下	没想好
dis_c	−0.001 (−0.21)	−0.026*** (−3.42)	−0.014*** (−3.69)
slope	0.003 (0.32)	0.025 (1.61)	0.014* (1.75)
样本量	308 226	352 782	257 184
城市数	282	282	282
人数	1 093	1 251	912
准 R^2	0.393	0.458	0.353

注：*、**、*** 分别表示10%、5%和1%显著性水平。

表 5 - 22 分析了使用5%子样本和7.5%子样本进行的条件 Logit 模型回归结果。5%子样本的回归结果显示：城市开通高铁能够使得预期居留时间在 5 年以上的劳动力选择进入该城市就业的概率显著提高 14.2 个百分点，该结果在 1%显著性水平下显著；城市开通高铁能够使得预期居留时间为 5 年及以下的劳动力选择进入该城市就业的概率显著提高 13.1 个百分点，该结果在 5%显著性水平下显著；城市开通高铁能够使得预期居留时间尚不明确的劳动力选择进入该城市就业的概率显著提高 8.3 个百分点，该结果在 10%显著性水平下显著。7.5%子样本的回归结果显示：城市开通高铁能够使得预期居留时间在 5 年以上的劳动力选择进入该城市就业的概率显著提高 14.5 个百分点，该结果在 1%显著性水平下显著；城市开通高铁能够使得预期居留时间为 5 年及以下的劳动力选择进入该城市就业的概率显著提高 12.9 个百分点，该结果在 5%显著性水平下显著；城市开通高铁能够使得预期居留时间尚不明确的劳动力选择进入该城市就业的概率显著提高 10.1 个百分点，该结果在 5%显著性水平下显著。对比表 5 - 21 和表 5 - 22 的回归结果可以发现，高铁对预期居留时间不同的劳动力的就业区位选择的影响是稳健的，其始终表现为：在流入地的预期居留时间为 5 年以上的劳动力受高铁的影响效果始终最强也最显著；在流入地的预期居留时间为 5 年及以下的

劳动力受高铁的影响效果平均比前者低 1 个百分点左右；而对于在流入地的预期居留时间尚不确定的劳动力来说，他们对城市开通高铁的反应最低，大约是前两者的 60% 左右。

表 5 - 22　　　　　　高铁影响不同预期居留时间的劳动力就业区位
选择的稳健性检验结果

choice	5% 子样本			7.5% 子样本		
	5 年以上	5 年及以下	没想好	5 年以上	5 年及以下	没想好
hsr	0.142 *** (2.77)	0.131 ** (2.38)	0.083 * (1.74)	0.145 *** (2.85)	0.129 ** (2.44)	0.101 ** (1.98)
控制变量	已控制	已控制	已控制	已控制	已控制	已控制
样本量	152 844	176 250	129 156	228 138	263 670	195 708
城市数	282	282	282	282	282	282
人数	542	625	458	809	935	694
准 R^2	0.372	0.495	0.359	0.385	0.471	0.347

注：*、**、*** 分别表示 10%、5% 和 1% 显著性水平。

5.5　本章小结

在上一章的分析中，已经验证了城市开通高铁能够显著提高劳动力进入该城市就业的概率。然而异质性劳动力对于城市是否开通高铁的偏好并不相同，因此，在分析中考虑劳动力的异质性十分有必要。本章从劳动力的个体特征、流动空间和未来预期三个角度出发，从性别、年龄、受教育程度、职业类型、流动范围、流入区域和预期居留时间这七个方面考察劳动力的异质性，对劳动力样本进行分组回归，实证研究城市开通高铁对劳动力就业区位选择的异质性影响效果。

首先，基于劳动力个体特征异质性的研究结果显示：

第一，城市开通高铁对不同性别的劳动力的就业区位选择都会产生显著的正向影响。具体而言，城市开通高铁会使女性劳动力选择进入该城市就业的概率显著提高 19.4 个百分点，使男性劳动力选择进入该城市就业的概率显著提高 11.2 个百分点。女性劳动力对于城市开通高铁的反应要比男性劳动力更加强烈。

第二，城市开通高铁对不同年龄段的劳动力的就业区位选择都会产生显著的正向影响。对于 15～29 周岁的青年劳动力来说，城市开通高铁会使他们选择进入该城市就业的概率提高 15.8 个百分点；对于 30～44 周岁的劳动力来说，他们选择到该城市就业的概率随着城市开通高铁会提高 13.6 个百分点；对于 45 岁以上的劳动力来说，城市开通高铁会使他们选择该城市的概率提高 15.3 个百分点。高铁对劳动力的吸引力会随着劳动力年龄的增加出现先减小后增加的 U 型变化趋势。

第三，城市开通高铁对不同受教育程度的劳动力的就业区位选择都会产生显著的正向影响。对于受教育程度为小学及以下、初中、高中和大专的劳动力来说，城市开通高铁对他们选择到该城市就业的概率的提升效应差距不大，平均约为 16.7 个百分点。而对于受教育程度为本科及以上的劳动力来说，城市开通高铁能够使他们选择到该城市就业的概率显著提升 34.1 个百分点，平均约为高铁对其他受教育程度的劳动力的就业区位选择的影响效应的 2 倍。

第四，城市开通高铁对职业类型为"生产、运输设备操作人员及有关人员""商业、服务业人员"和"专业技术人员"的劳动力的就业区位选择能够产生显著的正向影响，从平均边际效应来看，城市开通高铁能够使生产、运输设备操作人员及有关人员选择到该城市就业的概率显著提高 24 个百分点，使商业、服务业人员选择到该城市就业的概率显著提高 12.1 个百分点，使专业技术人员选择到该城市就业的概率显著提高 7.8 个百分点。但是城市开通高铁对职业类型为"农林牧渔及水利业生产人员""机关、组织和企事业单位从业人员"和"其他、无固定职业"的劳动力的就业选择行为的影响并不显著。

其次，基于劳动力流动空间异质性的研究结果显示：

第一，城市开通高铁对跨省流动和省内跨市流动的劳动力的就业区位选择都会产生显著的正向影响。对于跨省流动的劳动力而言，城市开通高铁会使他们选择到该城市就业的概率提高 2 个百分点；而对于省内跨市流动的劳动力而言，城市开通高铁则会使他们选择进入该城市就业的概率显著提高 8.7 个百分点。

第二，城市开通高铁对不同流动距离的劳动力就业区位选择的影响并不相同。对于流动距离介于 200 ~ 500 公里之间的劳动力而言，城市开通高铁会使他们选择进入该城市就业的概率提高 7.4 个百分点；对于流动距离介于 500 ~ 1 000 公里的劳动力而言，城市开通高铁会使劳动力选择进入该城市就业的概率提高 4.4 个百分点；而对于流动距离小于 200 公里和流动距离大于 1 000 公里的劳动力而言，城市开通高铁对他们的就业区位选择不存在显著影响。

第三，城市开通高铁对流入不同经济区域的劳动力的就业区位选择的影响并不相同。从平均边际效应来看，城市开通高铁能够使流入东部地区的劳动力选择到该城市就业的概率显著提高 8.2 个百分点，使流入中部地区的劳动力选择到该城市就业的概率显著提高 2.6 个百分点。但对于流入东北地区和西部地区的劳动力而言，城市开通高铁对他们的就业区位选择不存在显著影响。

第四，城市开通高铁对流入不同规模的城市的劳动力的就业区位选择的影响并不相同。对于流入大城市的劳动力而言，城市开通高铁会使他们选择进入该城市就业的概率显著提高 23.5 个百分点；对于流入中等城市的劳动力而言，城市开通高铁会使他们选择进入该城市就业的概率显著提高 7.8 个百分点；而对于流入小城市的劳动力而言，城市开通高铁对他们的就业区位选择不存在显著影响。

第五，基于劳动力未来预期异质性的研究结果显示：

城市开通高铁对预期居留时间不同的劳动力的就业区位选择都能产生正向的影响。对于在流入地的预期居留时间为 5 年以上的劳动力来说，城市开通高铁会使他们选择到该城市就业的概率提高 14.3 个百分点；对于在流入地的预期居留时间为 5 年及以下的劳动力来说，城市开通高铁会使他们选择到该城市就业的概率提高 13.5 个百分点；对于在流入地的预期居留时间尚未确定的劳动力来说，城市开通高铁会使他们选择进入该城市就业的概率提高 8.7 个百分点。这说明，随着劳动力在流入地的预期居留时间不断降低，劳动力选择进入本地就业的概率受城市开通高铁的影响的强度会不断减弱，影响效果的显著性水平也在不断下降。

第 6 章

中国高铁对劳动力流动的影响机制检验

中国高铁不同于其他国家高铁的一个重要特点就是网络化程度高。纵横交错的高铁干线在广袤的国土上结网式发展极大地提升了中国各区域间的交通运输通达程度，加强了区域间的经济联系，并由此提高了区域的市场潜力水平。第 3 章已经对高铁对劳动力区位选择的影响机制进行了分析，认为高铁一方面能够通过时空压缩效应、增长拉动效应和用脚投票效应直接提高区域的市场潜力，从而直接影响劳动力的区位选择，另一方面，高铁开通导致的区域市场潜力的提高还能够通过强化集聚效应、选择效应和类分效应，改变区域的空间经济格局，从而间接影响劳动力的区位选择。可见，高铁引致的市场潜力提升是高铁影响劳动力区位选择的主要机制。本章将通过计量分析对这一机制进行检验。本章首先通过拓展市场潜力模型，构建高铁引致的市场潜力指标，之后，继续使用条件 Logit 模型对市场潜力提升对劳动力就业区位选择的总体影响和异质性影响进行计量分析。

6.1 高铁引致的市场潜力

当前，中国的"八纵八横"高铁网络已经初步成形，大部分主干线路已经建成通车。"八纵八横"高铁网络覆盖范围广、路网结构优,几乎连接了全国所有主要区域中心城市和城市群,这将在很大程度上改变区域经济发展的空间格局。不断完善的高铁网络能够通过打破区域之间的市场分割和行政壁垒、缩短不同区域之间的时空距离提高区域可达性,进而提高区域经济一体化水平,提升区域经济发展的整体活力。市场潜力是能够反映区域可达性变化的重要指标。从高铁引致的市场潜力的角度来研究中国高铁对劳动力就业区位选择的影响效果,是本章机制检验的主要思路。

6.1.1 市场潜力的基本概念

市场潜力(Market Potential,MP)的概念最早由科林·克拉克提出,用以反映城市与市场的接近程度(Harris,1954)。在经济地理学中,市场潜力反映了某一特定地理区域的投入与产出进入市场的机会,是衡量区域可达性的主要指标(Zheng and Kahn,2013)。经济地理学通常借鉴经典力学中的万有引力模型来构建区域或城市的市场潜力模型,即假定两个区域或城市之间相互作用的潜力和区域或城市的经济实力呈正比,并且和二者之间的距离呈反比。其中,区域或城市之间的距离不单指地理空间距离,还可以用两地之间的货物运输成本或者使用某种交通运输工具往返两地所需要的通行时间等具有经济意义的指标来衡量。当前,已有文献中引用最多的是哈里斯(1954)提出的市场潜力模型,其具体表达式为: $MP = \sum (M/d)$,式中 MP 表示区域的市场潜力, M 表示邻近区域的社会零售品总额, d 表示区域之间通过公路、铁路或水路进行贸易往来的交通运输成本(张萌萌、孟晓晨,2014)。在哈里斯(Harris,1954)的研究中,他使用市场潜力模型分析了美国不同区域邻近市场的优势,结果表明在1939~1947年间美国国内制造业增长最快的地区恰恰正是诸如纽约、费城、匹兹堡、克利夫兰和芝加哥这些市场潜力最高的大城市。此后,大量研究从市场潜力的视角考察区域经济发展问题。例如,汉森(2005)分别使用哈里斯(1954)市场潜力模型和在新经济地理学模型基础上构建的市场潜力模型考察了1970年、1980

年和 1990 年美国各县的工资水平和消费者购买力之间的空间相关性，研究发现区域之间的工资水平差异和区域与大型市场的邻近程度即区域的市场潜力相关；赫林和庞塞特（Hering and Poncet，2010）也在新经济地理学模型的基础上推导出市场潜力函数，并使用中国 56 个城市的个体数据考察经济地理对中国工资水平的空间结构的影响，该研究通过个体和市场的邻近程度来解释个体的工资水平差异，结果表明个体和市场的邻近程度越高即其所在区域的市场潜力越高，他的名义工资水平就越高；石敏俊等（2007）通过定量分析国内地级行政区域的市场潜力及其空间格局，探索市场可达性和区域经济发展之间的关联性，研究发现区域的市场潜力和经济发展之间存在高度的空间关联，即市场潜力大的区域也是经济发展水平高的区域，从而证明市场可达性是区域经济发展的重要影响因素之一。

近年来，随着中国高铁的大规模发展，陆续有研究指出高铁开通能够提高区域可达性，进而提升城市的市场潜力（Shaw et al.，2014；Jiao et al.，2014）。于是，从市场潜力的角度研究高铁对城市发展影响的文献逐渐增加。郑和卡恩（2013）使用 262 个地级市在 2006～2010 年间的统计数据，实证研究了高铁建设前后中国地级市的市场潜力变化以及市场潜力变化和地级市人口增长之间的关系，研究认为高铁开通能够给沿线城市的家庭和企业提供更多的区位选择，有助于扩大劳动力的流动范围，促进国内二线、三线城市的经济发展。张萌萌和孟晓晨（2014）利用 2012 年中国有铁路连接的 268 个地级市的统计数据和 2012 年 7 月的全国铁路旅客列车时刻表相关信息，估算了各城市普通铁路引致的市场潜力以及普通铁路与高速铁路叠加之后引致的市场潜力，定量研究了高铁对城市市场潜力的影响，结果表明当叠加高铁之后，中国地级市的市场潜力整体上呈现出"多中心—廊道"结构，且多中心的结构十分突出。李雪松和孙博文（2017）利用 2000～2014 年地级市层面的统计数据，实证研究高铁开通对沿线城市制造业集聚的影响，在研究中作者发现城市的市场潜力与高铁开通带来城市制造业集聚效应之间存在倒 U 型关系，即随着市场潜力的提升，区域制造业将经历集聚加速阶段、集聚弱化阶段以及扩散阶段。可以发现，市场潜力正在为研究高铁对区域经济发展的影响的问题提供一个新的视角。当前，从高铁引致城市市场潜力发生变化的角度考察城市开通高铁对劳动力个体空间区位选择的影响的研究还较少。本章便基于这一角度，通过构建高铁引致的城市市场潜力指标，实证检验城市开通高铁对劳动力就业区位选择的影响机制。

6.1.2　高铁引致的市场潜力指标构建

本书使用的市场潜力模型是在哈里斯（1954）提出的市场潜力模型的基础上进行改进得到的并主要对哈里斯（1954）的市场潜力模型作了以下两个方面的改进：

第一，使用城市生产总值替代社会零售品总额。一些新经济地理学学者从空间经济模型中推导出市场潜力函数时使用了区域收入变量替代哈里斯（1954）的原始模型中的社会零售品总额（Hanson，2005；Hering and Poncet，2010）。因此，一些研究也据此将市场潜力模型修改为 $MP_{it} = \sum_{i \neq j} Income_{jt}/e^{\alpha \cdot T_{ij,t}}$，其中 $Income_j$ 指城市 j 在 t 年的总收入，通常用 t 年内城市 j 的人均收入乘以 t 年内城市 j 的总就业人口求得（Zheng and Kahn，2013；李雪松、孙博文，2017）。需要注意的是，这些文献的研究年份均为 2014 年之前，相关经济数据来自《中国区域经济统计年鉴》。然而，由于《中国区域经济统计年鉴》在 2014 年之后不再更新，因此 2014 年及之后的城市人均收入这一指标缺失。故本书选择使用城市生产总值替代社会零售品总额。

第二，基于铁路客运可达性数据构建高铁引致的市场潜力。在哈里斯（1954）提出的市场潜力模型中，区域之间的交通运输成本是指货运成本，而不包括客运成本。但是中国高铁作为客运专线，如若要考察其对城市市场潜力的影响，则必须从基于铁路客运可达性的数据入手。鉴于此，本书同时从城市间铁路通行时间和通行频次这两个方面考察城市之间铁路客运可达性。如前文所列公式所示，现有研究大多使用城市之间的列车通行时间来衡量两地之间的通行距离，用以考察两地之间的运输成本。然而，除了平均通行时间之外，列车通行频次对城市间通达程度的影响也不容小觑。不少研究都认为，高铁的"时空压缩"效应体现在缩短城市间的通行时间和增加城市间的通行频次两个方面，城市间的高铁通行频次是高铁网络影响城市间人员往来的重要因素，是城市间相互作用的关键变量（蒋华雄、孟晓晨，2017；赵映慧等，2017；种照辉，2018）。张萌萌和孟晓晨（2014）更是认为频次效应才是高铁效应的最主要形式，因为他们通过计算发现，2012 年高铁连接的 109 个城市的平均时间压缩效应为 0.313，而平均频次效应为0.687，是时间压缩效应的 2 倍多。因此，本书在构建市场潜力模型时同时纳入城市间列车通行时间和列车通行频次两个指标，用这两个指标构建的距离函数表示城市之间的距离。

综上所述，本书将高铁引致的市场潜力的函数定义为：

$$MP_{it} = \sum_{i \neq j} Y_{jt} \cdot \exp\left(-\alpha \cdot \frac{T_{ij,t}}{N_{ij,t}+1}\right), \text{ 其中，} T_{ij,t} = \frac{D_{ij}}{V_{ij,t}} \quad (6.1)$$

其中，MP_{it} 指 t 年城市 i 的市场潜力；Y_{jt} 指 t 年城市 j 的国内生产总值；$N_{ij,t}$ 指 t 年城市 i 与城市 j 之间一日内的高铁列车通车频次。如果 t 年城市 i 与城市 j 之间开通了高铁，那么 $N_{ij,t}$ 则为当年两地之间一日内高速列车通车频次；反之，如果 t 年城市 i 与城市 j 之间没有开通高铁，$N_{ij,t}$ 则为 0。$N_{ij,t}+1$ 是为了避免出现分母为 0 的情况。$T_{ij,t}$ 指 t 年城市 i 与城市 j 之间的距离，用列车平均通行时间表示。D_{ij} 为城市 i 和城市 j 之间的铁路距离，$V_{ij,t}$ 是指 t 年城市 i 和城市 j 之间列车平均通行时速。α 为空间衰减系数，一般大于零，用来测度城市 j 远离城市 i 时，城市 j 对城市 i 的影响的衰减率。

对于上述城市市场潜力模型，本书参考郑和卡恩（2013）的做法对模型中的 D_{ij}、$V_{ij,t}$ 和 α 进行计算或赋值。具体做法如下：第一，D_{ij} 代表的城市 i 和城市 j 之间的铁路距离约为城市 i 和城市 j 之间的地理距离的 1.2 倍，由于城市之间的地理距离不随时间变化，因此 D_{ij} 也不随时间变化。第二，$V_{ij,t}$ 所代表的 t 年城市 i 和城市 j 之间的列车通行时速有三种不同的取值，分别为 120 千米/小时、225 千米/小时和 275 千米/小时，依次对应普通列车、低速动车组列车和高速动车组列车。如果 t 年城市 i 和城市 j 之间没有开通高铁，那么就用城市 i 和城市 j 之间的铁路距离除以 120 千米/小时求得两地之间的通行时间；反之，如果 t 年城市 i 和城市 j 之间开通了高铁，则需进一步明确其运行时速，如果开通线路设计速度不超过 250 千米/小时，则用城市 i 和城市 j 之间的铁路距离除以 225 千米/小时求得两地之间的通行时间，如果开通线路设计速度超过 250 千米/小时，就用铁路距离除以 275 千米/小时求得两地之间的通行时间。本书如此设定列车平均速度的主要原因有两点：一是考虑到在 2007 年之后，中国铁路没有再次进行过整体的大提速，因此在本书研究高铁的时间段 2011~2015 年内，中国的铁路列车运行速度没有发生明显的改变，因此 V_{ij} 不随时间变化而改变；二是因为在本书的研究时间段内发生了 2011 年"7·23"甬温线特别重大铁路交通事故，于是在之后的几年里中国高铁在实际运行中是限速的，所以即使高铁的运行速度应该达到 300 千米/小时及以上，但是本书在计算中将高速动车组列车的平均速度设定为 275 千米/小时（即取 300 千米/小时和 250 千米/小时的平均值），同理将低速动车组列车的平均速度设定为 225 千米/小时（即取 250 千米/小时和 200 千米/小时的平均值）。第三，对于空间衰减系数 α 的取值，现有文献通过对 Harris 的市场潜力模型进行估计，给出的建议取值范围为 0.01~0.05 之间（Brakman et al.，2000；Hanson，2005；Ahlfeldt and Feddersen，2008；Zheng and Kahn，2013；Ahlfeldt and Feddersen，2018），据此，本书在实证分析中将 α 的值设为 0.03（这也是建议取值范围的平均数），以考察在空间衰减系数为 0.03 时高铁引致的市场潜力对劳动力区位选择的影响。此外，还通过放缩空间衰减系数值，即令 α 分别取 0.02 和 0.05，进一步考察在不同空间衰减系数下高铁引致的城市市场潜力对劳动力就业区位选择的影响，从而对回归结果的稳健性进行检验。通过上述计算方法，得到高铁引致的市场潜力指标，表 6-1 对其描述性统计量进行了分析。

表 6 – 1　　　　　　　　高铁引致市场潜力指标描述性统计

变量名	观测量	平均值	标准差	最小值	最大值
mp_1（α = 0.03）	1 231 212	30 274.47	42 363.66	6.721	240 898.4
lnmp_1（α = 0.03）	1 231 212	8.938	1.955	1.905	12.392
mp_2（α = 0.02）	1 231 212	35 660.50	46 433.89	30.547	276 383.4
lnmp_2（α = 0.02）	1 231 212	9.410	1.618	3.419	12.530
mp_3（α = 0.05）	1 231 212	22 410.41	34 451.89	0.100	195 127.3
lnmp_3（α = 0.05）	1 231 212	7.999	2.561	− 2.303	12.181

注：在高铁引致的市场潜力指标计算过程中，城市总产值 Y_{jt} 的单位为万元，城市间列车通车频次 $N_{ij,t}$ 的单位为次，列车通行时速 $V_{ij,t}$ 的单位为千米每小时（千米/小时），列车通行时间 $T_{ij,t}$ 的单位为分钟（min）。

6.2　市场潜力对劳动力流动的总体影响

在对高铁引致的市场潜力指标进行了详细说明之后，本节将对高铁引致的市场潜力的变化对劳动力就业区位选择的影响的条件 Logit 模型回归结果进行分析与讨论。首先，对基准回归结果进行分析。随后，通过改变市场潜力模型中的空间衰减系数 α 的取值以及改变样本抽样比例，对条件 Logit 模型回归结果进行稳健性检验。

6.2.1　实证模型设定

由前文所述可知，本节机制检验主要考察的是高铁引致的市场潜力（以下简称"市场潜力"）的变化对于劳动力就业区位选择的影响。因此，机制检验的计量模型设定为：

$$P(choice_{ij} = 1 \mid MP_{ij}, X_{ij}) = \frac{\exp(\beta MP_{ij} + \theta X_{ij})}{\sum_{k=1}^{J} \exp(\beta MP_{ik} + \theta X_{ik})} \quad (6.2)$$

其中，MP_{ij} 代表的是劳动力 i 选择的就业城市 j 的市场潜力。表 6 – 2 分析了市场潜力影响劳动力就业区位选择的条件 Logit 模型回归结果。与前文相同，为了更加直观地展示解释变量"市场潜力"对被解释变量"城市被劳动力选择的概率"的影响效果，本章的实证回归结果仍旧报告解释变量和控制变量的平均边际效应（dy/dx），即解释变量变化一单位对被解释变量的影响。需要说明的是，从表 6 - 1 可以看出，本书的市场潜力指标的极差很大，以空间衰减系数 α 取 0.03 为例，2011 ~ 2015 年内，市场潜力指标最小值为 6.721，而最大值可达 240 898.4。为了在一定程度上缩小数据的绝对数值、减缓数据的波动趋势，同时不改变数据的性质和相关关系，本书对市场潜力数据取自然对数，之后进行条件 Logit 回归。因此，与第 4 章和第 5 章的回归结果不同，在本章的回归结果中解释变量的平均边际效应的含义为解释变量的相对变化所引起的被解释变量的绝对变化，即解释变量变动1%时引起的被解释变量的变化量。如果解释变量的回归结果为 $\hat{\beta}$，那么，当解释变量变动1%时，被解释变量的变化量为 $0.01 \times \hat{\beta}$。具体到本书研究中，解释变量的回归结果 $\hat{\beta}$ 则意味着：市场潜力变动1%时会引起劳动力选择到该城市就业的概率变动 $\hat{\beta}$ 个百分点。

6.2.2　基准回归结果

表 6 - 2 的第（1）列和第（2）列的数据报告了空间衰减系数 $\alpha = 0.03$ 时的回归结果。第（1）列的回归中仅加入了市场潜力指标，结果显示，城市的市场潜力与劳动力在该城市就业的概率呈现出显著的正相关关系，城市的市场潜力每增加1%会导致劳动力选择到该城市就业的概率增加 0.041 个百分点。第（2）列采用了与第 4 章中表 4 - 3 的第（5）列回归相同的模型设定。可以发现，在加入控制变量之后，市场潜力对劳动力选择在该城市就业的概率的影响效果依旧是正向的。结果显示城市的市场潜力每增加1%会导致劳动力选择到该城市就业的概率增加 0.021 个百分点，虽然数值有所下降，但是仍然十分显著，通过了1%显著性水平检验。而对于控制变量来说，从它们的回归结果中反映出的各项城市特征对于劳动力就业区位选择的

影响符合本书预期。具体而言，城市人均 GDP、城市职工平均工资、城市人口规模、城市行政等级以及城市的公共服务水平，例如每千人中小学教师数和每千人执业医生数，对劳动力就业区位选择概率都有显著的正向影响。可以说明，较高的经济发展水平、平均工资水平、人口规模和行政级别都能够显著提升城市对于劳动力的吸引力。此外，劳动力户籍城市与就业选择城市的地理距离、劳动力户籍城市与就业选择城市是否同省以及劳动力所选城市到海岸线的距离这三个指标依旧与劳动力选择到该城市就业的概率呈现出显著的负相关关系，可以说明，与劳动力户籍地的地理距离更近、与劳动力户籍地同省以及与海岸线更近的城市，对于劳动力的吸引力更高。

之后，本书令市场潜力模型中的空间衰减系数 α 分别取 0.02 和 0.05，通过改变市场潜力指标考察基准回归结果的稳健性。从表 6 - 2 的第（3）列和第（4）列的回归结果可以看出，当空间衰减系数 α 取 0.02 时，市场潜力对劳动力在该城市就业的概率的影响效果依旧是正向的，并且十分显著。具体而言，当模型中仅引入市场潜力时，城市的市场潜力每增加 1% 会导致劳动力选择到该城市就业的概率增加 0.039 个百分点，与第（1）列的回归结果相近。而当模型中加入所有控制变量时，城市的市场潜力每增加 1% 会导致劳动力选择到该城市就业的概率增加 0.018 个百分点，与第（2）列的回归结果相近，略小于第（2）列的回归结果。同理，从表 6 - 2 的第（5）列和第（6）列的回归结果可以看出，当空间衰减系数 α 取 0.05 时，市场潜力对劳动力在该城市就业的概率的影响效果仍然显著为正，具体数值略有增加。具体而言，当模型中仅引入市场潜力时，城市的市场潜力每增加 1% 会导致劳动力选择到该城市就业的概率增加 0.039 个百分点，与第（3）列的回归结果相同。而当模型中加入所有控制变量时，城市的市场潜力每增加 1% 会导致劳动力选择到该城市就业的概率增加 0.020 个百分点，与第（2）列的回归结果十分相近，大于第（4）列的回归结果。并且，在第（4）列与第（6）列的回归结果中可以看出，当空间衰减系数 α 的取值改变时，控制变量的回归结果并没有受到明显的影响，城市人均 GDP、城市职工平均工资、城市人口规模、城市行政等级、城市的公共服务水平以及城市平均坡度对劳动力就业区位选择概率仍然具有显著的正向影响，劳动力户籍城市与就业选择城市的地理距离、劳动力户籍城市与就业选择城市是否同省以及劳动力所选择城市到海岸线的距离对劳动力选择到该城市就业的概率仍然具有显著的负向影响，且具体影响效果没有发生明显改变。

综上所述，可以说明，市场潜力对劳动力就业区位选择概率具有显著的正向影响效果，并且这种正向影响效果不随市场潜力指标构造的变化而变化。

表6-2　　　　市场潜力影响劳动力就业区位选择的基准回归结果

choice	$\alpha = 0.03$		$\alpha = 0.02$		$\alpha = 0.05$	
	(1)	(2)	(3)	(4)	(5)	(6)
lnmp_1	0.041 *** (12.17)	0.021 *** (3.72)				
lnmp_2			0.039 *** (8.43)	0.018 ** (2.26)		
lnmp_3					0.039 *** (17.45)	0.020 *** (3.94)
pgdp		0.008 ** (2.32)		0.008 ** (2.52)		0.008 ** (2.29)
wage		0.031 *** (3.68)		0.029 *** (3.38)		0.031 *** (3.67)
pop		0.007 *** (4.42)		0.007 *** (4.90)		0.007 *** (4.33)
admin		0.233 *** (11.18)		0.242 *** (11.10)		0.229 *** (11.00)
dis_u		-0.031 *** (-17.48)		-0.031 *** (-13.87)		-0.307 *** (-13.31)
prov		-0.310 *** (-13.47)		-0.309 *** (-11.48)		-0.030 *** (-16.79)

choice	$\alpha = 0.03$		$\alpha = 0.02$		$\alpha = 0.05$	
	(1)	(2)	(3)	(4)	(5)	(6)
tch		0.012 *** (3.17)		0.011 *** (2.87)		0.012 *** (3.15)
doc		0.020 ** (2.36)		0.022 *** (2.62)		0.020 ** (2.33)
dis_c		− 0.010 *** (− 3.23)		− 0.011 *** (− 3.87)		− 0.010 *** (− 3.22)
slope		0.015 *** (3.13)		0.014 *** (2.87)		0.015 *** (3.15)
样本量	1 231 212	1 231 212	1 231 212	1 231 212	1 231 212	1 231 212
城市数	282	282	282	282	282	282
人数	4 366	4 366	4 366	4 366	4 366	4 366
准 R^2	0.059	0.368	0.053	0.355	0.056	0.387

注：*、**、***分别表示10%、5%和1%显著性水平。

6.2.3　稳健性检验

在上一小节的机制检验中，使用的是抽样比例为10%的劳动力子样本。同前文一样，本节将通过改变劳动力样本的抽样比例，分别使用5%和7.5%的劳动力子样本进行条件Logit模型回归，检验对于不同的劳动力样本，市场潜力对劳动力的就业区位选择的影响是否有显著的差异。

表6-3和表6-4分别分析了5%子样本和7.5%子样本的计量回归结果。表6-3的第（1）列和第（2）列数据分析了空间衰减系数 $\alpha = 0.03$ 时的回归结果。第（1）列的回归中仅加入了市场潜力指标，结果显示，城市的市场潜力与劳动力在该城市就业的概率呈现出显著的正相关关系，城市的市场潜力每增加1%会导致劳动力选择到该城市就业的概率增加0.043个百分点。第（2）列采用了与第5章中表5-3的第（5）列回归相同的模型设

定。可以发现，在加入控制变量之后，市场潜力对劳动力选择在该城市就业的概率的影响效果依旧是正向的。结果显示城市的市场潜力每增加1%会导致劳动力选择到该城市就业的概率增加0.025个百分点，该结果通过了1%显著性水平检验。从表6-3的第（3）列和第（4）列的回归结果可以看出，当空间衰减系数α取0.02时，市场潜力对劳动力在该城市就业的概率的影响效果依旧是正向的，并且十分显著。具体而言，当模型中仅引入市场潜力时，城市的市场潜力每增加1%会导致劳动力选择到该城市就业的概率增加0.038个百分点。而当模型中加入所有控制变量时，城市的市场潜力每增加1%会导致劳动力选择到该城市就业的概率增加0.023个百分点。从表6-3的第（5）列和第（6）列的回归结果中可以看出，当空间衰减系数α取0.05时，市场潜力对劳动力在该城市就业的概率的影响效果仍然显著为正。具体而言，当模型中仅引入市场潜力时，城市的市场潜力每增加1%会导致劳动力选择到该城市就业的概率增加0.038个百分点，与第（3）列的回归结果相同。而当模型中加入所有控制变量时，城市的市场潜力每增加1%会导致劳动力选择到该城市就业的概率显著增加0.024个百分点。

同样地，表6-4的第（1）列和第（2）列数据报告了7.5%子样本在空间衰减系数α=0.03时的回归结果。第（1）列的回归中仅加入了市场潜力指标，结果显示，城市的市场潜力每增加1%会导致劳动力选择到该城市就业的概率增加0.040个百分点。第（2）列在加入控制变量之后，市场潜力对劳动力选择在该城市就业的概率的影响效果依旧是正向的。结果显示城市的市场潜力每增加1%会导致劳动力选择到该城市就业的概率增加0.023个百分点，该结果通过了1%显著性水平检验。从表6-4的第（3）列和第（4）列的回归结果可以看出，当空间衰减系数α取0.02时，市场潜力对劳动力在该城市就业的概率的影响效果依旧是正向的，并且十分显著。具体而言，当模型中仅引入市场潜力时，城市的市场潜力每增加1%会导致劳动力选择到该城市就业的概率增加0.038个百分点。而当模型中加入所有控制变量时，城市的市场潜力每增加1%会导致劳动力选择到该城市就业的概率增加0.023个百分点。从表6-4的第（5）列和第（6）列的回归结果可以看出，当空间衰减系数 α 取 0.05 时，市场潜力对劳动力在该城市就业的概率的影响效果仍然显著为正。具体而言，当模型中仅引入市场潜力时，城市的市场潜力每增加 1% 会导致劳动力选择到该城市就业的概率增加 0.038 个百分点。而当模型中加入所有控制变量时，城市的市场潜力每增加 1% 会导致劳动力选择到该城市就业的概率显著增加 0.023 个百分点。可见，在不同抽样比例下，城市的市场潜力对劳动力选择到该城市就业的概率的影响始终显著为正。可以说明，市场潜力的提高能够提高劳动力选择到该城市就业的概率，并且这一影响是稳健的。

表 6 - 3　市场潜力影响劳动力就业区位选择的稳健性检验结果（5%子样本）

choice	$\alpha = 0.03$		$\alpha = 0.02$		$\alpha = 0.05$	
	(1)	(2)	(3)	(4)	(5)	(6)
lnmp_1	0.043 *** (9.05)	0.025 *** (3.09)				
lnmp_2			0.038 *** (6.31)	0.023 *** (2.87)		
lnmp_3					0.038 *** (12.84)	0.024 *** (3.18)
pgdp		0.006 ** (2.33)		0.007 ** (2.41)		0.006 ** (2.38)
wage		0.034 *** (3.15)		0.033 *** (3.17)		0.034 *** (3.11)
pop		0.005 *** (2.65)		0.006 *** (2.74)		0.005 *** (2.60)
admin		0.224 *** (8.36)		0.229 *** (8.52)		0.220 *** (8.19)
dis_u		- 0.033 *** (- 14.02)		- 0.033 *** (- 14.94)		- 0.032 *** (- 12.98)

续表

choice	$\alpha=0.03$		$\alpha=0.02$		$\alpha=0.05$	
	(1)	(2)	(3)	(4)	(5)	(6)
prov		-0.279*** (-9.64)		-0.281*** (-9.87)		-0.276*** (-9.33)
tch		0.015*** (2.94)		0.015*** (2.97)		0.014*** (2.88)
doc		0.008 (0.72)		0.009 (0.76)		0.008 (0.69)
dis_c		-0.017*** (-4.61)		-0.017*** (-4.54)		-0.017*** (-4.71)
slope		0.014** (2.46)		0.013** (2.44)		0.014** (2.45)
样本量	615 606	615 606	615 606	615 606	615 606	615 606
城市数	282	282	282	282	282	282
人数	2 183	2 183	2 183	2 183	2 183	2 183
准 R^2	0.064	0.0389	0.068	0.384	0.065	0.392

注：*、**、***分别表示10%、5%和1%显著性水平。

表6-4　市场潜力影响劳动力就业区位选择的稳健性检验结果（7.5%子样本）

choice	$\alpha=0.03$		$\alpha=0.02$		$\alpha=0.05$	
	(1)	(2)	(3)	(4)	(5)	(6)
lnmp_1	0.040*** (11.00)	0.023*** (3.89)				
lnmp_2			0.038*** (7.70)	0.023*** (3.41)		
lnmp_3					0.038*** (15.51)	0.023*** (4.11)
pgdp		0.009*** (2.66)		0.010*** (2.73)		0.009*** (2.63)

choice	$\alpha = 0.03$		$\alpha = 0.02$		$\alpha = 0.05$	
	(1)	(2)	(3)	(4)	(5)	(6)
wage		0.033 *** (3.72)		0.032 *** (3.65)		0.033 *** (3.71)
pop		0.006 *** (3.73)		0.007 *** (3.90)		0.006 *** (3.64)
admin		0.217 *** (9.78)		0.222 *** (9.98)		0.213 *** (9.66)
dis_u		− 0.032 *** (− 17.70)		− 0.032 *** (− 17.78)		− 0.031 *** (− 16.99)
prov		− 0.301 *** (− 12.79)		− 0.303 *** (− 12.77)		− 0.300 *** (− 12.56)
tch		0.010 ** (2.43)		0.010 ** (2.37)		0.010 ** (2.42)
doc		0.018 ** (1.99)		0.019 ** (2.07)		0.018 * (1.95)
dis_c		− 0.012 *** (− 3.55)		− 0.012 *** (− 3.67)		− 0.011 *** (− 3.56)
slope		0.017 *** (3.44)		0.016 *** (3.37)		0.017 *** (3.45)
样本量	1 846 818	1 846 818	1 846 818	1 846 818	1 846 818	1 846 818
城市数	282	282	282	282	282	282
人数	6 549	6 549	6 549	6 549	6 549	6 549
准 R^2	0.059	0.387	0.057	0.381	0.060	0.391

注：*、**、*** 分别表示10%、5%和1%显著性水平。

6.3　市场潜力对劳动力流动的异质性影响

在上一节的机制检验中，本书将所有的劳动力都视为对市场潜力变化反应相同的同质个体，得到的是市场潜力影响劳动力就业区位选择的总体影响效应。本节将进一步考察市场潜力对异质性劳动力个体的异质性影响。与第5章的研究思路相同，本节仍然从个体特征、流动空间和未来预期这三个方面考察劳动力的异质性，分别从性别、年龄、受教育程度、职业类型、流动范围、流入区域以及预期居留时间这七个角度对劳动力样本进行分组回归，实证考察市场潜力的变化对于劳动力选择到该城市就业的概率的异质性影响效果。

6.3.1 劳动力个体特征异质性

1. 性别与年龄

本节首先关注市场潜力对不同性别与不同年龄的劳动力就业区位选择的影响。表6-5显示了市场潜力对不同性别的劳动力的就业区位选择都会产生显著的正向影响。对于男性劳动力而言，市场潜力每提高1%就会导致他们选择进入该城市就业的概率显著提高0.009个百分点。而对于女性劳动力而言，市场潜力每提高1%会导致她们选择进入该城市就业的概率显著提高0.028个百分点，可见女性劳动力对于高铁引致的市场潜力变化的反应要比男性劳动力更为强烈。与第5章相同，从控制变量的平均边际效应估计值可以发现，在对城市公共服务水平的反应上，女性劳动力对城市中小学教师的数量十分敏感，每千人中小学教师数量每增加1人，女性劳动力来此就业的概率就提高1.5个百分点，但是她们对城市医生的数量不敏感。而男性劳动力则恰恰相反，他们对城市医生的数量很敏感，城市每千人医生数每增加1人，他们来此就业的概率就提高2.2个百分点，但是他们对城市中小学教师的数量不敏感。这反映出女性劳动力更关注城市的基础教育质量，而男性劳动力更关注城市医疗卫生情况。

当空间衰减系数 α 分别取0.02和0.05时，市场潜力变化对女性劳动力就业区位选择的影响效果没有明显变化，而市场潜力变化对男性劳动力就业区位选择的影响效果略微发生了改变，但是始终通过了 5% 的显著性水平检验，且始终为正向影响。可以说明，市场潜力提升对男性和女性劳动力选择到该城市就业的概率都存在显著且稳健的正向影响。

表 6 - 5　　市场潜力影响不同性别的劳动力就业区位选择的回归结果

choice	男性			女性		
	$\alpha = 0.03$	$\alpha = 0.02$	$\alpha = 0.05$	$\alpha = 0.03$	$\alpha = 0.02$	$\alpha = 0.05$
lnmp_1	0.009 ** (2.29)			0.028 *** (6.50)		
lnmp_2		0.006 ** (2.27)			0.028 *** (5.65)	
lnmp_3			0.010 ** (2.31)			0.028 *** (6.51)
pgdp	0.007 * (1.73)	0.006 * (1.78)	0.006 * (1.67)	0.008 * (1.75)	0.008 * (1.76)	0.008 * (1.76)
wage	0.012 ** (2.12)	0.010 ** (2.16)	0.012 ** (2.18)	0.040 *** (4.52)	0.039 *** (3.92)	0.042 *** (5.04)
pop	0.005 *** (2.90)	0.005 *** (2.80)	0.005 *** (2.84)	0.007 ** (2.57)	0.007 ** (2.53)	0.007 *** (2.65)
admin	0.231 *** (4.92)	0.219 *** (3.90)	0.228 *** (5.66)	0.145 *** (3.23)	0.152 *** (3.01)	0.146 *** (3.52)
dis_u	− 0.024 *** (− 4.63)	− 0.022 *** (− 3.68)	− 0.024 *** (− 5.35)	− 0.027 *** (− 4.48)	− 0.027 *** (− 3.95)	− 0.028 *** (− 5.25)
prov	− 0.253 *** (− 4.50)	− 0.235 *** (− 3.61)	− 0.254 *** (− 5.20)	− 0.254 *** (− 4.32)	− 0.256 *** (− 3.85)	− 0.260 *** (− 4.97)
tch	0.006 (1.20)	0.005 (1.09)	0.006 (1.27)	0.015 *** (4.04)	0.015 *** (3.71)	0.016 *** (4.20)
doc	0.022 ** (2.54)	0.021 ** (2.44)	0.022 ** (2.54)	0.009 (0.76)	0.010 (0.86)	0.009 (0.72)

续表

choice	男性			女性		
	$\alpha = 0.03$	$\alpha = 0.02$	$\alpha = 0.05$	$\alpha = 0.03$	$\alpha = 0.02$	$\alpha = 0.05$
dis_c	-0.010*** (-3.71)	-0.010*** (-3.86)	-0.009*** (-3.51)	-0.006 (-1.25)	-0.007 (-1.33)	-0.006 (-1.25)
slope	0.011* (1.95)	0.010* (1.78)	0.012** (2.06)	0.013** (2.27)	0.013** (2.13)	0.014** (2.35)
样本量	668 340			562 872		
城市数	282			282		
人数	2 370			1 996		
准R^2	0.289	0.284	0.286	0.298	0.294	0.297

注：*、**、***分别表示10%、5%和1%显著性水平。

表6-6a和表6-6b报告了市场潜力对不同年龄段的劳动力就业区位选择的影响。具体来看，对于15~29周岁的青年劳动力而言，市场潜力每提高1%，他们选择进入该城市就业的概率就会相应提高0.031个百分点，该结果通过了1%显著性水平检验。对于30~44周岁的壮年劳动力而言，他们选择到该城市就业的概率会随着市场潜力提高1%而提高0.024个百分点，该结果也通过了1%显著性水平检验。而对于45岁以上的中老年劳动力而言，市场潜力每提高1%会使他们选择到该城市就业的概率提高0.029个百分点，该结果通过了5%显著性水平检验。整体来看，市场潜力的提升对劳动力的就业区位选择的影响效果会随着劳动力年龄的增长出现先下降后增长的变化趋势，这一结果与第5章5.2节中的回归结果基本一致。

此外，当空间衰减系数α分别取0.02和0.05时，市场潜力的变化对各个年龄段的劳动力的就业区位选择的影响效果没有发生明显变化。具体而言，当空间衰减系数α取0.02时，市场潜力每提升1%会使15~29周岁的劳动力选择到该城市就业的概率提高0.030个百分点、使30~44周岁的劳动力选择到该城市就业的概率提高0.022个百分点、使45周岁及以上的劳动力选择到该城市就业的概率提高0.029个百分点。当空间衰减系数α取

0.05 时，市场潜力每提升 1% 会使 15~29 周岁的劳动力选择到该城市就业的概率提高 0.028 个百分点、使 30~44 周岁的劳动力选择到该城市就业的概率提高 0.025 个百分点、使 45 周岁及以上的劳动力选择到该城市就业的概率提高 0.027 个百分点。对比前述可以发现，当空间衰减系数 α 取值发生变化时，劳动力受到的影响效果的大小与显著性都没有发生质的改变。可以说明，市场潜力提升对不同年龄段的劳动力选择到该城市就业的概率都存在显著且稳健的正向影响。

表 6 - 6a　　市场潜力影响不同年龄的劳动力就业区位选择的回归结果（1）

choice	15~29 岁			30~44 岁		
	α = 0.03	α = 0.02	α = 0.05	α = 0.03	α = 0.02	α = 0.05
lnmp_1	0.031 *** (3.73)			0.024 *** (2.77)		
lnmp_2		0.030 *** (3.81)			0.022 *** (2.81)	
lnmp_3			0.028 *** (3.79)			0.025 *** (2.79)
pgdp	0.007 * (1.76)	0.009 * (1.94)	0.008 * (1.91)	0.015 *** (2.70)	0.015 *** (2.62)	0.016 *** (2.83)
wage	0.026 ** (2.44)	0.026 ** (2.43)	0.026 ** (2.40)	0.030 * (1.87)	0.028 * (1.75)	0.031 * (1.93)
pop	0.009 *** (4.06)	0.009 *** (4.02)	0.008 *** (4.00)	0.006 ** (2.52)	0.006 ** (2.48)	0.006 ** (2.50)
admin	0.223 *** (7.68)	0.218 *** (7.70)	0.214 *** (7.60)	0.231 *** (4.96)	0.223 *** (4.17)	0.233 *** (5.38)
dis_u	-0.034 *** (-15.44)	-0.033 *** (-14.97)	-0.033 *** (-13.72)	-0.024 *** (-4.57)	-0.023 *** (-3.79)	-0.025 *** (-5.05)
prov	-0.305 *** (-10.40)	-0.303 *** (-10.21)	-0.299 *** (-9.78)	-0.289 *** (-4.52)	-0.274 *** (-3.76)	-0.294 *** (-4.99)

续表

choice	15~29 岁			30~44 岁		
	$\alpha=0.03$	$\alpha=0.02$	$\alpha=0.05$	$\alpha=0.03$	$\alpha=0.02$	$\alpha=0.05$
tch	0.015 *** (3.28)	0.015 *** (3.17)	0.015 *** (3.05)	0.002 (0.34)	0.002 (0.28)	0.002 (0.38)
doc	0.033 *** (2.85)	0.032 *** (2.87)	0.032 *** (2.91)	0.008 (0.60)	0.008 (0.64)	0.008 (0.57)
dis_c	−0.015 *** (−3.31)	−0.015 *** (−3.42)	−0.014 *** (−3.54)	−0.003 (−0.79)	−0.004 (−0.99)	−0.003 (−0.69)
slope	0.005 (0.77)	0.005 (0.80)	0.005 (0.80)	0.015 ** (1.96)	0.014 * (1.83)	0.016 ** (2.03)
样本量	632 526			426 948		
城市数	282			282		
人数	2 243			1 514		
准 R^2	0.338	0.339	0.340	0.260	0.260	0.260

注：* 、** 、*** 分别表示10% 、5% 和1% 显著性水平。

表 6 – 6b　市场潜力影响不同年龄的劳动力就业区位选择的回归结果（2）

choice	45 岁及以上		
	$\alpha=0.03$	$\alpha=0.02$	$\alpha=0.05$
lnmp_1	0.029 ** (2.44)		
lnmp_2		0.029 ** (2.36)	
lnmp_3			0.027 ** (2.42)
pgdp	0.015 (1.62)	0.015 (1.63)	0.015 (1.62)
wage	0.036 * (1.78)	0.034 * (1.74)	0.036 * (1.76)

choice	45 岁及以上		
	$\alpha = 0.03$	$\alpha = 0.02$	$\alpha = 0.05$
pop	0.002 (0.62)	0.002 (0.33)	0.002 (0.61)
admin	0.216 *** (3.27)	0.219 *** (3.13)	0.215 *** (3.46)
dis_u	-0.029 *** (-5.62)	-0.029 *** (-5.06)	-0.029 *** (-6.32)
prov	-0.257 *** (-4.11)	-0.256 *** (-3.89)	-0.258 *** (-4.37)
tch	0.004 (0.39)	0.004 (0.35)	0.005 (0.39)
doc	0.009 (0.35)	0.008 (0.31)	0.009 (0.37)
dis_c	-0.013 (-1.47)	-0.014 (-1.46)	-0.013 (-1.54)
slope	0.038 *** (3.69)	0.037 *** (3.57)	0.038 *** (3.75)
样本量	171 738		
城市数	282		
人数	609		
准 R^2	0.217	0.219	0.222

注：*、**、*** 分别表示 10%、5% 和 1% 显著性水平。

2. 受教育程度

表 6 - 7a、表 6 - 7b 和表 6 - 7c 列出了市场潜力对不同受教育程度的劳动力就业区位选择的影响。具体来看，对于小学及以下受教育水平的劳动力而言，市场潜力每提高 1%，他们选择进入该城市就业的概率就会相应提高 0.031 个百分点，该结果通过了 1% 显著性水平检验。对于初中受教育水平

的劳动力而言，市场潜力每提高1%，他们选择进入该城市就业的概率就会相应提高0.019个百分点，该结果通过了5%显著性水平检验。对于高中或中专受教育程度的劳动力而言，市场潜力每提高1%，他们选择进入该城市就业的概率就会相应提高0.024个百分点，该结果通过了5%显著性水平检验。对于大专受教育程度的劳动力而言，市场潜力每提高1%，他们选择进入该城市就业的概率就会相应提高0.005个百分点，该结果通过了5%显著性水平检验。而对于大学及以上受教育程度的劳动力而言，市场潜力每提高1%，他们选择进入该城市就业的概率就会相应提高0.030个百分点，该结果通过了1%显著性水平检验。整体来看，受教育程度为大学及以上和小学及以下的劳动力受市场潜力变化的影响最强烈，受教育程度为大专的劳动力受市场潜力变化的影响最弱，受教育程度为初中和高中或中专的劳动力受市场潜力变化的影响相近。这一结果与第5章5.2.2节中的结果有所不同，在5.2.2节的研究中，大学以下受教育程度的劳动力受城市开通高铁的影响效果没有太大的差异，都约为大学及以上受教育程度的劳动力所受影响效果的一半。而在本小节的回归结果中，受教育程度最高和受教育程度最低的劳动力受市场潜力的影响效果大致相同。这或许可以反映出，当市场潜力提高时，城市不仅能够吸引更多的高技能劳动力从事对技能要求相对较高的工作，同时随着人口的不断集聚，城市同样能够吸引更多的低技能劳动力。可以说明，高技能劳动力和低技能劳动力之间还会存在技能互补需求，高技能劳动力更好的工作，也需要低技能劳动力提供服务。市场潜力提高能够促使城市的生产技术水平和知识创新水平不断提升以及人力资本不断积累，这些也会持续增加对低技能或非技能劳动力的需求（Lucas，2004）。

此外，从表6-7a、表6-7b和表6-7c中还可以看出，当空间衰减系数α分别取0.02和0.05时，市场潜力对不同受教育程度的劳动力的就业区位选择的影响效果不论是大小还是显著性均没有发生质的改变。因此，可以说明，市场潜力提升对不同受教育程度的劳动力选择到该城市就业的概率都存在显著且稳健的正向影响。

表 6 - 7a　市场潜力影响不同受教育程度的劳动力就业区位选择的回归结果（1）

choice	小学及以下			初中		
	$\alpha = 0.03$	$\alpha = 0.02$	$\alpha = 0.05$	$\alpha = 0.03$	$\alpha = 0.02$	$\alpha = 0.05$
lnmp_1	0.031 *** (3.18)			0.019 ** (2.37)		
lnmp_2		0.031 *** (3.01)			0.020 ** (2.24)	
lnmp_3			0.030 *** (3.10)			0.017 ** (2.37)
pgdp	0.007 ** (2.09)	0.009 ** (2.22)	0.007 * (1.92)	0.014 *** (2.75)	0.014 *** (2.77)	0.014 *** (2.75)
wage	0.053 *** (3.02)	0.051 *** (2.89)	0.054 *** (3.02)	0.032 ** (2.52)	0.032 ** (2.54)	0.032 ** (2.47)
pop	0.004 (0.75)	0.004 (0.68)	0.004 (0.78)	0.006 ** (2.46)	0.006 ** (2.50)	0.006 ** (2.44)
admin	0.132 ** (1.98)	0.134 * (1.93)	0.132 ** (2.05)	0.199 *** (6.06)	0.202 *** (6.00)	0.196 *** (6.10)
dis_u	− 0.036 *** (−4.51)	− 0.036 *** (−3.86)	− 0.037 *** (−5.48)	− 0.030 *** (−11.98)	− 0.030 *** (−12.11)	− 0.030 *** (11.43)
prov	− 0.190 *** (−2.92)	− 0.188 *** (−2.73)	− 0.193 *** (−3.11)	− 0.303 *** (−8.93)	− 0.304 *** (−8.95)	− 0.301 *** (−8.75)
tch	0.011 (1.27)	0.011 (1.26)	0.012 (1.25)	0.011 ** (1.99)	0.011 ** (2.01)	0.011 * (1.94)
doc	0.010 (0.42)	0.011 (0.45)	0.010 (0.41)	0.015 (1.07)	0.015 (1.10)	0.015 (1.04)
dis_c	− 0.017 * (−1.66)	− 0.018 * (−1.69)	− 0.018 * (−1.76)	− 0.007 (−1.47)	− 0.007 (−1.46)	− 0.007 (−1.52)
slope	0.028 *** (2.60)	0.027 ** (2.48)	0.028 *** (2.68)	0.018 ** (2.56)	0.018 ** (2.56)	0.018 ** (2.54)

续表

choice	小学及以下			初中		
	$\alpha=0.03$	$\alpha=0.02$	$\alpha=0.05$	$\alpha=0.03$	$\alpha=0.02$	$\alpha=0.05$
样本量	131 130			626 322		
城市数	282			282		
人数	465			2 221		
准 R^2	0.259	0.245	0.267	0.288	0.285	0.289

注：*、**、***分别表示10%、5%和1%显著性水平。

表 6-7b　市场潜力影响不同受教育程度的劳动力就业区位选择的回归结果（2）

choice	高中/中专			大专		
	$\alpha=0.03$	$\alpha=0.02$	$\alpha=0.05$	$\alpha=0.03$	$\alpha=0.02$	$\alpha=0.05$
lnmp_1	0.024 ** (2.30)			0.005 ** (1.98)		
lnmp_2		0.022 * (1.80)			0.004 ** (2.02)	
lnmp_3			0.024 *** (2.60)			0.005 ** (2.01)
pgdp	0.006 ** (2.02)	0.008 ** (2.01)	0.008 ** (2.08)	0.004 * (1.92)	0.004 * (1.93)	0.004 * (1.92)
wage	0.032 ** (2.11)	0.031 ** (2.18)	0.032 ** (2.16)	0.038 ** (2.15)	0.039 ** (2.23)	0.037 ** (2.21)
pop	0.010 *** (2.81)	0.010 *** (2.99)	0.009 *** (2.75)	0.007 ** (2.05)	0.007 * (1.88)	0.007 ** (2.16)
admin	0.269 *** (4.86)	0.277 *** (5.18)	0.264 *** (4.85)	0.164 ** (2.07)	0.162 * (1.89)	0.163 ** (2.20)
dis_u	-0.033 *** (-7.74)	-0.033 *** (-8.44)	-0.033 *** (-7.86)	-0.017 ** (-1.97)	-0.016 * (-1.80)	-0.017 ** (-2.09)
prov	-0.290 *** (-5.57)	-0.293 *** (-8.44)	-0.288 *** (-5.62)	-0.196 * (-1.95)	-0.192 * (-1.78)	-0.197 ** (-2.08)

choice	高中/中专			大专		
	$\alpha = 0.03$	$\alpha = 0.02$	$\alpha = 0.05$	$\alpha = 0.03$	$\alpha = 0.02$	$\alpha = 0.05$
tch	0.022 *** (3.32)	0.022 *** (3.17)	0.022 *** (3.34)	0.003 (0.51)	0.003 (0.49)	0.003 (0.51)
doc	0.023 (1.22)	0.025 (1.30)	0.023 (1.19)	0.028 ** (2.02)	0.029 * (1.85)	0.028 ** (2.15)
dis_c	−0.008 (−1.09)	−0.009 (−1.20)	−0.008 (−1.03)	−0.007 * (−1.88)	−0.007 * (−1.86)	−0.007 * (−1.88)
slope	0.013 (1.32)	0.013 (1.26)	0.014 (1.35)	0.003 (0.50)	0.004 (0.60)	0.003 (0.053)
样本量	280 590			123 234		
城市数	282			282		
人数	995			437		
准 R^2	0.334	0.330	0.331	0.383	0.381	0.385

注：*、**、***分别表示10%、5%和1%显著性水平。

表 6 – 7c　市场潜力影响不同受教育程度的劳动力就业区位选择的回归结果（3）

choice	本科及以上		
	$\alpha = 0.03$	$\alpha = 0.02$	$\alpha = 0.05$
lnmp_1	0.030 *** (3.18)		
lnmp_2		0.029 *** (2.98)	
lnmp_3			0.032 *** (3.24)
pgdp	0.008 ** (2.28)	0.009 ** (2.25)	0.008 ** (2.26)
wage	0.031 ** (2.31)	0.030 ** (2.29)	0.032 ** (2.33)

续表

choice	本科及以上		
	$\alpha = 0.03$	$\alpha = 0.02$	$\alpha = 0.05$
pop	0.013 ** (2.43)	0.013 ** (2.22)	0.013 ** (2.45)
admin	0.266 *** (3.29)	0.268 *** (2.71)	0.261 *** (3.54)
dis_u	−0.020 *** (−2.94)	−0.019 ** (−2.39)	−0.020 *** (−3.23)
prov	−0.389 *** (−3.40)	−0.381 *** (−2.60)	−0.389 *** (−3.94)
tch	0.002 (0.51)	0.003 (0.75)	0.002 (0.62)
doc	0.018 (0.70)	0.019 (0.75)	0.018 (0.66)
dis_c	−0.014 (−1.56)	−0.015 * (−1.74)	−0.014 * (−1.72)
slope	0.008 (0.50)	0.008 (0.52)	0.008 (0.49)
样本量	69 936		
城市数	282		
人数	248		
准 R^2	0.384	0.377	0.380

注：*、**、***分别表示10%、5%和1%显著性水平。

3. 职业类型

表6-8a、表6-8b和表6-8c分析了市场潜力对不同职业类型的劳动力就业区位选择的影响。与第5章5.2.3节的基准回归结果相同，对于职业类型是"生产、运输设备操作人员及有关人员""商业、服务业人员"和"专业技术人员"的劳动力而言，市场潜力增加会显著提高他们进入该城市

就业的概率，而对于职业类型是"农、林、牧、渔和水利业生产人员""机关、组织与企事业单位从业人员"和"其他、无固定职业"的劳动力而言，市场潜力提高对他们进入该城市就业的概率的影响并不显著。具体来看，对于职业类型是"生产、运输设备操作人员及有关人员"的劳动力而言，市场潜力每提高 1%，他们选择进入该城市就业的概率就会相应提高 0.039 个百分点，该结果通过了 1% 显著性水平检验；对于职业类型是"商业、服务业人员"的劳动力而言，市场潜力每提高 1%，他们选择进入该城市就业的概率就会相应提高 0.063 个百分点，该结果通过了 1% 显著性水平检验；对于职业类型是"专业技术人员"的劳动力而言，市场潜力每提高 1%，他们选择进入该城市就业的概率就会相应提高 0.016 个百分点，该结果通过了 5% 显著性水平检验。而对于职业类型是"农、林、牧、渔和水利业生产人员"的劳动力来说，市场潜力提升和城市开通高铁一样，都可能会使他们进入该城市就业的概率下降，但是该结果的显著性水平很低，没有通过显著性检验。对于职业类型是"机关、组织与企事业单位从业人员"和"其他、无固定职业"的劳动力而言，市场潜力的提高会对他们进入该城市就业的概率产生正向的影响，但是回归结果也都没有通过显著性水平检验。

此外，从表 6-8a、表 6-8b 和表 6-8c 中还可以看出，当空间衰减系数 α 分别取 0.02 和 0.05 时，市场潜力对不同职业类型的劳动力的就业区位选择的影响效果均没有发生显著改变。因此，可以说明，市场潜力提升对不同职业类型的劳动力选择到该城市就业的概率的影响效果是稳健的。

表 6-8a　市场潜力影响不同职业类型的劳动力就业区位选择的回归结果（1）

choice	农林牧渔与水利业生产人员			生产运输设备操作人员及有关人员		
	$\alpha = 0.03$	$\alpha = 0.02$	$\alpha = 0.05$	$\alpha = 0.03$	$\alpha = 0.02$	$\alpha = 0.05$
lnmp_1	-0.003 (-0.25)			0.039 *** (4.77)		
lnmp_2		-0.004 (-0.35)			0.037 *** (3.80)	

续表

choice	农林牧渔与水利业生产人员			生产运输设备操作人员及有关人员		
	$\alpha=0.03$	$\alpha=0.02$	$\alpha=0.05$	$\alpha=0.03$	$\alpha=0.02$	$\alpha=0.05$
lnmp_3			-0.002 (-0.24)			0.040 *** (5.91)
pgdp	0.005 (0.42)	0.005 (0.45)	0.004 (0.44)	0.010 * (1.94)	0.009 * (1.77)	0.011 ** (2.08)
wage	0.046 * (1.90)	0.042 * (1.88)	0.047 * (1.86)	0.008 (0.76)	0.006 (0.84)	0.009 (0.83)
pop	0.009 * (1.86)	0.007 * (1.91)	0.007 * (1.90)	0.008 ** (2.16)	0.008 * (1.91)	0.009 ** (2.40)
admin	0.005 (0.49)	0.005 (0.41)	0.005 (0.38)	0.004 (0.31)	0.005 (0.38)	0.003 (0.35)
dis_u	-0.029 ** (-2.01)	-0.027 * (-1.70)	-0.030 * (-1.72)	-0.021 *** (-2.73)	-0.019 ** (-2.26)	-0.023 *** (-3.26)
prov	-0.038 (-1.41)	-0.037 (-1.39)	-0.039 (-1.33)	-0.152 ** (-2.55)	-0.136 ** (-2.17)	-0.166 *** (-2.96)
tch	0.004 (0.50)	0.003 (0.39)	0.003 (0.40)	0.008 ** (2.17)	0.007 ** (2.12)	0.009 ** (2.12)
doc	0.008 (0.67)	0.008 (0.65)	0.008 (0.60)	0.019 (1.10)	0.018 (1.06)	0.021 (1.15)
dis_c	-0.025 * (-1.68)	-0.023 * (-1.91)	-0.025 * (-1.95)	-0.021 ** (-1.97)	-0.019 * (-1.73)	-0.023 ** (-2.22)
slope	0.015 (0.80)	0.014 (0.69)	0.015 (0.85)	0.028 *** (2.89)	0.025 ** (2.42)	0.031 *** (3.38)
样本量	11 280			367 728		
城市数	282			282		
人数	40			1 304		
准 R^2	0.548	0.548	0.548	0.344	0.344	0.346

注：*、**、***分别表示10%、5%和1%显著性水平。

表 6－8b   市场潜力影响不同职业类型的劳动力就业区位选择的回归结果（2）

choice	商业、服务业人员			专业技术人员		
	$\alpha=0.03$	$\alpha=0.02$	$\alpha=0.05$	$\alpha=0.03$	$\alpha=0.02$	$\alpha=0.05$
lnmp_1	0.063 *** (4.59)			0.016 ** (2.49)		
lnmp_2		0.062 *** (3.03)			0.018 ** (2.30)	
lnmp_3			0.061 *** (3.50)			0.014 ** (2.25)
pgdp	0.007 * (1.72)	0.007 * (1.66)	0.007 * (1.68)	0.010 * (1.75)	0.011 * (1.69)	0.010 * (1.80)
wage	0.029 ** (2.38)	0.028 ** (2.29)	0.029 ** (2.42)	0.026 * (1.66)	0.027 * (1.74)	0.026 * (1.71)
pop	0.008 ** (2.13)	0.008 ** (2.20)	0.007 ** (2.08)	0.010 ** (2.14)	0.011 ** (2.14)	0.010 ** (2.16)
admin	0.283 *** (6.70)	0.279 *** (5.82)	0.283 *** (7.16)	0.189 ** (2.48)	0.199 ** (2.52)	0.182 ** (2.49)
dis_u	−0.027 *** (−6.07)	−0.026 *** (−5.30)	−0.0.27 *** (−6.50)	−0.030 *** (−2.60)	−0.031 *** (−2.61)	−0.029 *** (−2.63)
prov	−0.294 *** (−5.84)	−0.287 *** (−5.13)	−0.295 *** (−6.25)	−0.249 ** (−2.40)	−0.260 ** (−2.42)	−0.242 ** (−2.43)
tch	0.009 * (1.76)	0.009 * (1.68)	0.009 * (1.79)	0.010 (0.86)	0.011 (0.86)	0.010 (0.86)
doc	0.014 (1.49)	0.014 (1.51)	0.014 (1.47)	0.012 (0.50)	0.010 (0.54)	0.013 (0.60)
dis_c	−0.002 (−0.57)	−0.002 (−0.45)	−0.002 (−0.63)	−0.030 *** (−3.15)	−0.031 *** (−3.11)	−0.029 *** (−3.23)
slope	0.008 (1.39)	0.008 (1.34)	0.008 (1.42)	0.005 (0.41)	0.006 (0.45)	0.005 (0.41)

续表

choice	商业、服务业人员			专业技术人员		
	$\alpha = 0.03$	$\alpha = 0.02$	$\alpha = 0.05$	$\alpha = 0.03$	$\alpha = 0.02$	$\alpha = 0.05$
样本量	691 464			96 162		
城市数	282			282		
人数	2 452			341		
准 R^2	0.343	0.342	0.344	0.378	0.379	0.379

注：*、**、*** 分别表示 10%、5% 和 1% 显著性水平。

表 6-8c   市场潜力影响不同职业类型的劳动力就业区位选择的回归结果（3）

choice	机关、组织与企事业单位从业人员			其他、无固定职业		
	$\alpha = 0.03$	$\alpha = 0.02$	$\alpha = 0.05$	$\alpha = 0.03$	$\alpha = 0.02$	$\alpha = 0.05$
lnmp_1	0.006 (0.91)			0.021 (0.82)		
lnmp_2		0.005 (0.63)			0.023 (0.86)	
lnmp_3			0.006 (1.08)			0.018 (0.79)
pgdp	0.015* (1.78)	0.014* (1.71)	0.015* (1.82)	0.029* (1.66)	0.029* (1.68)	0.029* (1.69)
wage	0.008* (1.71)	0.008* (1.80)	0.008* (1.77)	0.066* (1.82)	0.066** (1.99)	0.066* (1.67)
pop	0.011* (1.80)	0.011* (1.85)	0.011* (1.65)	0.008 (1.24)	0.008 (1.20)	0.008 (1.26)
admin	0.111 (0.86)	0.106 (0.81)	0.112 (0.93)	0.282*** (2.76)	0.284*** (2.68)	0.279*** (2.69)
dis_u	-0.015 (-1.20)	-0.014 (-0.95)	-0.015 (-1.46)	-0.032*** (-4.24)	-0.032*** (-3.76)	-0.032*** (-4.15)
prov	-0.161 (-1.12)	-0.151 (-0.90)	-0.166 (-1.33)	-0.345*** (-3.28)	-0.345*** (-3.20)	-0.343*** (-3.13)

续表

choice	机关、组织与企事业单位从业人员			其他、无固定职业		
	$\alpha=0.03$	$\alpha=0.02$	$\alpha=0.05$	$\alpha=0.03$	$\alpha=0.02$	$\alpha=0.05$
tch	0.010 (1.47)	0.009 (1.42)	0.011 (1.52)	0.020 (1.14)	0.020 (1.23)	0.019 (1.08)
doc	0.072 (1.49)	0.068 (1.47)	0.075 (1.43)	0.046 (1.15)	0.46 (1.08)	0.045 (1.20)
dis_c	-0.036 (-0.94)	-0.034 (-0.97)	-0.037 (-1.09)	-0.017 (-1.18)	-0.017 (-1.08)	-0.018 (-1.26)
slope	0.037 (0.82)	0.034 (0.70)	0.039 (0.94)	0.011 (0.50)	0.011 (0.50)	0.011 (0.49)
样本量	20 868			43 710		
城市数	282			282		
人数	74			155		
准 R^2	0.381	0.374	0.377	0.356	0.355	0.355

注：* 、** 、*** 分别表示 10% 、5% 和 1% 显著性水平。

6.3.2　劳动力流动空间异质性

1. 流动范围

与第 5 章的 5.3.1 节相同，本节也从劳动力是否跨省流动和劳动力的流动范围两个方面考察劳动力的流动范围异质性。首先，表 6 - 9 分析了市场潜力影响跨省流动和省内跨市流动的劳动力的就业区位选择的回归结果。结果显示，不论劳动力是跨省流动还是省内跨市流动，市场潜力的提升都会显著提高他们选择进入该城市就业的概率，但是市场潜力对二者的影响效果并不相同。具体来看，对于跨省流动的劳动力而言，市场潜力每提高 1% 就会导致他们选择进入该城市就业的概率提高 0.004 个百分点，这一回归结果在 10% 的显著性水平下显著；而对于省内跨市流动的劳动力而言，市场潜力每提高1%会导致他们选择进入该城市就业的概率提高0.009个百分点,这一回归结果在5%的显著性水平下显著。由此可见,市场潜力的提升对省内跨市的劳动力选择到该城市就业的概率的促进作用更强也更显著。这也与第5章的5.3.1节中的回归结果相符合。

此外,从表6-9中还可以看出,当空间衰减系数α分别取0.02和0.05时,市场潜力对不同流动范围的劳动力的就业区位选择的影响效果没有发生显著变化。具体而言,当空间衰减系数α取0.02时,市场潜力每提升1%会使跨省流动的劳动力选择到该城市就业的概率显著提高0.003个百分点、使省内跨市的劳动力选择到该城市就业的概率显著提高0.007个百分点。当空间衰减系数α取0.05时,市场潜力每提升1%会使跨省流动的劳动力选择到该城市就业的概率显著提高0.005个百分点、使省内跨市的劳动力选择到该城市就业的概率显著提高0.009个百分点。通过对比可以发现,当空间衰减系数α取值发生变化时,市场潜力对劳动力的影响效果的大小与显著性都没有发生较大变化。可以说明,市场潜力提升对不同流动范围的劳动力选择到该城市就业的概率都存在显著且稳健的正向影响。

表6-9　　市场潜力影响跨省和省内流动的劳动力就业区位选择的回归结果

choice	跨省流动			省内跨市		
	$\alpha=0.03$	$\alpha=0.02$	$\alpha=0.05$	$\alpha=0.03$	$\alpha=0.02$	$\alpha=0.05$
lnmp_1	0.004 * (1.82)			0.009 ** (2.41)		
lnmp_2		0.003 * (1.77)			0.007 ** (2.47)	
lnmp_3			0.005 * (1.95)			0.009 ** (2.38)
pgdp	0.009 * (1.90)	0.009 * (1.95)	0.010 * (1.91)	0.016 * (1.74)	0.019 * (1.71)	0.015 * (1.80)
wage	0.005 * (1.75)	0.006 * (1.83)	0.006 * (1.85)	0.005 (0.83)	0.005 (0.90)	0.005 (1.25)

choice	跨省流动			省内跨市		
	$\alpha = 0.03$	$\alpha = 0.02$	$\alpha = 0.05$	$\alpha = 0.03$	$\alpha = 0.02$	$\alpha = 0.05$
pop	0.004 (1.21)	0.004 (1.17)	0.005 (1.25)	0.014 ** (2.12)	0.016 * (1.94)	0.013 ** (2.22)
admin	0.010 (1.29)	0.010 (1.23)	0.010 (1.34)	0.026 *** (3.26)	0.031 *** (2.76)	0.024 *** (3.61)
dis_u	− 0.002 * (− 1.83)	− 0.002 * (− 1.82)	− 0.002 * (− 1.93)	− 0.010 *** (− 3.08)	− 0.011 *** (− 2.59)	− 0.009 *** (− 3.49)
prov	0.031 ** (1.96)	0.031 ** (1.99)	0.034 * (1.85)	− 0.074 *** (− 3.09)	− 0.086 ** (− 2.56)	− 0.067 *** (− 3.52)
tch	0.006 (1.48)	0.006 (1.41)	0.007 (1.53)	0.011 (1.35)	0.013 (1.33)	0.010 (1.37)
doc	0.004 (0.84)	0.005 (0.77)	0.004 (0.74)	0.005 ** (2.47)	0.006 ** (2.19)	0.005 *** (2.65)
dis_c	− 0.006 (− 0.95)	− 0.004 (− 0.85)	− 0.004 (− 0.85)	− 0.001 (− 0.96)	− 0.001 (− 0.91)	− 0.001 (− 1.00)
slope	0.012 (1.33)	0.013 (1.28)	0.014 (1.38)	0.003 * (1.78)	0.003 * (1.66)	0.003 * (1.85)
样本量	735 738			495 474		
城市数	282			282		
人数	2 609			1 757		
准 R^2	0.193	0.193	0.196	0.686	0.683	0.685

注：* 、** 、*** 分别表示 10% 、5% 和 1% 显著性水平。

接下来，表 6 - 10a 和表 6 - 10b 分析了市场潜力影响不同流动距离的劳动力的就业区位选择的回归结果。结果显示，高铁引致的城市市场潜力的提升会显著提高流动距离在 200 公里 ~ 1 000 公里之间的劳动力选择进入该城市就业的概率，而对于流动距离小于 200 公里和流动距离大于 1 000 公里的劳动力而言，高铁引致的城市市场潜力提升对他们选择进入该城市就业的概率并不存在显著的影响。具体来看，对于流动距离为 200~500 公里的劳动力而言，高铁引致的市场潜力每提高 1% 就会导致他们选择进入该城市就业的概率提高 0.018 个百分点，这一回归结果在 5% 的显著性水平下显著；而对于流动距离在 500~1 000 公里的劳动力而言，高铁引致的城市市场潜力每提高 1% 会导致他们选择进入该城市就业的概率提高 0.009 个百分点，这一回归结果在 10% 的显著性水平下显著。由此可见，高铁引致的市场潜力的提升对中短距离流动的劳动力就业区位选择的影响效果更强也更显著。这也与第 5 章 5.3.1 节中的回归结果相符合。

从表 6-10a 和表 6-10b 中还可以看出，当空间衰减系数 α 分别取 0.02 和 0.05 时，高铁引致的城市市场潜力的变化对不同流动距离的劳动力就业区位选择的平均影响效应及其显著性并没有发生明显改变。具体而言，当空间衰减系数 α 取 0.02 时，城市市场潜力每提升 1% 会使流动距离为 200~500 公里的劳动力选择到该城市就业的概率显著提高 0.016 个百分点、使流动距离为 500~1 000 公里的劳动力选择到该城市就业的概率显著提高 0.008 个百分点。当空间衰减系数 α 取 0.05 时，城市市场潜力每提升 1% 会使流动距离为 200~500 公里的劳动力选择到该城市就业的概率显著提高 0.014 个百分点、使流动距离为 500~1 000 公里的劳动力选择到该城市就业的概率显著提高 0.009 个百分点。而高铁引致的城市市场潜力的提高对流动距离小于 200 公里和流动距离大于 1 000 公里的劳动力的就业区位选择的影响始终不显著。可见，改变空间衰减系数 α 的取值并不会使高铁引致的市场潜力对劳动力就业区位选择的影响效果及其显著性发生明显变化，相应的计量回归结果是稳健的。

表 6-10a 市场潜力影响不同流动距离的劳动力就业区位选择的回归结果（1）

choice	200 公里以下			200~500 公里		
	$\alpha = 0.03$	$\alpha = 0.02$	$\alpha = 0.05$	$\alpha = 0.03$	$\alpha = 0.02$	$\alpha = 0.05$
lnmp_1	0.003 (1.13)			0.018 ** (2.29)		

续表

choice	200 公里以下			200～500 公里		
	$\alpha = 0.03$	$\alpha = 0.02$	$\alpha = 0.05$	$\alpha = 0.03$	$\alpha = 0.02$	$\alpha = 0.05$
lnmp_2		0.002 (1.19)			0.016 ** (2.39)	
lnmp_3			0.002 (1.24)			0.014 ** (2.44)
pgdp	0.004 (1.40)	0.004 (1.41)	0.004 (1.40)	0.009 *** (2.69)	0.008 *** (2.66)	0.008 *** (2.63)
wage	0.003 (0.94)	0.004 (0.95)	0.004 (0.96)	0.015 * (1.77)	0.015 * (1.77)	0.015 * (1.77)
pop	0.009 (1.55)	0.008 (1.56)	0.008 (1.57)	0.007 *** (3.71)	0.006 *** (3.66)	0.006 *** (3.62)
admin	0.033 *** (3.19)	0.030 *** (3.33)	0.029 *** (3.40)	0.062 *** (3.18)	0.060 *** (3.13)	0.058 *** (3.10)
dis_u	−0.021 *** (−2.99)	−0.020 *** (−3.19)	−0.019 *** (−2.89)	−0.047 *** (−9.30)	−0.046 *** (−8.74)	−0.045 *** (−8.30)
prov	−0.034 *** (−2.66)	−0.031 *** (−2.81)	−0.030 *** (−2.89)	−0.054 *** (−2.81)	−0.052 *** (−2.81)	−0.051 *** (−2.81)
tch	0.003 (1.20)	0.003 (1.20)	0.003 (1.20)	0.004 (1.08)	0.004 (1.07)	0.004 (1.05)
doc	0.007 ** (2.46)	0.006 *** (2.62)	0.006 *** (2.72)	0.009 (1.03)	0.008 (1.02)	0.008 (1.02)
dis_c	−0.003 (−1.20)	−0.003 (−1.22)	−0.004 (−1.23)	−0.016 *** (−4.85)	−0.016 *** (−4.90)	−0.015 *** (−4.95)
slope	−0.009 (−0.62)	−0.009 (−0.66)	−0.008 (−0.63)	0.005 (0.92)	0.005 (0.90)	0.004 (0.88)
样本量	1 287			1 292		
城市数	282			282		
人数	362 934			364 344		
准 R^2	0.722	0.722	0.722	0.602	0.602	0.603

注：*、**、***分别表示10%、5%和1%显著性水平。

表 6 - 10b　市场潜力影响不同流动距离的劳动力就业区位选择的回归结果（2）

choice	500~1 000 公里			1 000 公里以上		
	$\alpha = 0.03$	$\alpha = 0.02$	$\alpha = 0.05$	$\alpha = 0.03$	$\alpha = 0.02$	$\alpha = 0.05$
lnmp_1	0.009 * (1.86)			0.003 (0.94)		
lnmp_2		0.008 * (1.83)			0.003 (0.91)	
lnmp_3			0.009 * (1.88)			0.003 (0.96)
pgdp	0.006 * (1.66)	0.005 * (1.68)	0.005 * (1.66)	0.008 * (1.74)	0.008 * (1.71)	0.006 * (1.69)
wage	0.008 * (1.85)	0.008 * (1.85)	0.009 * (1.66)	0.008 * (1.80)	0.008 * (1.85)	0.008 * (1.84)
pop	0.003 (1.26)	0.003 (1.21)	0.003 (1.30)	0.004 * (1.78)	0.004 * (1.74)	0.005 * (1.66)
admin	0.025 (1.15)	0.026 (1.12)	0.025 (1.18)	0.016 (1.18)	0.015 (1.21)	0.019 (1.24)
dis_u	-0.010 (-1.42)	-0.010 (-1.35)	-0.010 (-1.48)	0.002 (0.81)	0.002 (0.80)	0.001 (0.86)
prov	0.121 ** (2.04)	0.122 ** (2.02)	0.123 ** (2.07)	0.007 (1.18)	0.007 (1.18)	0.008 (1.19)
tch	0.005 * (1.65)	0.005 * (1.65)	0.005 * (1.70)	0.005 (0.92)	0.004 (0.91)	0.004 (0.95)
doc	0.006 (0.83)	0.006 (0.82)	0.006 (0.83)	0.001 (0.86)	0.001 (0.87)	0.001 (0.90)
dis_c	-0.006 (-1.15)	-0.006 (-1.11)	-0.006 (-1.18)	0.001 (1.04)	0.001 (1.02)	0.001 (1.05)
slope	0.006 (1.36)	0.006 (1.31)	0.006 (1.39)	0.002 (0.84)	0.002 (0.85)	0.002 (0.87)

choice	500 ~ 1 000 公里			1 000 公里以上		
	$\alpha = 0.03$	$\alpha = 0.02$	$\alpha = 0.05$	$\alpha = 0.03$	$\alpha = 0.02$	$\alpha = 0.05$
样本量	941			846		
城市数	282			282		
人数	265 362			238 572		
准 R^2	0.427	0.427	0.428	0.163	0.161	0.166

注：*、**、***分别表示10%、5%和1%显著性水平。

2. 流入空间

与第 5 章的 5.3.2 节相同，本节也从四大经济区域和大中小城市两个角度考察劳动力流入空间的异质性。首先，表 6 – 11a 和表 6 – 11b 报告了市场潜力影响流入不同经济区域的劳动力的就业区位选择的回归结果。结果显示，流入东部地区就业的劳动力对于高铁引致的市场潜力的提升的反应最为强烈，流入中部地区就业的劳动力对于高铁引致的市场潜力的提升的反应较弱，平均边际效应不到前者的一半，而对于流入东北地区和西部地区的劳动力来说，高铁引致的市场潜力的提升对他们选择到该城市就业的概率的影响效果虽然为正，但是在统计学上并不显著。具体而言，对于流入东部地区劳动力而言，市场潜力每提高 1%，劳动力进入该城市就业的概率就相应提高 0.041 个百分点，该结果通过了 1% 的显著性水平检验。对于流入中部地区的劳动力而言，市场潜力每提高 1%，劳动力进入该城市就业的概率就相应提高 0.016 个百分点，该结果通过了 10% 的显著性水平检验。而对于流入东北地区和流入西部地区的劳动力而言，虽然回归结果显示，市场潜力每提高 1% 就能够使他们流入该城市的概率分别提高 0.002 个百分点和 0.006 个百分点，但是这两个结果并没有通过显著性检验，因此并不能说明市场潜力的提升会对这两类劳动力的就业区位选择产生显著的影响。

此外，从表 6 – 11a 和表 6 – 11b 中还可以看出，当空间衰减系数 α 分别取 0.02 和 0.05 时，流入东部地区的劳动力在进行就业区位选择时受到市场潜力提升的影响效果有所减少，分别下降 0.007 个百分点和 0.004 个百分点，但是回归结果的显著性没有发生改变，始终通过了 1% 的显著性水平检验。而对于流入东北地区、流入中部地区和流入西部地区的劳动力而言，空间衰减系数 α 的改变并没有使其相应的回归结果发生明显变化，回归结果的显著性也没有发生改变。因此，可以说明，高铁引致的城市市场潜力的提升对流入不同经济区域的劳动力选择到该城市就业的概率的影响效果是稳健的。

表 6 – 11a　市场潜力影响流入不同经济区域的劳动力就业区位选择的回归结果（1）

choice	东部地区			东北地区		
	$\alpha = 0.03$	$\alpha = 0.02$	$\alpha = 0.05$	$\alpha = 0.03$	$\alpha = 0.02$	$\alpha = 0.05$
lnmp_1	0.041 *** (14.73)			0.002 (1.25)		
lnmp_2		0.034 *** (8.67)			0.001 (1.30)	
lnmp_3			0.037 *** (10.39)			0.001 (1.26)
pgdp	0.026 * (1.84)	0.028 * (1.88)	0.028 * (1.83)	0.013 ** (2.37)	0.012 ** (2.36)	0.013 ** (2.40)
wage	0.011 ** (1.99)	0.012 * (1.83)	0.012 * (1.91)	0.007 * (1.79)	0.006 * (1.72)	0.008 * (1.75)
pop	0.006 ** (2.45)	0.007 *** (2.77)	0.006 *** (2.66)	0.009 (1.18)	0.007 (1.19)	0.007 (1.24)
admin	0.022 * (1.70)	0.025 * (1.82)	0.024 * (1.79)	0.012 *** (2.58)	0.019 *** (2.62)	0.015 *** (2.64)
dis_u	− 0.018 *** (− 6.81)	− 0.020 *** (− 9.57)	− 0.019 *** (− 10.14)	− 0.003 * (− 1.95)	− 0.004 * (− 1.95)	− 0.003 * (− 1.86)
prov	− 0.099 *** (− 5.60)	− 0.111 *** (− 7.52)	− 0.110 *** (− 7.15)	− 0.057 * (− 1.86)	− 0.054 * (− 1.95)	− 0.056 * (− 1.94)

续表

choice	东部地区			东北地区		
	$\alpha=0.03$	$\alpha=0.02$	$\alpha=0.05$	$\alpha=0.03$	$\alpha=0.02$	$\alpha=0.05$
tch	0.007 (0.82)	0.007 (0.83)	0.006 (0.91)	0.005 (0.81)	0.005 (0.92)	0.007 (0.91)
doc	0.022 *** (2.82)	0.026 *** (3.78)	0.025 *** (3.39)	0.012 (0.94)	0.009 (0.96)	0.010 (0.93)
dis_c	−0.082 *** (−6.97)	−0.091 *** (−9.53)	−0.090 *** (−10.79)	−0.006 (−0.69)	−0.007 (−0.68)	−0.008 (−0.66)
slope	0.010 *** (3.38)	0.010 *** (2.99)	0.010 *** (3.19)	−0.002 (−1.23)	−0.001 (−1.26)	−0.001 (−1.28)
样本量	664 110			100 392		
城市数	282			282		
人数	2 355			356		
准 R^2	0.398	0.394	0.396	0.488	0.483	0.489

注：*、**、*** 分别表示 10%、5% 和 1% 显著性水平。

表 6-11b　市场潜力影响流入不同经济区域的劳动力就业区位选择的回归结果（2）

choice	中部地区			西部地区		
	$\alpha=0.03$	$\alpha=0.02$	$\alpha=0.05$	$\alpha=0.03$	$\alpha=0.02$	$\alpha=0.05$
lnmp_1	0.016 * (1.83)			0.006 (1.19)		
lnmp_2		0.014 * (1.85)			0.005 (1.26)	
lnmp_3			0.016 * (1.81)			0.006 (1.21)
pgdp	0.015 * (1.94)	0.013 ** (2.44)	0.018 ** (2.41)	0.013 * (1.87)	0.015 * (1.79)	0.015 * (1.81)
wage	0.026 ** (2.45)	0.025 ** (2.50)	0.025 ** (2.54)	0.010 ** (2.19)	0.011 ** (2.10)	0.012 ** (2.35)

choice	中部地区			西部地区		
	$\alpha = 0.03$	$\alpha = 0.02$	$\alpha = 0.05$	$\alpha = 0.03$	$\alpha = 0.02$	$\alpha = 0.05$
pop	0.007 (1.36)	0.008 (1.19)	0.010 (1.10)	0.007 (1.17)	0.007 (1.19)	0.009 (1.23)
admin	0.137 ** (2.33)	0.144 ** (2.56)	0.143 ** (2.55)	0.173 ** (2.32)	0.166 ** (2.36)	0.169 ** (2.33)
dis_u	− 0.010 *** (− 4.13)	− 0.009 *** (− 4.24)	− 0.009 *** (− 4.32)	− 0.005 ** (− 2.49)	− 0.004 ** (− 2.33)	− 0.006 ** (− 2.40)
prov	− 0.142 *** (− 8.50)	− 0.143 *** (− 8.47)	− 0.145 *** (− 8.45)	− 0.087 ** (− 2.55)	− 0.088 ** (− 2.40)	− 0.089 ** (− 2.54)
tch	0.007 (0.71)	0.008 (0.90)	0.007 (0.91)	0.003 (0.70)	0.005 (0.75)	0.007 (0.81)
doc	0.020 ** (2.09)	0.017 ** (2.09)	0.018 ** (2.15)	0.022 ** (2.38)	0.019 ** (2.32)	0.021 ** (2.35)
dis_c	− 0.008 (− 0.62)	− 0.009 (− 0.50)	− 0.008 (− 0.56)	− 0.006 (− 0.78)	− 0.005 (− 0.82)	− 0.006 (− 0.77)
slope	0.001 (0.74)	0.001 (0.81)	0.001 (0.82)	0.002 (1.21)	0.002 (1.23)	0.003 (1.20)
样本量	181 890			284 820		
城市数	282			282		
人数	645			1 010		
准 R^2	0.394	0.393	0.391	0.488	0.487	0.486

注：* 、 ** 、 *** 分别表示 10%、5% 和 1% 显著性水平。

表 6 – 12a 和表 6 – 12b 分析了市场潜力对流入不同规模的城市的劳动力就业区位选择的影响效果。回归结果显示，流入中等城市就业的劳动力对于高铁引致的市场潜力的提升的反应最为强烈，流入大城市就业的劳动力对于高铁引致的市场潜力提升的反应较弱，但是这一结果的显著性最强，而对于流入小城市就业的劳动力来说，高铁引致的市场潜力的提升对他们选择到该城市就业的概率并没有显著的影响。具体来看，对于流入大城市的劳动力而言，城市市场潜力每提高 1%，劳动力进入该城市就业的概率就相应提高

0.017 个百分点，该结果通过了 1% 的显著性水平检验。对于流入中等城市的劳动力而言，城市市场潜力每提高 1%，劳动力进入该城市就业的概率就相应提高 0.041 个百分点，但该结果只通过了 1% 的显著性水平检验。而对于流入小城市就业的劳动力而言，虽然回归结果显示，城市市场潜力每提高 1% 就能使他们选择进入该城市就业的概率分别提高 0.004 个百分点，但是这个结果并没有通过显著性检验，因此并不能说明高铁引致的市场潜力的提升会对这类劳动力的就业区位选择产生显著的影响。

此外，从表 6 - 12a 和表 6 - 12b 中还可以看出，当空间衰减系数 α 分别取 0.02 和 0.05 时，高铁引致的城市市场潜力的变化对流入不同规模的城市的劳动力就业区位选择的平均影响效应及其显著性并没有发生明显改变。具体而言，当空间衰减系数 α 取 0.02 时，城市市场潜力每提升 1% 会使流动到大城市的劳动力选择到该城市就业的概率显著提高 0.014 个百分点、使流动到中等城市的劳动力选择到该城市就业的概率显著提高 0.035 个百分点。当空间衰减系数 α 取 0.05 时，城市市场潜力每提升 1% 会使流动到大城市的劳动力选择到该城市就业的概率显著提高 0.017 个百分点、使流动到中等城市的劳动力选择到该城市就业的概率显著提高 0.042 个百分点。而高铁引致的市场潜力的提高对流动到小城市的劳动力的就业区位选择的影响始终不显著。可见，改变空间衰减系数 α 的取值并不会使高铁引致的市场潜力对劳动力就业区位选择的影响效果及其显著性发生明显变化。因此，可以说明，高铁引致的城市市场潜力的提升对流入不同规模的城市的劳动力选择到该城市就业的概率的影响效果是稳健的。

表 6 - 12a　　　　市场潜力影响流入不同规模的城市的劳动力
就业区位选择的回归结果 （1）

choice	大城市			中等城市		
	$\alpha = 0.03$	$\alpha = 0.02$	$\alpha = 0.05$	$\alpha = 0.03$	$\alpha = 0.02$	$\alpha = 0.05$
lnmp_1	0.017 *** (2.78)			0.041 *** (5.56)		

续表

choice	大城市			中等城市		
	$\alpha = 0.03$	$\alpha = 0.02$	$\alpha = 0.05$	$\alpha = 0.03$	$\alpha = 0.02$	$\alpha = 0.05$
lnmp_2		0.014 *** (2.62)			0.035 *** (3.96)	
lnmp_3			0.017 *** (3.15)			0.042 *** (4.27)
pgdp	0.013 *** (3.48)	0.013 *** (3.49)	0.012 *** (3.46)	0.009 * (1.77)	0.007 * (1.79)	0.008 * (1.74)
wage	0.012 (1.28)	0.011 (1.22)	0.012 (1.33)	0.042 *** (2.81)	0.044 *** (2.60)	0.044 ** (2.34)
pop	0.009 *** (6.06)	0.010 *** (5.81)	0.009 *** (6.08)	0.005 (0.82)	0.005 (0.79)	0.005 (0.75)
admin	0.291 *** (9.06)	0.290 *** (7.80)	0.287 *** (9.52)	0.124 (1.31)	0.124 (1.30)	0.125 (1.30)
dis_u	−0.027 *** (−8.51)	−0.026 *** (−7.20)	−0.027 *** (−9.10)	−0.033 *** (−5.17)	−0.035 *** (−9.34)	−0.034 *** (−8.56)
prov	−0.287 *** (−8.02)	−0.281 *** (−6.90)	−0.287 *** (−8.52)	−0.185 *** (−3.64)	−0.193 *** (−4.37)	−0.190 *** (−4.28)
tch	0.006 (1.39)	0.005 (1.30)	0.006 (1.44)	0.008 (0.88)	0.008 (0.79)	0.008 (0.74)
doc	0.034 *** (4.23)	0.034 *** (4.24)	0.034 *** (4.20)	0.013 (0.85)	0.013 (0.84)	0.012 (0.85)
dis_c	−0.009 *** (−3.06)	−0.009 *** (−3.43)	−0.009 *** (−2.89)	−0.022 ** (−2.50)	−0.024 *** (−3.38)	−0.024 *** (−4.04)
slope	0.010 * (1.75)	0.009 * (1.67)	0.010 * (1.79)	0.013 (1.59)	0.014 (1.51)	0.013 (1.42)
样本量	728 124			295 254		
城市数	282			282		
人数	2 582			1 047		
准 R^2	0.459	0.459	0.460	0.375	0.375	0.376

注：* 、** 、*** 分别表示10%、5%和1%显著性水平。

表 6 – 12b 市场潜力影响流入不同规模的城市的劳动力
就业区位选择的回归结果（2）

choice	小城市		
	α = 0.03	α = 0.02	α = 0.05
lnmp_1	0.004 (0.95)		
lnmp_2		0.003 (1.01)	
lnmp_3			0.004 (0.98)
pgdp	0.009 * (1.75)	0.008 * (1.76)	0.009 * (1.74)
wage	0.012 * (1.74)	0.012 * (1.74)	0.013 * (1.68)
pop	0.015 ** (2.18)	0.014 * (1.91)	0.016 ** (2.12)
admin	0.138 (1.31)	0.134 (1.35)	0.136 (1.46)
dis_u	− 0.047 *** (− 2.62)	− 0.044 *** (− 2.62)	− 0.049 *** (− 2.62)
prov	− 0.115 *** (− 6.66)	− 0.109 *** (− 6.65)	− 0.120 *** (− 6.66)
tch	0.008 * (1.68)	0.008 * (1.78)	0.009 * (1.77)
doc	0.022 (1.38)	0.021 * (1.69)	0.023 * (1.68)
dis_c	− 0.007 (− 0.85)	− 0.005 (− 0.82)	− 0.007 (− 0.81)
slope	0.001 (0.91)	0.001 (0.93)	0.001 (0.98)

choice	小城市		
	$\alpha = 0.03$	$\alpha = 0.02$	$\alpha = 0.05$
样本量	207 834		
城市数	282		
人数	737		
准 R^2	0.297	0.295	0.291

注：*、**、***分别表示10%、5%和1%显著性水平。

6.3.3　劳动力未来预期异质性

表 6 – 13a 和表 6 – 13b 分析了市场潜力影响不同预期居留时间的劳动力的就业区位选择的回归结果。结果显示，整体而言，不论劳动力在流入地的预期居留时间是多长，市场潜力提升都能够显著提高他们选择进入该城市就业的概率，但是对于不同预期居留时间的劳动力来说，他们对于市场潜力提升的反应程度并不相同。具体来看，对于预期居留时间为 5 年以上的劳动力来说，他们对于市场潜力提升的反应最为强烈，市场潜力每增加 1%，他们选择进入该城市就业的概率就会相应提高 0.036 个百分点，并且这一结果通过了 1% 的显著性水平检验。对于预期居留时间为 5 年及以下的劳动力来说，他们对于市场潜力提升的反应明显弱于预期居留时间为 5 年以上的劳动力，市场潜力每增加 1%，他们选择进入该城市就业的概率会相应提高 0.011 个百分点，这一结果通过了 5% 的显著性水平检验。而对于还没想好预期居留时间的劳动力来说，他们对于市场潜力提升的反应更弱，市场潜力增加 1% 只会使他们选择进入该城市就业的概率提高 0.005 个百分点，这一结果通过了 10% 的显著性水平检验。可以发现，市场潜力提升对预期在流入地居留 5 年以上的劳动力选择进入该城市就业的概率的影响效果最强，约为对预期在流入地居留 5 年及以下的劳动力的影响效果的 3 倍，约为对尚未确定居留时间的劳动力的影响效果的 7 倍。这说明，随着劳动力在流入地的

预期居留时间不断降低，劳动力选择进入本地就业的概率受市场潜力的影响的强度不断减弱。

此外，从表6 – 13a 和表6 – 13b 中还可以看出，当空间衰减系数 α 发生变化时，各组劳动力的就业区位决策受高铁引致的市场潜力的影响效果及其显著性均没有发生明显改变。具体来看，当空间衰减系数 α 分别取 0.02 和 0.05 时，城市市场潜力每提高 1%，预期在流入地居留 5 年以上的劳动力在进行就业区位选择时选择进入该城市的概率都将显著提高 0.035 个百分点（1% 显著性水平），预期在流入地居留 5 年及以下的劳动力在进行就业区位选择时选择进入该城市的概率将显著提高 0.011 个百分点和 0.10 个百分点（5% 显著性水平），预期居留时间尚不确定的劳动力在进行就业区位选择时选择进入该城市的概率将显著提高 0.004 个百分点和 0.006 个百分点（10% 显著性水平）。由此可见，高铁引致的市场潜力的提升对在流入地的预期居留时间不同的劳动力选择到该城市就业的概率的影响效果是稳健的。

表6 – 13a　　　　　市场潜力影响不同预期居留时间的劳动力
就业区位选择的回归结果（1）

choice	5 年以上			5 年及以下		
	$\alpha = 0.03$	$\alpha = 0.02$	$\alpha = 0.05$	$\alpha = 0.03$	$\alpha = 0.02$	$\alpha = 0.05$
lnmp_1	0.036 *** (6.17)			0.011 ** (2.35)		
lnmp_2		0.035 *** (5.80)			0.011 ** (2.36)	
lnmp_3			0.035 *** (7.02)			0.010 ** (2.41)
pgdp	0.009 * (1.95)	0.009 * (1.94)	0.009 * (1.86)	0.017 *** (2.71)	0.017 *** (2.64)	0.017 *** (2.73)
wage	0.023 ** (2.34)	0.021 ** (2.03)	0.027 *** (2.60)	0.016 ** (2.12)	0.016 ** (2.11)	0.016 ** (2.15)

choice	5 年以上			5 年及以下		
	$\alpha=0.03$	$\alpha=0.02$	$\alpha=0.05$	$\alpha=0.03$	$\alpha=0.02$	$\alpha=0.05$
pop	0.006 * (1.83)	0.006 * (1.75)	0.006 * (1.95)	0.011 *** (3.75)	0.011 *** (3.58)	0.011 *** (3.79)
admin	0.132 ** (2.41)	0.134 ** (2.13)	0.140 *** (2.98)	0.201 *** (4.63)	0.204 *** (4.42)	0.197 *** (4.66)
dis_u	−0.024 *** (−3.01)	−0.023 ** (−2.53)	−0.026 *** (−4.28)	−0.029 *** (−4.41)	−0.029 *** (−4.08)	−0.029 *** (−4.50)
prov	−0.237 *** (−3.04)	−0.233 *** (−2.62)	−0.256 *** (−4.24)	−0.263 *** (−4.13)	−0.264 *** (−3.85)	−0.259 *** (−4.22)
tch	0.013 *** (2.99)	0.012 *** (2.67)	0.014 *** (3.12)	0.007 (1.13)	0.007 (1.11)	0.007 (1.16)
doc	0.012 (0.87)	0.014 (0.85)	0.012 (0.74)	0.019 (1.47)	0.020 (1.49)	0.019 (1.47)
dis_c	−0.016 * (−1.82)	−0.017 * (−1.68)	−0.017 ** (−2.16)	−0.006 (−0.91)	−0.008 (−1.01)	−0.006 (−0.99)
slope	0.026 *** (3.02)	0.025 *** (2.60)	0.029 *** (3.82)	0.004 (0.54)	0.004 (0.57)	0.004 (0.55)
样本量	308 226			352 782		
城市数	282			282		
人数	1 093			1 251		
准 R^2	0.287	0.286	0.289	0.335	0.333	0.336

注：* 、** 、*** 分别表示 10%、5% 和 1% 显著性水平。

表 6-13b　　市场潜力影响不同预期居留时间的劳动力
就业区位选择的回归结果（2）

choice	没想好		
	$\alpha=0.03$	$\alpha=0.02$	$\alpha=0.05$
lnmp_1	0.005 * (1.85)		

续表

choice	没想好		
	$\alpha = 0.03$	$\alpha = 0.02$	$\alpha = 0.05$
lnmp_2		0.004 * (1.82)	
lnmp_3			0.006 * (1.91)
pgdp	0.010 * (1.77)	0.010 * (1.72)	0.010 * (1.79)
wage	0.022 * (1.72)	0.021 * (1.85)	0.022 * (1.82)
pop	0.006 * (1.73)	0.005 * (1.72)	0.005 * (1.72)
admin	0.183 *** (3.04)	0.180 *** (2.71)	0.184 *** (3.22)
dis_u	−0.022 *** (−2.88)	−0.021 ** (−2.55)	−0.022 *** (−3.08)
prov	−0.233 *** (−2.85)	−0.225 ** (−2.54)	−0.235 *** (−3.05)
tch	0.009 (1.06)	0.010 (0.91)	0.009 (1.01)
doc	0.016 (1.36)	0.016 (1.35)	0.016 (1.35)
dis_c	−0.015 *** (−3.48)	−0.014 *** (−3.23)	−0.015 *** (−3.59)
slope	0.014 (1.56)	0.013 (1.48)	0.014 (1.61)
样本量	257 184		
城市数	282		
人数	912		
准 R^2	0.321	0.319	0.322

注：*、**、***分别表示10%、5%和1%显著性水平。

6.4 本章小结

在第 4 章和第 5 章的分析中，本书已经讨论了城市开通高铁对劳动力选择进入该城市就业的概率的总体影响和异质性影响。为了进一步分析高铁对劳动力就业区位选择的影响机制，本章尝试从高铁开通能够引致城市的市场潜力发生变化这一视角，来对高铁对劳动力就业区位选择的影响的作用机制进行实证检验。首先，基于现有研究对哈里斯（Harris，1954）提出的市场潜力模型进行拓展，通过在模型中引入城市间高铁通行时间和高铁通行频次的方法，构建了从缩短通行时间和增加通行频次两个方面表现高铁时空压缩效应的市场潜力指标。其次，在机制检验中继续运用条件 Logit 模型，将市场潜力作为主要解释变量，考察它对于劳动力就业区位选择的总体影响效果。最后，从劳动力的异质性出发，考察市场潜力对异质性劳动力的影响效果。本章的实证检验结果如下：

第一，当把研究对象视为同质时，对于全体劳动力而言，高铁引致的市场潜力的提升与劳动力选择在该城市就业的概率之间呈现出显著的正相关关系。具体而言，市场潜力每提高 1%，就会导致劳动力选择到该城市就业的概率提高 0.021 个百分点，并且该结果在 1% 的显著性水平下显著。

第二，通过放缩市场潜力公式中的空间衰减系数 α 的取值，得到另外两个不同的市场潜力矩阵，使用不同的市场潜力数据进行条件 Logit 模型回归后得到的结果显示，改变市场潜力并不会对回归结果产生显著影响。不管空间衰减系数 α 取何值，市场潜力与劳动力选择在该城市就业的概率之间的正相关关系始终在 1% 显著性水平下显著，并且市场潜力的平均边际效应估计值变化不大。同样地，替换不同抽样比例的子样本得出的回归结果也显示，空间衰减系数 α 取值的变化不会改变市场潜力与劳动力选择在该城市就业的概率之间的显著的正相关关系。由此说明，市场潜力对劳动力选择在该城市就业的概率的正向影响是十分稳健的。

第三，基于劳动力的异质性，本章继续从个体特征、流动空间和未来预期三个方面考察劳动力的异质性，依次按照性别、年龄、受教育程度、职业类型、流动范围、流入区域和预期居留时间对劳动力样本进行分组回归，实证研究市场潜力的变化对于劳动力选择到该城市就业的概率的异质性影响效果。主要研究结果如下：

首先，基于劳动力个体特征异质性的研究结果显示：（1）不同性别的劳动力在进行就业区位选择时都会受到高铁引致的城市市场潜力的影响，并且女性劳动力对市场潜力变化的反应更加敏感；（2）不同年龄段的劳动力在进行就业区位选择时都会受到高铁引致的城市市场潜力的影响，其中，15～29 周岁的青年劳动力在进行就业区位选择时受市场潜力的影响效果最强，其次是 45 周岁以上的中老年劳动力，而 30～44 周岁的壮年劳动力所受的影响效果最低；（3）不同受教育程度的劳动力在进行就业区位选择时都会受到高铁引致的城市市场潜力的影响，其中，受教育程度为大学及以上与受教育程度为小学及以下的劳动力在进行就业区位选择时受市场潜力的影响效果基本一致且最为显著，受教育程度为初中和高中或中专的劳动力在进行就业区位选择时受市场潜力变化的影响效果次之，受教育程度为大专的劳动力在进行就业区位选择时受市场潜力的影响效果最低；（4）职业类型为"生产、运输设备操作人员及有关人员""商业、服务业人员"和"专业技术人员"的劳动力在进行就业区位选择时受市场潜力变化的影响显著为正，而对于职业类型为"农、林、牧、渔和水利业生产人员""机关、组织与企事业单位从业人员"和"其他、无固定职业"的劳动力来说，高铁引致的市场潜力的变化对他们的就业区位选择没有显著影响。

其次，基于劳动力流动空间异质性的研究结果显示：（1）劳动力不管是跨省流动还是省内跨市流动，他们在进行就业区位选择时都会受到高铁引致的市场潜力提升的显著影响，但是市场潜力的提升对省内跨市流动的劳动力的就业区位选择的影响效果更强也更显著；（2）劳动力流动的地理距离不同，其在进行就业区位选择时受高铁引致的市场潜力变化的影响也不相同，流动距离为 200～500 公里的劳动力受市场潜力变化的影响最大，然后是流动距离为 500～1 000 公里的劳动力，而市场潜力变化对流动距离在 200 公里以下和 1 000 公里以上的劳动力的就业区位选择没有显著影响；（3）流入东部地区就业的劳动力对于市场潜力提升的反应最为强烈，流入中部地区就业的劳动力对于市场潜力提升的反应较弱，而流入东北地区和西部地区的劳动力对于市场潜力提升的反应不显著；（4）流入城区常住人口规模为 50～100 万人的中等城市就业的劳动力对于市场潜力提升的反应最为强烈，流入城区常住人口规模为 100 万人以上的大城市就业的劳动力对于市场潜力提升的反应强度次之，而流入城区常住人口规模小于 50 万人的小城市就业的劳动力对于市场潜力提升的反应不显著。

最后，基于劳动力未来预期异质性的研究结果显示：不论劳动力在流入地的预期居留时间是多长，市场潜力提升都能够显著提高他们选择进入该城市就业的概率，但是对于不同预期居留时间的劳动力来说，他们对于市场潜力提升的反应程度并不相同。随着劳动力在流入地的预期居留时间不断增加，劳动力选择进入该城市就业的概率受市场潜力的影响的强度会不断增强，影响效果的显著性水平也在不断提高。

第 7 章

结论、启示与展望

本书基于"分析背景—梳理文献—提出问题—分析问题—解决问题"的基本思路，对中国高铁对劳动力流动的影响问题进行了系统、深入地研究。研究发现，城市开通高铁对劳动力的就业区位选择存在显著的正向影响，高铁开通能够通过引致城市市场潜力提升进而提高劳动力流入该城市的概率。通过考察中国高铁对劳动力区位选择的影响效果与作用机制，可以更加深刻地理解中国高铁在劳动力空间布局演化中起到的重要作用，这对优化当前中国区域经济空间格局、构建现代化经济体系和解决经济发展不平衡不充分的问题都具有重要意义。作为全书的总结章，本章将首先对前文各章节的主要研究结果进行梳理总结，之后在主要结论的基础上进一步引申，讨论其政策启示，最后针对本书的不足之处对未来研究方向进行展望。

7.1 主要结论

在中国高铁网络建设不断完善和劳动力持续大规模流动的背景下，如何从微观角度研究高铁对劳动力流动的影响，是一个有待解决的学术问题，具有重要的理论意义和现实意义。虽然已有文献对高铁对劳动力流动的影响进行了分析，但现有研究大多局限于宏观层面的讨论，基于劳动力个体层面研究高铁对劳动力区位选择的影响的文献尚不多见。因此,围绕"中国高铁对劳动力就业区位选择的影响"这一核心问题,从理论研究和经验研究两个方面进行展开,研究高铁对劳动力区位选择的总体影响和异质性影响,并对其主要作用机制进行实证检验。

本书首先通过分析研究背景,提出了以下三个重点研究的问题:第一,中国高铁对劳动力以就业为目的的区位选择是否存在影响;第二,对于异质性劳动力而言,中国高铁对他们以就业为目的的区位选择的影响是否存在差异;第三,中国高铁对劳动力以就业为目的的区位选择影响机制是什么。针对这三个研究问题,本书首先对相关研究领域的国内外文献进行综述,接着梳理了相关理论基础并分析了高铁影响劳动力区位选择的主要作用机制。之后,在理论研究的基础上展开经验研究。利用全国流动人口动态监测调查数据和全国 282 个地级市的城市特征数据和城市高铁数据,运用条件 Logit 模型进行实证分析,识别城市开通高铁对劳动力就业区位选择的总体影响和异质性影响,并通过构建高铁引致的市场潜力指标进一步对高铁影响劳动力区位选择的作用机制进行实证检验。最后总结全书并得出相关政策启示。

本书的主要研究结论如下:

第一,高铁开通后可以通过降低城市间交通运输成本和提高城市对于经济要素的吸引力这两个方面提高城市的可达性和市场潜力,从而提高劳动力选择到该城市就业的概率。高铁的基本属性主要有三点:一是高铁作为一种新型便利的交通运输方式所具备的实用性,二是高铁作为一项国家大型基础设施建设工程所具备的经济性,三是高铁作为一类准公共物品所具备的公益性。高铁的实用性能够带来城市之间通行时间的大幅压缩和通行频次的不断增加,导致高铁的时空压缩效应大大增强。高铁的经济性主要表现在高铁作为一项大型基础设施能够通过拉动投资、促进消费和将高铁新区(新城)以及高铁站点发展成为新的城市经济增长极等渠道拉动城市经济增长。高铁的公益性主要体现在高铁作为一项不可交易的准公共物品能够提高当地的交通基础设施水平、公共服务水平和城市宜居性。这三种基本属性能够使高铁开通后通过时空压缩效应、增长拉动效应和用脚投票效应降低城市之间的交通运输成本、提高城市对于经济要素的吸引力,从而提高城市的可达性和市场潜力,提高劳动力选择到该城市就业的概率。此外,城市可达性和市场潜力的提高还能够使城市产生规模经济导致要素在空间上集聚,而随着集聚效应的不断增强,异质性的经济要素在空间上又会进一步发生选择效应和类分效应,从而导致劳动力选择到该城市就业的概率发生改变。

第二,微观层面的基准回归结果显示,城市开通高铁能够显著提高劳动力选择进入该城市就业的概率。本书基于劳动力以就业为导向的区位选择行为,使用 2013~2017 年国家卫生健康委员会发布的全国流动人口动态监测调查数据与 2011~2015 年间全国 282 个地级市的多项城市特征数据,运用条件 Logit 模型,从微观角度实证分析了城市开通高铁对劳动力区位选择的影响效应。对 2012~2016 年 1~4 月流入居住地的 43 668 个劳动力样本的 10% 子样本进行的基准回归结果显示,城市开通高铁能够使得劳动力选择进入该城市就业的概率显著提高 15.4 个百分点(1% 显著性水平)。当模型中的控制变量发生变化时,回归系数的具体数值会发生改变,但是影响效果的显著性始终不发生变化。并且,使用相同的计量模型对不同抽样比例的子样本(5% 子样本和 7.5% 子样本)进行回归得到的结果也都十分显著。由此,本书认为城市开通高铁有助于提高劳动力选择进入该城市就业的概率,并且这种正向促进作用是稳健的。

第三,城市开通高铁对劳动力选择到该城市就业的概率的正向促进作用确实是由高铁开通本身所引致的。现实中高铁选址存在非随机性,这使得本书不得不思考一个问题,那就是:究竟是高铁的开通影响了劳动力的区位选择,还是开通高铁的城市的其他经济因素影响了劳动力的区位选择?针对这个问题,本书进行了"安慰剂"检验。本书选择那些已经规划但尚未建设或者已经开工建设但尚未建成的高铁线路,利用这些线路信息,构建了"虚拟高铁开通"哑变量,并用这个变量代替基准回归中的城市高铁开通变量,使用条件 Logit 模型进行回归,通过最大似然估计得出变量的平均边际效应估计值。"安慰剂"检验的结果显示,"虚拟高铁开通"这一解释变量的平均边际效应始终未能通过显著性检验,也就是说,那些即将在未来连通到国家高铁网络中的城市并没有像已经开通高铁的城市一样显现出对劳动力的吸引力。之后，本书依旧通过改变子样本的抽样比例的方法检验了"安慰剂"检验结果的稳健性。对不同抽样比例的子样本的回归结果均显示没有实际通车的虚拟高铁线路并不能像已经通车的高铁线路一样显著提高劳动力选择到该城市就业的概率。由此，本书认为，城市开通高铁对劳动力选择到该城市就业的概率的正向促进作用确实是由高铁开通本身所引致的，并且这种显著的促进作用是稳健的。

第四，城市开通高铁对异质性劳动力就业区位选择的影响有所不同。基于劳动力个体特征异质性的研究结果显示：首先，女性劳动力对于城市开通高铁的反应要比男性劳动力更加强烈，并且高铁对劳动力的显著吸引力会随着劳动力年龄的增长呈现出先减小后增加的 U 型变化趋势，即 15 ~ 29 周岁的劳动力对城市开通高铁的反应最为强烈，45 周岁以上的劳动力对城市开通高铁的反应次之，30 ~ 44 周岁的劳动力对城市开通高铁的反应程度低于前两者。其次，城市开通高铁对不同受教育程度的劳动力选择到该城市就业的概率都能起到显著的促进作用，但是受过大学本科和研究生教育的劳动力对于城市开通高铁的反应程度远远大于没有受过大学本科教育的劳动力。最后，城市开通高铁对职业类型为"生产、运输设备操作人员及有关人员""商业、服务业人员"和"专业技术人员"的劳动力的就业区位选择能够产生显著的正向影响，对于职业类型为"农林牧渔及水利业生产人员""机关、组织和企事业单位从业人员"和"其他、无固定职业"的劳动力的就业选择的影响为正，但并不显著。基于劳动力流动空间异质性的研究结果显示：首先，就不同流动范围而言，省内跨市流动的劳动力和跨省流动的劳动力在进行就业区位选择时都会受到城市开通高铁的影响但前者的反应更加强烈，流动距离介于 200 ~ 500 公里之间和流动距离介于 500 ~ 1 000 公里的劳动力在进行就业区位选择时都会受到城市开通高铁的影响，但前者的反应更加强烈，而流动距离小于 200 公里和流动距离大于 1 000 公里的劳动力对城市开通高铁的反应不敏感；其次，就不同流入空间而言，城市开通高铁能够显著提高流入东部地区和中部地区的劳动力选择到该城市就业的概率而对流入西部地区和东北地区的劳动力的影响不显著，城市开通高铁能够显著提高流入大城市和中等城市的劳动力选择到该城市就业的概率而对流入小城市的劳动力的影响不显著。基于劳动力未来预期异质性的研究结果显示：随着劳动力在流入地的预期居留时间不断提高，劳动力选择进入该城市就业的概率受城市开通高铁的影响的强度会不断增强，影响效果的显著性水平也在不断提高。此外，对不同抽样比例的子样本的回归结果与基准回归结果不存在显著差异，因此可以说以上各项回归结果具有一定的稳健性。

第五，高铁引致的市场潜力提高能显著提高劳动力选择到该城市就业的概率。本书拓展哈里斯（Harris，1954）市场潜力模型，通过在模型中同时引入城市间高铁通行时间和高铁通行频次，构建了从缩短通行时间和增加通行频次两个方面表现高铁时空压缩效应的市场潜力指标，并将其作为主要解释变量，考察它对劳动力就业区位选择的影响效果。研究结果表明，对于全体劳动力而言，市场潜力每提高1%，就会导致劳动力选择到该城市就业的概率显著提高 0.021 个百分点（1%显著性水平）。改变空间衰减系数 α 的取值后，市场潜力提高对劳动力选择在该城市就业的概率的提升作用始终在1%显著性水平下显著，并且平均边际效应的估计值变化不大。同样地，替换不同抽样比例的子样本得出的回归结果也显示，空间衰减系数 α 取值的变化不会改变市场潜力提高与劳动力选择在该城市就业的概率之间的显著的正相关关系。由此说明，城市的市场潜力对劳动力选择在该城市就业的概率的正向影响是十分稳健的。

第六，市场潜力的提高对异质性劳动力选择进入该城市就业的概率的影响也有所不同。对比第6章6.3节的回归结果和第5章5.2～5.4节的回归结果来看，市场潜力提高对异质性劳动力的影响效果与城市开通高铁对异质性劳动力的影响效果大体上一致，此处就不再赘述。但是值得注意的是，对于不同受教育程度的劳动力而言，二者的回归结果存在较为明显的区别。具体来看，5.2.2节的回归结果显示对于受教育程度为小学及以下、初中、高中和大专的劳动力来说，城市开通给高铁对他们选择到该城市就业的概率的提升效应差距不大，平均约为 16.7 个百分点。而对于受教育程度为本科及以上的劳动力来说，城市开通高铁能够使他们选择到该城市就业的概率显著提升 34.1 个百分点，这一影响效果约为前者的 2 倍。但是 6.3.1 节的回归结果显示，受教育程度为本科及以上的劳动力和受教育程度为小学及以下的劳动力受市场潜力的影响效果大致相同而且都十分显著，分别为 0.030 和 0.031。这或许可以反映出，当市场潜力提高时，城市不仅能够吸引更多的高技能劳动力从事对技能要求相对较高的工作，同时随着人口的不断集聚，城市同样能够吸引更多的低技能劳动力。可以说明，高技能劳动力和低技能劳动力之间也会存在技能互补需求，高技能劳动力更好的工作，也需要低技能劳动力提供服务。

与已有研究相比，本书在以下方面取得了新的进展。第一，从高铁作为交通运输方式、作为大型基建和作为准公共物品这三个角度总结了高铁的三大基本属性，并从这三种属性入手，探讨了高铁对劳动力区位选择的直接影响效应和间接影响效应，在此基础上提出了高铁对劳动力区位选择的主要影响机制。第二，以大量微观个体为研究对象，使用 2012~2016 年 1~4 月流入居住地的劳动力个体混合截面数据和 2011~2015 年全国 282 个地级市的经济社会统计数据、城市地理特征数据和城市高铁数据，运用条件 Logit 模型，实证分析了中国高铁对劳动力就业区位选择的总体影响和异质性影响。第三，在已有文献的基础上拓展了市场潜力模型，通过同时纳入高铁通行时间和高铁通行频次，构建了由高铁引致的市场潜力指标，并进一步运用条件 Logit 模型进行对中国高铁对劳动力就业区位选择的影响机制进行检验。

7.2 政策启示

由本书的主要研究结论引申得出的政策启示主要包括以下四个方面：

第一，充分认识中国高铁在劳动力就业区位选择中的正向影响作用，顺应开通高铁的城市对劳动力具有更强吸引力的发展趋势，不断完善中国"八纵八横"的高铁网络建设。从分析中可知，高铁开通带来的交通运输条

件改善能够通过大幅压缩城市间的时空距离和提升城市对于经济要素的吸引
力，降低城市间的交通运输成本，提高城市的可达性，从而大幅提高劳动力
等经济要素在城市之间的流动能力，扩大劳动力流动的规模和频率，改变劳
动力的就业区位选择，影响劳动力的空间布局。那么，坚持不懈地提高中国
的交通运输基础设施水平、不断推进"八纵八横"中国高铁网络建设，就
能够进一步消除劳动力流动的地理障碍，加速劳动力自由流动。这不仅有利
于优化劳动力要素的空间配置，促进国内劳动力市场一体化，更有利于通过
劳动力流动增强城市间的互联互通、扩大城市市场范围以及缩小城乡之间和
区域之间的收入差距。从这一点来看，不断推进高铁网络建设是促进城乡之
间和区域之间福利分配和推动区域一体化发展的重要机遇，是解决当前中国
"经济发展不平衡不充分"问题的重要路径。

　　第二，中部地区可进一步加大高铁建设力度，不断推进高铁支线建设，
优化高铁网络，东北地区和西部地区则应逐步完善高铁干线建设。本书认
为，在国内整体不断推进高铁网络建设的同时，各地区应根据自身发展情况
因地制宜地推进高铁建设。从第 5 章和第 6 章的实证分析可知，城市高铁开
通或者高铁引致的城市市场潜力的提升对流入不同区域的劳动力选择进入该
城市就业的概率都能产生正向影响，但是，只有对于流入东部地区和中部地
区的劳动力，这种正向影响才是显著的。而且，虽然高铁对流入东部地区和
中部地区的劳动力的影响效果都显著，但是两者的回归结果有明显差异，流
入东部地区的劳动力对于城市开通高铁的反应更加强烈，而且回归结果能够
通过 1% 显著性水平检验，而流入中部地区的劳动力对于城市开通高铁的反
应强度低于前者，回归结果也只通过了 10% 显著性水平检验。可以看出，
当前能够依托高铁提高城市可达性从而引致劳动力资源的空间再分配的区域
主要还是高铁覆盖面积更广、网络化程度更高的东部地区，中部地区虽然也
表现出了这个特点，但是当前高铁对劳动力流动的促进效果还较弱，存在进
一步发展的空间。结合国家中长期高速铁路网规划（2016 版）对于未来中
国高铁建设作出的设计，未来中部地区可以进一步加大高铁建设力度，在主
要高铁干线建成通车的基础上，不断推进高铁支线建设，优化高铁网络。而

东北地区和西部地区由于自身的地理环境因素、气候因素和社会经济发展水平等原因，高铁建设的起步时间本就相对较晚，高铁网络还没有成型，因此虽然计量回归结果显示出了高铁对流动到当地的劳动力的吸引趋势，但是并不显著。尤其是西部地区，由于地形和气候状况复杂，西部地区的交通运输条件总体较为落后，影响劳动力资源在空间上的优化配置。但是，随着东北振兴战略、西部大开发战略和"一带一路"倡议的深入贯彻实施，东北地区和西部地区正在由原来的国家边疆地区逐步转变为新时期中国对外开放的前沿阵地。而交通运输条件的局限会使这些地区难以承担相应的发展政策，因此，未来需要不断优化东北地区和西部地区的交通运输条件。考虑到东北地区和西部地区的经济社会情况和自然条件，未来中国可以不断完善东北地区和西部地区的高铁干线建设，贯通高铁主通道，以高铁干线带动地区发展，为中国高铁网络体系向东北地区和西部地区扩展奠定基础。

第三，各地在不断推进高铁建设的同时也要兼顾城市综合实力的提升。从实证分析中可知，城市可达性不仅受城市交通运输成本的影响，还受城市的经济发展水平、人口规模、整体基础设施水平和公共服务水平等一系列经济或非经济因素的影响。因此，在大力发展高铁的同时，各地也要重视城市整体实力的提升，不能盲目推进，以免出现"投入过大、收效甚微"的情形。具体而言，本书认为各地可以重点从以下四个方面提升整体实力：一是加强市内交通运输硬件基础设施建设。例如，在高铁建设的同时兼顾城市内部地铁和快速公交系统等交通基础设施建设，提升城市整体交通运输水平，增强城市可达性。二是加强软件基础设施建设。习近平总书记指出"人才资源是我国在激烈的国际竞争中的重要力量和显著优势"。[①] 各地需完善与劳动力流动相关的配套政策措施，通过提升收入和提高福利待遇等措施吸引劳动力尤其是高技能劳动力，同时进一步打破区域间要素流动的体制机制障碍，增强高铁引致的劳动力流动效应对地区人力资本的提升效果等。三是增强公共服务水平。从分析中可知，公共服务水平的提高能够通过提高城市可

---

① 《习近平谈治国理政（第四卷）》，外文出版社 2022 年版，第 538 页。

达性增强城市对劳动力等要素的吸引力。第4章的实证分析也印证了这个观点，回归结果显示城市的基础教育教师数和医生数都会对劳动力选择进入该城市就业的概率产生正向的促进作用。因此，提高城市公共服务水平有助于提高城市吸纳劳动力的能力。四是推进产业结构升级。从第5章和第6章的实证分析中可知，城市开通高铁对在生产和运输设备操作等第二产业就业的劳动力、在商业和服务业等第三产业就业的劳动力和从事专业技术工作的劳动力有显著的吸引力，而对于从事第一产业工作的劳动力吸引力不显著，影响效果甚至为负。因此，进一步推进城市产业结构升级，优先选择第二、第三产业较为发达的城市进行高铁建设，或许可以更好、更高效地发挥高铁对城市劳动力流动的引导作用。

第四，城市的中长期发展战略应与高铁开通紧密相连。随着"八纵八横"高铁网络建设的不断推进，中国全社会正逐步迈入高铁时代，未来中国会有更多地区开通高铁，高铁与经济社会发展的关联性也将不断增强。从分析中可知，城市开通高铁将显著提高劳动力选择到该城市就业的概率，这意味着城市开通高铁会影响到城市内部的劳动力的分布格局，进而会对城市内部的经济活动布局产生影响。尤其是目前一些城市正在大力推进高铁新区（新城）建设，这更有可能对城市的劳动力布局产生深远影响。因此，城市管理者应顺应这一发展趋势，抓住高铁发展带来的契机，将城市的中长期发展战略与高铁开通这一重大事实紧密结合起来，实现城市劳动力更加均衡、合理的布局，保证城市高效运转。

7.3 研究展望

本书对中国高铁对劳动力区位选择的影响与机制进行了比较系统和深入的研究，但是研究也还存在着一些不足之处，这也为未来的研究提供了方向。以下从理论研究和经验研究两个方面讨论本书的不足，同时也对未来的研究进行展望。

总体而言，本书以经验研究为主，理论分析主要集中在第 3 章。在第 3 章中，首先对高铁的三大基本属性进行阐述，并基于三个属性从三个方面对相关理论进行了分析，之后讨论了高铁影响劳动力区位选择的理论机制，为后文的经验研究提供支撑。从本质上看，本书考察的是区域经济学最核心的问题，即交通运输条件的改善将如何影响劳动力个体的区位选择，这个问题具有重要的理论意义。如果能对理论进一步深化，例如，将理论模型化，可能会有助于更加深刻地理解高铁对劳动力区位选择的影响。

具体而言，本书的经验研究可以从以下五个方面进行拓展。

第一，高铁的通行频次数据未来可以进一步完善。作者借助 2011 ~ 2015 年中国铁道出版社出版的《全国铁路旅客列车时刻表》，前后耗费半年多时间整理出了中国 282 个地级市之间的高铁通行频次数据。但现实中，在一年内任意两个城市间的高铁通行频次都有可能发生一定程度上的调整。然而，限于资料的可得性，当前作者无法搜集齐每年不同月份的《全国铁路旅客列车时刻表》。因此，如果有机会，未来还可以进一步完善高铁频次数据。

第二，在市场潜力指标的构建中可以加入普通列车通行频次数据。本书在第 6 章构建高铁引致的市场潜力指标时引入了高铁通行频次数据，但是由于本书写作时间和作者精力有限，在市场潜力指标的构建中没有考虑普通列车的通行频次数据。虽然普通列车的通行频次对于城市可达性的影响效果有限，但是如果能将其纳入市场潜力模型中，或许能够更加全面地考察城市之间的可达性。例如，从张萌萌和孟晓晨（2014）的研究中可以发现，将高铁通行频次和普通列车通行频次同时纳入市场潜力模型中之后，可以通过效应分解的方法，分解出高铁对市场潜力的提升作用和普通铁路对市场潜力的提升作用，这样一来可能会更加直观地反映出高铁对城市市场潜力的影响强度。然而，作者仅整理 2011 ~ 2015 年高铁列车通行频次数据就已经花费了近半年的时间，相比起高铁列车通行频次，普通列车通行频次数据整理起来更为不易，工作量会更大。因此，限于时间和精力，本书没有考虑普通列车的通行频次数据，未来的研究可以针对这一点进行拓展。

第三，控制变量的选取可以进一步优化。本书在实证研究中主要从城市的经济发展水平、劳动力收入水平、人口规模、行政级别、教育医疗等公共服务水平、开放水平、备选城市与劳动力户籍地的地缘关系以及城市主要地理特征这八个方面来选取控制变量，以期尽可能控制其他可能影响劳动力区位选择的因素。虽然计量分析得到的主要结果基本符合本书的预期，但是这并不意味着这些控制变量就是最优选择。未来的研究中，可以通过查阅更多的文献，选择合适的方法进一步优化控制变量的选择，例如，计算各个城市对劳动力的需求水平和劳动力在不同城市能够获得的预期收入水平等指标。

第四，可以考虑使用不同的劳动力数据进行研究。作为国家卫生健康委员会每年花费大量人力、物力、财力通过实地进行问卷调查得到的数据，全国流动人口动态监测调查数据具有很多优点，这在第4章的数据来源介绍中已经提过，此处就不再进行赘述。但是，用这个数据研究本书的问题也存在不足之处，例如，由于该数据不是追踪数据，本书在实证分析中只能对不同年份的研究对象进行混合截面数据回归，而不能进行面板数据回归。因此，如果能够有机会使用劳动力追踪调查数据进行分析，或许又会有新的发现。

第五，可以考虑缩小备选地的空间尺度。由于当前中国区县一级行政区的经济社会统计数据非常缺乏，因此考虑到反映备选地经济社会发展特征的数据的可得性，本书在实证分析中设定每个劳动力所面临的备选地集合均为国内282个地级市。但是，从现实的角度考虑，地级市的空间尺度较大，用地级市作为劳动力的空间区位备选地可能并不能精准地反映出高铁对劳动力区位选择的影响效果。因为对于绝大多数地级市而言，城市都会下辖不止一个市辖区和县区。当我们将研究尺度缩小到区县层面时就会发现高铁在城市内部也存在选址的问题。高铁究竟建在城市下辖的哪个区县里？是建在中心城区里还是建在城乡结合部地区？高铁在城市内部选址的不同很可能会导致它对劳动力的吸引力不同。因此，如果有可能，未来的研究还应该将劳动力所面临的备选地缩小到区县层面，从而更加准确地识别高铁对劳动力区位选择的影响效果。

参 考 文 献

[1] 白俊红、王钺、蒋伏心、李婧:《研发要素流动、空间知识溢出与经济增长》,载于《经济研究》2017年第7期。

[2] 卞元超、吴利华、白俊红:《高铁开通、要素流动与区域经济差距》,载于《财贸经济》2018年第6期。

[3] 蔡昉:《人口迁移和流动的成因、趋势与政策》,载于《中国人口科学》1995年第5期。

[4] 陈洁、陆锋、程昌秀:《可达性度量方法及应用研究进展评述》,载于《地理科学进展》2007年第5期。

[5] 陈强:《高级计量经济学及Stata应用》(第二版),高等教育出版社2014年版。

[6] 邓涛涛、王丹丹、程少勇:《高速铁路对城市服务业集聚的影响》,载于《财经研究》2017年第7期。

[7] 邓涛涛、闫昱霖、王丹丹:《高速铁路对中国城市人口规模变化的影响》,载于《财贸研究》2019年第11期。

[8] 董亚宁、杨开忠、顾芸:《人口区位选择研究回顾与展望:基于新空间经济学视角》,载于《西北人口》2019年第6期。

[9] 杜兴强、彭妙薇:《高铁开通会促进企业高级人才的流动吗?》,载于《经济管理》2017年第12期。

[10] 段成荣、杨舸:《我国流动人口的流入地分布变动趋势研究》,载于《人口研究》2009年第6期。

［11］高虹：《城市人口规模与劳动力收入》，载于《世界经济》2014年第10期。

［12］洪俊杰、倪超军：《城市公共服务供给质量与农民工定居选址行为》，载于《中国人口科学》2020年第6期。

［13］侯雪、刘苏、张文新、胡志丁：《高铁影响下的京津城际出行行为研究》，载于《经济地理》2011年第9期。

［14］呼倩、黄桂田：《改革开放以来中国劳动力流动研究》，载于《上海经济研究》2019年第6期。

［15］黄玖立、李坤望：《出口开放、地区市场规模和经济增长》，载于《经济研究》2006年第6期。

［16］贾善铭、覃成林：《国外高铁与区域经济发展研究动态》，载于《人文地理》2014年第2期。

［17］蒋华雄、孟晓晨：《京沪高铁对沿线城市间空间相互作用影响研究》，载于《北京大学学报（自然科学版）》2017年第5期。

［18］魁奈：《魁奈经济著作选集》，商务印书馆，2009年中译本。

［19］李红昌、Linda Tjia、胡顺香：《中国高速铁路对沿线城市经济集聚与均等化的影响》，载于《数量经济技术经济研究》2016年第11期。

［20］李红、张珺、欧晓静：《中国高速铁路区际人口流的异质性初探——基于南广与贵广高铁的调研问卷调查》，载于《广西大学学报（哲学社会科学版）》2018年第5期。

［21］李嘉图：《政治经济学及赋税原理》，商务印书馆，2009年中译本。

［22］李楠：《铁路发展与移民研究——来自1891~1935年中国东北的自然实验证据》，载于《中国人口科学》2010年第4期。

［23］李平华、陆玉麒：《可达性研究的回顾与展望》，载于《地理科学进展》2005年第3期。

［24］李薇：《我国人口省际迁移空间模式分析》，载于《人口研究》2008年第4期。

［25］李祥妹、刘亚洲、曹丽萍：《高速铁路建设对人口流动空间的影

响研究》，载于《中国人口·资源与环境》2014 年第 6 期。

[26] 李欣泽、纪小乐、周灵灵：《高铁能改善企业资源配置吗？——来自中国工业企业数据库和高铁地理数据的微观证据》，载于《经济评论》2017 年第 6 期。

[27] 李学伟：《高速铁路概论》，中国铁道出版社 2010 年版。

[28] 李雪松、孙博文：《高铁开通促进了地区制造业集聚吗？——基于京广高铁的准自然试验研究》，载于《中国软科学》2017 年第 7 期。

[29] 梁琦、李建成、陈建隆：《异质性劳动力区位选择研究进展》，载于《经济学动态》2018 年第 4 期。

[30] 梁若冰、汤韵：《地方公共品供给中的 Tiebout 模型：基于中国城市房价的经验研究》，载于《世界经济》2008 年第 10 期。

[31] 刘健、张宁：《基于模糊聚类的城际高铁旅客出行行为实证研究》，载于《交通运输系统工程与信息》2012 年第 12 期。

[32] 刘生龙：《中国跨省人口迁移的影响因素分析》，载于《数量经济技术经济研究》2014 年第 4 期。

[33] 刘勇政、李岩：《中国的高速铁路建设与城市经济增长》，载于《金融研究》2017 年第 11 期。

[34] 刘毓芸、徐现祥、肖泽凯：《劳动力跨方言流动的倒 U 型模式》，载于《经济研究》2015 年第 10 期。

[35] 陆大道：《区域发展及其空间结构》，科学出版社 1995 年版。

[36] 陆铭、陈钊、朱希伟、徐现祥编：《中国区域经济发展——回顾与展望》，格致出版社 2011 年版。

[37] 马克思、恩格斯：《马克思恩格斯全集》（第 23 卷），中共中央编译局编译，人民出版社 1972 年版。

[38] 马伟、王亚华、刘生龙：《交通基础设施与中国人口迁移：基于引力模型分析》，载于《中国软科学》2012 年第 3 期。

[39] 配第：《政治算术》，商务印书馆，2014 年中译本。

[40] 秦放鸣、张宇、刘泽楠：《高铁开通推动地区人力资本提升了

吗?——基于双重差分模型的实证检验》,载于《上海经济研究》2019年第11期。

[41] 盛来运:《国外劳动力迁移理论的发展》,载于《统计研究》2005年第8期。

[42] 石敏俊、赵曌、金凤君:《中国地级行政区域市场潜力评价》,载于《地理学报》2007年第10期。

[43] 斯密:《国民财富的性质和原因研究》,商务印书馆,2009年中译本。

[44] 宋晓丽、李坤望:《交通基础设施质量提升对城市人口规模的影响——基于铁路提速的实证分析》,载于《当代经济科学》2015年第3期。

[45] 孙三百:《机会不平等、劳动力流动及其空间优化》,对外经济贸易大学2014年博士学位论文。

[46] 孙伟增、张晓楠、郑思齐:《空气污染与劳动力的空间流动——基于流动人口就业选址行为的研究》,载于《经济研究》2019年第11期。

[47] 覃成林、朱永磊:《区域性交通条件改善与沿线城市人口增长——基于铁路运输提速的分析》,载于《经济问题探索》2013年第9期。

[48] 唐宜红、俞峰、林发勤、张梦婷:《中国高铁、贸易成本与企业出口研究》,载于《经济研究》2019年第7期。

[49] 汪三贵、王彩玲:《交通基础设施的可获得性与贫困村劳动力迁移——来自贫困村农户的证据》,载于《劳动经济研究》2015年第6期。

[50] 王缉宪:《高速铁路影响城市与区域发展的机理》,载于《国际城市规划》2011年第6期。

[51] 王缉宪、林辰辉:《高速铁路对城市空间演变的影响:基于中国特征的分析思路》,载于《国际城市规划》2011年第1期。

[52] 王姣娥、焦敬娟、金凤君:《高速铁路对中国城市空间相互作用强度的影响》,载于《地理学报》2014年第12期。

[53] 王开泳、陈田、刘毅:《"行政区划本身也是一种重要资源"的理论创新与应用》,载于《地理研究》2019年第2期。

[54] 王赟赟、陈宪：《市场可达性、人口流动与空间分化》，载于《经济评论》2019 年第 1 期。

[55] 吴忠观：《人口科学辞典》，西南财经大学出版社 1997 年版。

[56] 席强敏、梅林：《工业用地价格、选择效应与工业效率》，载于《经济研究》2019 年第 2 期。

[57] 夏怡然、陆铭：《城市间的"孟母三迁"——公共服务影响劳动力流向的经验研究》，载于《管理世界》2015 年第 10 期。

[58] 颜色、徐萌：《晚清铁路建设与市场发展》，载于《经济学（季刊）》2015 年第 1 期。

[59] 姚华松、许学强：《西方人口迁移研究进展》，载于《世界地理研究》2008 年第 1 期。

[60] 余泳泽、潘妍：《高铁开通缩小了城乡收入差距吗？——基于异质性劳动力转移视角的解释》，载于《中国农村经济》2019 年第 1 期。

[61] 张俊富：《模型在微观实证研究中的作用——以城市和区域经济学为例》，载于《经济资料译丛》2019 年第 1 期。

[62] 张可云、何大梽：《空间类分与空间选择：集聚理论的新前沿》，载于《经济学家》2020 年第 4 期。

[63] 张可云：《区域科学的兴衰、新经济地理学争论与区域经济学的未来方向》，载于《经济学动态》2013 年第 3 期。

[64] 张克中、陶东杰：《交通基础设施的经济分布效应——来自高铁开通的证据》，载于《经济学动态》2016 年第 6 期。

[65] 张萌萌、孟晓晨：《高速铁路对中国城市市场潜力的影响》，载于《地理科学进展》2014 年第 12 期。

[66] 张明志、余东华、孙媛媛：《高铁开通对城市人口分布格局的重塑效应研究》，载于《中国人口科学》2018 年第 5 期。

[67] 赵文、陈云峰：《高速铁路的区域分配效应：基于理论与实证的研究》，载于《经济社会体制比较》2018 年第 3 期。

[68] 赵映慧、初楠臣、郭晶鹏、姜博、朱亮：《中国三大城市群高速

铁路网络结构与特征》，载于《经济地理》2017 年第 10 期。

［69］种照辉：《高铁网络对区域经济增长影响研究》，暨南大学 2018 年博士学位论文。

［70］周浩：《交通基础设施与中国经济增长》，人民出版社 2015 年版。

［71］朱建华、陈田、王开泳、戚伟：《改革开放以来中国行政区划格局演变与驱动力分析》，载于《地理研究》2015 年第 2 期。

［72］朱文涛：《高铁服务供给对省域制造业空间集聚的影响研究》，载于《产业经济研究》2019 年第 3 期。

［73］Ahlfeldt, G. M. , S. J. Redding, D. M. Sturm, and N. Wolf, 2015, "The Economics of Density: Evidence from the Berlin Wall", *Econometrica*, 83 (6): 2127 – 2189.

［74］Ahlfeldt, G. M. , and A. Feddersen, 2008, "Determinants of Spatial Weights in Spatial Wage Equations: A Sensitivity Analysis", Hamburg Contemporary Economic Discussions Working Paper, No. 22.

［75］Ahlfeldt, G. M. , and A. Feddersen, 2018, "From Periphery to Core: Measuring Agglomeration Effects Using High-speed Rail", *Journal of Economic Geography*, 18 (2): 355 – 390.

［76］Albouy, D. , 2016, "What Are Cities Worth? Land Rents, Local Productivity, and the Total Value of Amenities", *Review of Economics and Statistics*, 93 (3): 477 – 487.

［77］Allen, T. , and C. Arkolakis, 2014, "Trade and the Topography of the Spatial Economy", *Quarterly Journal of Economics*, 129 (3): 1085 – 1140.

［78］Anderson, J. E. , 2011, "The Gravity Model", *Annual Review of Economics*, 3 (1): 133 – 160.

［79］Anderson, J. E. , 1979, "A Theoretical Foundation for the Gravity Equation", *American Economic Review*, 69 (1): 106 – 116.

［80］Anderson, J. E. , and E. Van Wincoop, 2003, "Gravity with Gravitas: A Solution to the Border Puzzle", *American Economic Review*, 93 (1):

170 – 192.

[81] Anderson, W. P. , 2012, *Economic Geography*, Routledge Press.

[82] Ashby, N. J. , 2007, "Economic Freedom and Migration Flows between U. S. States", *Southern Economic Journal*, 73 (3): 677 – 697.

[83] Atack, J. , F. Bateman, M. Haines, and R. A. Margo, 2009, "Did Railroads Induce or Follow Economic Growth? Urbanization and Population Growth in the American Midwest, 1850 – 60", NBER Working Paper, No. 14640.

[84] Banister, D. , and P. Hall, 1993, "The Second Railway Age", *Built Environment*, 19 (3/4): 156 – 162.

[85] Baum – Snow, N. , 2007, "Did Highways Cause Suburbanization?", *Quarterly Journal of Economics*, 122 (2): 775 – 805.

[86] Baum – Snow, N. , 2010, "Changes in Transportation Infrastructure and Commuting Patterns in US Metropolitan Areas, 1960 – 2000", *American Economic Review: Papers & Proceedings*, 100 (2): 378 – 382.

[87] Baum – Snow, N. , L. Brandt, J. V. Henderson, M. A. Turner, and Q. Zhang, 2017, "Roads, Railroads and Decentralization of Chinese Cities", *Review of Economics and Statistics*, 99 (3): 435 – 448.

[88] Baum – Snow, N. , J. V. Henderson, M. A. Turner, Q. Zhang, and L. Brandt, 2020, "Does Investment in National Highways Help or Hurt Hinterland City Growth?", *Journal of Urban Economics*, 115, 103 – 124.

[89] Bayoh, I. , E. G. Irwin, and T. Haab, 2006, "Determinants of Residential Location Choice: How Important are Local Public Goods in Attracting Homeowners to Central Locations?", *Journal of Regional Science*, 46 (1): 97 – 120.

[90] Beckmann, M. J. , 1976, "Spatial Price Policies Revisited", *Bell Journal of Economics*, 7 (2): 619 – 630.

[91] Behrens, K. , and F. Robert – Nicoud. , 2015, "Agglomeration Theory with Heterogeneous Agents", in: G. Duranton, J. V. Henderson, and

W. C. Strange (eds.), *Handbook of Regional and Urban Economics*, Elsevier.

[92] Behrens, K., G. Duranton, and F. Robert – Nicoud, 2014, "Productive Cities: Sorting, Selection, and Agglomeration", *Journal of Political Economy*, 122 (3): 507 – 553.

[93] Behrens, K., W. M. Brown, and T. Bougna, 2016, "The World Is Not Yet Flat: Transport Costs Matter!", Policy Research Working Paper Series, No. 7862.

[94] Berger, T., 2019, "Railroads and Rural Industrialization: Evidence from a Historical Policy Experiment", *Explorations in Economic History*, 74, 101 – 277.

[95] Blomquist, G. C., M. C. Berger, and J. P. Hoehn, 1988, "New Estimates of Quality of Life in Urban Areas", *American Economic Review*, 78 (1): 89 – 107.

[96] Bogue, D. J., 1959, "Internal Migration", in: Hauser, and Duncan (eds.), *The Study of Population: An Inventory Appraisal*, University of Chicago Press.

[97] Borjas, G. J., 1989, "Economic Theory and International Migration", *International Migration Review*, 23 (3): 457 – 485.

[98] Bosquet, C., and H. G. Overman, 2019, "Why Does Birthplace Matter so Much?", *Journal of Urban Economics*, 110: 26 – 34.

[99] Brakman, S., H. Garretsen, and M. Schramm, 2000, "The Empirical Relevance of the New Economic Geography: Testing for a Spatial Wage Structure in Germany", Cesifo Working Paper Series, No. 395.

[100] Cascetta, E., A. Papola, F. Pagliara, and V. Marzano, 2011, "Analysis of Mobility Impacts of the High Speed Rome – Naples Rail Link Using Within day Dynamic Mode Service Choice Models", *Journal of Transport Geography*, 19 (4): 635 – 643.

[101] Chan, C. S., and J. Yuan, 2017, "Changing Travel Behaviour of

High-speed Rail Passengers in China", *Journal of Tourism Research*, 22 (12): 1221 – 1237.

[102] Chein, F. , and J. Assuncão, 2016, "How Does Emigration Affect Labor Markets? Evidence from Road Construction in Brazil", *Brazilian Review of Econometrics*, 36 (2): 157 – 184.

[103] Chen, H. , D. Sun, Z. Zhu, and J. Zeng, 2016, "The Impact of High-speed Rail on Residents' Travel Behavior and Household Mobility: A Case Study of the Beijing – Shanghai Line, China", *Sustainability*, 8 (11): 1187.

[104] Chen, S. , P. Oliva, and P. Zhang, 2017, "The Effect of Air Pollution on Migration: Evidence from China", National Bureau of Economic Research Working Paper, No. W24036.

[105] Clark, C. , 1958, "Transport: Maker and Breaker of Cities", *Town Planning Review*, 28 (4): 237 – 250.

[106] Combes, P. P. , T. Mayer, and J. F. Thisse, 2008, *Economic Geography: The Integration of Regions and Nations*, Princeton University Press.

[107] Combes, P. P. , G. Duranton, and L. Gobillon, 2008, "Spatial Wage Disparities: Sorting Matters!", *Journal of Urban Economics*, 63 (2): 723 – 742.

[108] Combes, P. P. , G. Duranton, L. Gobillon, and S. Roux, 2012, "Sorting and Local Wage and Skill Distributions in France", *Regional Science and Urban Economics*, 42 (6): 913 – 930.

[109] Combes, P. P. , G. Duranton, L. Gobillon, D. Puga, and S. Roux, 2012, "The Productivity Advantages of Large Cities: Distinguishing Agglomeration from Firm Selection", *Econometrica*, 80 (6): 2543 – 2594.

[110] Dahlberg, M. , M. Eklof, P. Fredriksson, and J. Jofre – Monseny, 2012, "Estimating Preferences for Local Public Services Using Migration Data", *Urban Studies*, 49 (2): 319 – 336.

[111] Desmet, K. , and E. Rossi – Hansberg, 2013, "Urban Accounting

and Welfare", *American Economic Review*, 103 (6): 2296 – 2327.

[112] Diamond, R. , 2016, "The Determinants and Welfare Implications of US Workers' Diverging Location Choices by Skill: 1980 – 2000", *American Economic Review*, 106 (3): 479 – 524.

[113] Dixit, A. K, and J. E. Stiglitz, 1977, "Monopolistic Competition and Optimum Product Diversity", *American Economic Review*, 67 (3): 297 – 308.

[114] Domanski, R. , 1979, "Accessibility, Efficiency and Spatial Organization", *Environment and Planning A*, 11 (10): 1189 – 1206.

[115] Donaldson, D. , 2018, "Railroads of the Raj: Estimating the Impact of Transportation Infrastructure", *American Economic Review*, 108 (4 – 5): 899 – 934.

[116] Dong, X. , S. Q. Zheng, and M. E. Kahn, 2020, "The Role of Transportation Speed in Facilitating High Skilled Teamwork Across Cities", *Journal of Urban Economics*, 115, 103 – 212.

[117] Douglas, S. M. , 1997, "Estimating Relative Standard of Living in the United States Using Cross-migration Data", *Journal of Regional Science*, 37 (3): 411 – 436.

[118] Duranton, G. , 2014, "Agglomeration and Jobs", in: M. Fischer, and P. Nijkamp (eds.), *Handbook of Regional Science*, Springer.

[119] Duranton, G. , and D. Puga, 2004, "Micro-foundations of Urban Agglomeration Economics ", in: J. V. Henderson, and J. F. Thisse (eds.), *Handbook of Regional & Urban Economics*, Elsevier.

[120] Eeckhout, J. , R. Pinheiro, and K. Schmidheiny, 2014, "Spatial Sorting", *Journal of Political Economy*, 122 (3): 554 – 620.

[121] Ehrenberg, R. G. , and R. S. Smith, 2012, *Modern Labor Economics: Theory and Public Policy (11th edition)*, Pearson Education.

[122] Fröidh, O. , 2005, "Market Effects of Regional High-speed Trains

on the Svealand Line", *Journal of Transport Geography*, 13 (4): 352 – 361.

[123] Fujita, M., P. Krugman, and A. Venables, 1999, *The Spatial Economy: Cities, Regions and International Trade*, The MIT Press.

[124] Gabriel, S. A., and S. S. Rosenthal, 2004, "Quality of the Business Environment Versus Quality of Life: Do Firms and Households Like the Same Cities?", *Review of Economics and Statistics*, 86 (1): 438 – 444.

[125] Garcia – López, M. – À., 2012, "Urban Spatial Structure, Suburbanization and Transportation in Barcelona", *Journal of Urban Economics*, 72 (2 – 3): 176 – 190.

[126] Garcia – López, M. – Á., A. Holl, and E. Viladecans – Marsal, 2015, "Suburbanization and Highways in Spain When the Romans and the Bourbons Still Shape Its Cities", *Journal of Urban Economics*, 85: 52 – 67.

[127] Garcia – López, M. – À., C. Hémet, and E. Viladecans – Marsal, 2017, "How Does Transportation Shape Intra-metropolitan Growth? An Answer from the Regional Express Rail", *Journal of Regional Science*, 57 (5): 758 – 780.

[128] Geertman, S. C. M., and R. Van Eck, 1995, "GIS and Models of Accessibility Potential: An Application in Planning", *International Journal of Geographical Information Systems*, 9 (1): 67 – 80.

[129] Givoni, M., 2006, "Development and Impact of the Modern High-speed Train: A Review", *Transport Reviews*, 26 (5): 593 – 611.

[130] Greenwood, M. J. 1975, "Research on Internal Migration in the United States", *Journal of Economic Literature*, 13 (2): 397 – 433.

[131] Greenwood, M. J, G. L. Hunt, D. S. Rickman, and G. I. Treyz, 1991, "Migration, Regional Equilibrium, and the Estimation of Compensating Differentials", *American Economic Review*, 81 (5): 1382 – 1390.

[132] Guirao, B., A. Lara – Galera, and J. L. Campa, 2017, "High Speed Rail Commuting Impacts on Labor Migration: The Case of the Concentration

of Metropolis in the Madrid Functional Area", *Land Use Policy*, 66: 131 – 140.

［133］Gyourko, J., and J. Tracy, 1991, "The Structure of Local Public Finance and the Quality of Life", *Journal of Political Economy*, 99 (4): 774 – 806.

［134］Hansen, W. G., 1959, "How Accessibility Shapes Land-use", *Journal of the American Institute of Planners*, 25 (2): 73 – 76.

［135］Hanson, G. H., 2005, "Market Potential, Increasing Returns and Geographic Concentration", *Journal of International Economics*, 67 (1): 1 – 24.

［136］Harris, C. D., 1954, "The Market as a Factor in the Localization of Industry in the United States", *Annals of the Association of American Geographers*, 44 (4): 315 – 348.

［137］Harris, J. R., and M. P. Todaro, 1970, "Migration, Unemployment and Development: A Two-sector Analysis", *American Economic Review*, 60 (1): 126 – 142.

［138］Hatton, T. J., and J. G. Williamson, 1998, *The Age of Mass Migration: Causes and Economic Impact*, Oxford University Press.

［139］Haynes, K. E., 1997, "Labor Markets and Regional Transportation Improvements: The Case of High-speed Trains. An Introduction and Review", *Annals of Regional Science*, 31 (1): 5776.

［140］Haynes, E. H., and A. S. Fotheringham, 1984, *Scientific Geography Series (Volume 2): Gravity and Spatial Interaction Models*, Sage Publications.

［141］Head, K., and T. Mayer, 2014, "Gravity Equations: Workhorse, Toolkit, and Cookbook", in: G. Gopinath, E. Helpman, and K. Rogoff (eds.), *Handbook of International Economics*, North – Holland.

［142］Herberle, R., 1938, "The Causes of Rural-urban Migration a Survey of German Theories", *American Journal of Sociology*, 43 (6): 932 – 950.

[143] Helpman, E., 1998, "The Size of Regions", in: D. Pines, E. Sadka, and I. Zilcha (eds.), *Topics in Public Economics: Theoretical and Applied Analysis*, Cambridge University Press.

[144] Helpman, E., and P. Krugman, 1985, *Market Structure and Foreign Trade: Increasing Returns, Imperfect Competition, and the International Economy*, The MIT Press.

[145] Hering, L, and S. Poncet, 2010, "Market Access and Individual Wages: Evidence from China", *Review of Economics and Statistics*, 92 (1): 145 – 159.

[146] Heuermann, D. F., and J. F. Schmieder, 2019, "The Effect of Infrastructure on Worker Mobility: Evidence from High-speed Rail Expansion in Germany", *Journal of Economic Geography*, 19 (2): 335 – 372.

[147] Jiao, J., J. Wang, F. Jin, and M. Dunford, 2014, "Impacts on Accessibility of China's Present and Future HSR Network", *Journal of Transport Geography*, 40: 123 – 132.

[148] Ke, X., H. Chen, Y. Hong, and C. Hsiao, 2017, "Do China's High-speed-rail Projects Promote Local Economy? New Evidence from a Panel Data Approach", *China Economic Review*, 44: 203 – 226.

[149] Kennan, J., and J. R. Walker, 2011, "The Effect of Expected Income on Individual Migration Decisions", *Econometrica*, 79 (1): 211 – 251.

[150] Kim, K. S., 2000, "High-speed Rail Developments and Spatial Restructuring: A Case Study of the Capital Region in South Korea", *Cities*, 17 (4): 251 – 262.

[151] Knaap, T., and J. Oosterhaven, 2011, "Measuring the Welfare Effects of Infrastructure: A Simple Spatial Equilibrium Evaluation of Dutch Railway Proposals", *Research in Transportation Economics*, 31 (1): 19 – 28.

[152] Krugman, P., 1980, "Scale Economies, Product Differentiation, and the Pattern of Trade", *American Economic Review*, 70 (5): 950 – 959.

[153] Krugman, P. , 1991, "Increasing Returns and Economic Geography", *Journal of Political Economy*, 99 (3): 483 – 499.

[154] Krugman, P. , and A. J. Venables, 1995, "Globalization and the Inequality of Nations", *Quarterly Journal of Economics*, 110 (4): 857 – 880.

[155] Krugman, P. , 1998, "Space: the Final Frontier", *Journal of Economic Perspectives*, 12 (2): 161 – 174.

[156] Krugman, P. , 2011, "The New Economic Geography, Now Middle-aged", *Regional Studies*, 45 (1): 1 – 7.

[157] Kwan, M. P. , A. T. Murray, M. E. O'Kelly, and M. Tiefelsdorf, 2003, "Recent Advances in Accessibility Research: Representation, Methodology and Applications", *Journal of Geographical Systems*, 5 (1): 129 – 138.

[158] Lee, E. S. , 1966, "A Theory of Migration", *Demgraphy*, 3 (1): 47 – 57.

[159] Leonardi, G. , 1978, "Optimum Facility Location by Accessibility Maximizing", *Environment and Planning A*, 10 (11): 1287 – 1305.

[160] Lewer, J. J. , and H. Van den Berg, 2008, "A Gravity Model of Immigration", *Economic Letters*, 99 (1): 146 – 167.

[161] Lewis, W. A. , 1954, "Economic Development with Unlimited Supplies of Labor", *The Manchester School of Economic and Social Studies*, 22 (2): 139 – 191.

[162] Li, Z. , and H. Xu, 2018, "High-speed Railroads and Economic Geography: Evidence from Japan", *Journal of Regional Science*, 58 (4): 705 – 727.

[163] Lin, Y. , 2017, "Travel Costs and Urban Specialization Patterns: Evidence from China's High Speed Railway System", *Journal of Urban Economics*, 98 (3): 98 – 123.

[164] Lucas, R. E. , 2004, "Life Earnings and Rural – Urban Migration", *Journal of Political Economy*, 112 (1): S29 – S59.

［165］McCann, P. , 2005, "Transport Costs and New Economic Geography", *Journal of Economic Geography*, 5 (3): 305 – 318.

［166］McFadden, D. L. , 1974, "Conditional Logit Analysis of Qualitative Choice Behavior", in: P. Zarembka (eds.), *Frontiers in Econometrics*, Academic Press.

［167］McKeown, A. , 2004, "Global Migration 1846 – 1940", *Journal of World History*, 15 (2): 155 – 189.

［168］Melitz, M. J. , 2003, "The Impact of Trade on Intra-industry Reallocations and Aggregate Industry Productivity", *Econometrica*, 71 (6): 1695 – 1725.

［169］Morris, J. M. , P. L. Dumble, and M. R. Wigan, 1979, "Accessibility Indicators for Transport Planning", *Transportation Research Part A: General*, 13 (2): 91 – 109.

［170］Musgrave, R. A. , 1939, "The Voluntary Exchange Theory of Public Economy", *Quarterly Journal of Economics*, 53 (2): 213 – 237.

［171］Nechyba, T. J. , and R. P. Strauss, 1998, "Community Choice and Local Public Services: A Discrete Choice Approach", *Regional Science and Urban Economics*, 28 (1): 51 – 73.

［172］Oosterhaven, J. , and W. E. Romp, 2003, "Indirect Economic Effects of New Infrastructure: A Comparison of Dutch High Speed Rail Variants", *Tijdschrift Economischeen Sociale Geografie*, 94 (4): 439 – 452.

［173］Pagliara, F. , F. Mauriello, and A. Garofalo, 2017, "Exploring the Interdependences between High Speed Rail Systems and Tourism: Some Evidence from Italy", *Transportation Research Part A: Policy Practice*, 106 (12): 300 – 308.

［174］Perl, A. D. , and A. R. Goetz, 2015, "Corridors, Hybrids and Networks: Three Global Development Strategies for High Speed Rail", *Journal of Transport Geography*, 42: 134 – 144.

［175］Poncet, S. , 2006, "Provincial Migration Dynamics in China: Borders, Costs and Economic Motivations", *Regional Science and Urban Economics*, 36 (3): 385 – 398.

［176］Proost, S. , and J. F. Thisse, 2019, "What Can Be Learned from Spatial Economics?", *Journal of Economic Literature*, 57 (3): 575 – 643.

［177］Quigley, J. M. , 1985, "Consumer Choice of Dwelling, Neighborhood and Public Services", *Regional Science and Urban Economics*, 15 (1): 41 – 63.

［178］Ranis, G. , and J. C. H. Fei, 1961, "A Theory of Economic Development", *American Economic Review*, 51 (4): 533 – 565.

［179］Rapaport, C. , 1997, "Housing Demand and Community Choice: An Empirical Analysis", *Journal of Urban Economics*, 42 (2): 243 – 260.

［180］Ravenstein, E. G. , 1885, "The Laws of Migration: Parts 1", *Journal of the Royal Statistical Society*, 48 (2): 167 – 227.

［181］Ravenstein, E. G. , 1889, "The Laws of Migration: Parts 2", *Journal of the Royal Statistical Society*, 52 (2): 241 – 305.

［182］Ravuri, E. D. , 2004, "Determinants of Migration to and from Bolivar State, Venezuela for 1961 and 1990: The Effects of Ciudad Guayama on Migration", *The Journal of Developing Areas*, 37 (2): 155 – 167.

［183］Redding, S. J. , 2016, "Goods Trade, Factor Mobility and Welfare", *Journal of International Economics*, 101 (7): 148 – 167.

［184］Redding, S. J. , and E. Rossi – Hansberg, 2017, "Quantitative Spatial Economics", *Annual Review of Economics*, 9 (1): 21 – 58.

［185］Redding, S. J. , and D. M. Sturm, 2008, "The Costs of Remoteness: Evidence from German Division and Reunification", *American Economic Review*, 98 (5): 1766 – 1797.

［186］Redding, S. J. , and M. A. Turner, 2015, "Transportation Costs and the Spatial Organization of Economic Activity", in: G. Duranton,

J. V. Henderson, and W. C. Strange (eds.), *Handbook of Regional and Urban Economics*, Elsevier.

[187] Ren, X., Z. Chen, F. Wang, J. Wang, C. Wang, T. Dan, and Z. Du, 2019, "Impact of High-speed Rail on Intercity Travel Behavior Change: The Evidence from the Chengdu – Chongqing Passenger Dedicated Line", *Journal of Transport and Land Use*, 12 (1): 265 – 285.

[188] Roback, J., 1982, "Wages, Rents, and the Quality of Life", *Journal of Political Economy*, 90 (6): 1257 – 1278.

[189] Rosen, S., 1974, "Hedonic Prices and Implicit Markets: Product Differentiation in Pure Competition", *Journal of Political Economy*, 82 (1): 34 – 55.

[190] Rosen, S., 1979, "Wages – Based Indexes of Urban Quality of Life", in: P. Mieszkowski, and M. Straszheim (eds.), *Current Issues in Urban Economics*, Johns Hopkins University Press.

[191] Roy, J. R., and J. C. Thill, 2004, "Spatial Interaction Modelling", in: R. J. G. M. Florax, and D. A. Plane (eds.), *Fifty Years of Regional Science: Advances in Spatial Science*, Springer.

[192] Samuelson, P. A., 1952, "The Transfer Problem and the Transport Costs: the Terms of Trade When Impediments Are Absent", *Economic Journal*, 62 (246): 278 – 304.

[193] Samuelson, P. A., 1954a, "The Transfer Problem and the Transport Costs II: Analysis of Effects of Trade Impediments", *Economic Journal*, 64 (254): 264 – 289.

[194] Samuelson, P. A., 1954b, "The Pure Theory of Public Expenditure", *Review of Economics and Statistics*, 36 (4): 387 – 389.

[195] Samuelson, P. A., and W. D. Nordhaus, 2009, *Economics (19th Edition)*, McGraw – Hill/Irwin.

[196] Sands, B., 1993, "The Development Effects of High-speed Rail

Stations and Implications for California", *Built Environment*, 19 (3/4): 257 – 284.

[197] Sasaki, K., T. Ohashi, and A. Ando, 1997, "High-speed Rail Transit Impact on Regional Systems: Does the Shinkansen Contribute to Dispersion?", *Annuals of Regional Science*, 31 (1): 77 – 98.

[198] Shaw, S. L., Z. Fang, S. Lu, and R. Tao, 2014, "Impacts of High Speed Rail on Railroad Network Accessibility in China", *Journal of Transport Geography*, 40: 112 – 122.

[199] Shen, Q., 1998, "Spatial Technologies, Accessibility, and the Social Construction of Urban Space Computers", *Environment and Urban Systems*, 22 (5): 447 – 464.

[200] Stark, O., and J. E. Taylor, 1991, "Migration Incentives, Migration Types: the Role of Relative Deprivation", *Economic Journal*, 101 (408): 1163 – 1178.

[201] Stark, O., and O. E. Bloom, 1985, "The New Economics of Labor Migration", *American Economic Review*, 75 (2): 173 – 178.

[202] Thomas, I., 2002, *Transportation Networks and the Optimal Location of Human Activities: A Numerical Geography Approach*, Edward Elgar Publishing.

[203] Tiebout, C. M., 1956, "A Pure Theory of Local Expenditures", *Journal of Political Economy*, 64 (5): 416 – 424.

[204] Todaro, M. P., 1969, "A Model of Labor Migration and Urban Unemployment in Less Developed Countries", *American Economic Review*, 59 (1): 138 – 148.

[205] Ullman, E. L., 1956, "The Role of Transportation and the Bases for Interaction", in: W. L. Thomas (eds.), *Man's Role in Changing the Face of the Earth*, University of Chicago Press.

[206] Vaturi, A., B. A. Portnov, and Y. Gradus, 2011, "Train Access

and Financial Performance of Local Authorities: Greater Tel Aviv as a Case Study", *Journal of Transport Geography*, 19 (2): 224 – 234.

[207] Venables, A. J., 2011, "Productivity in Cities: Self-selection and Sorting", *Journal of Economic Geography*, 11 (2): 241 – 251.

[208] Wang, J., J. Jiao, C. Du, and H. Hu, 2015, "Competition of Spatial Service Hinterlands between High-speed Rail and Air Transport in China: Present and Future Trends", *Journal of Geographical Sciences*, 25 (9): 1137 – 1152.

[209] Wang, F., X. Wei, J. Liu, L. He, and M. Gao, 2019, "Impact of High-speed Rail on Population Mobility and Urbanisation: A Case Study on Yangtze River Delta Urban Agglomeration, China", *Transportation Research Part A: Policy and Practice*, 127 (9): 99 – 114.

[210] Weibull, J. W., 1976, "An Axiomatic Approach to the Measurement of Accessibility", *Regional Science and Urban Economics*, 6 (4): 357 – 379.

[211] Weisbrod, G., and J. Beckwith, 1992, "Measuring Economic Development Benefits for Highway Decision-making: The Wisconsin Case", *Transportation Quarterly*, 46 (1): 57 – 79.

[212] World Bank, 2014, "Regional Economic Impact Analysis of High Speed Rail in China", World Bank Other Operational Studies, No. ACS9734.

[213] Yin, M., L. Bertolini, and J. Duan, 2015, "The Effects of the High-speed Railway on Urban Development: International Experience and Potential Implications for China", *Progress in Planning*, 98: 1 – 52.

[214] Yu, D., D. Murakami, Y. Zhang, X. Wu, D. Li, X. Wang, and G. Li, 2020, "Investigating High-speed Rail Construction's Support to County Level Regional Development in China: An Eigenvector Based Spatial Filtering Panel Data Analysis", *Transportation Research Part B: Methodological*, 133: 21 – 37.

[215] Zhang, J., and Z. Zhao, 2013, "Measuring the Income Distance

Tradeoff for Rural – Urban Migrants in China", IZA Discussion Paper, No. 7160.

[216] Zheng, S. Q. , and M. E. Kahn, 2013, "China's Bullet Trains Facilitate Market Integration and Mitigate the Cost of Megacity Growth", *Proceedings of the National Academy of Sciences of the United States of America*, 110 (14): E1248 – E1253.

[217] Zipf, G. K. , 1946, "The P1P2/D Hypothesis on the Intercity Movement of Persons", *American Sociological Review*, 11 (6): 677 – 686.

附录（一） 国内主要高铁开通线路基本情况（2008～2019年）

附表1　　2008～2019年国内主要高铁开通线路基本情况表

线路名称	运营里程（千米）	设计速度（千米/时）	运营速度（千米/时）	开通时间
京津城际铁路	120	350	350	2008年8月1日
石太高铁	225	250	200	2009年4月1日
京广高铁武广段	1 069	350	350	2009年12月26日
徐兰高铁郑西段	523	350	310	2010年2月6日
沪宁城际铁路	301	350	300	2010年7月1日
沪昆高铁沪杭段	159	350	310	2010年10月26日
京沪高铁	1 318	350	350	2011年6月30日
京广高铁郑武段	536	350	350	2012年9月28日
合蚌高铁	132	350	350	2012年10月16日
哈大高铁	921	350	300	2012年12月1日
京广高铁京郑段	693	350	350	2012年12月26日（京广高铁全线通车）
宁杭高铁	256	350	300	2013年7月1日
杭甬高铁	150	350	300	2013年7月1日
盘营高铁	89	350	300	2013年9月12日
津秦高铁	287	350	350	2013年12月1日

续表

线路名称	运营里程（千米）	设计速度（千米/时）	运营速度（千米/时）	开通时间
徐兰高铁西宝段	167	250	250	2013 年 12 月 28 日
大西高铁太西段	536	250	250	2014 年 7 月 1 日
沪昆高铁南长段	342	350	300	2014 年 9 月 16 日
沪昆高铁杭南段	582	350	300	2014 年 12 月 10 日
沪昆高铁长新段	420	350	300	2014 年 12 月 16 日
西成高铁江成段	152	250	250	2014 年 12 月 20 日
成贵高铁成乐段	135	250	250	2014 年 12 月 20 日
兰新高铁	1 786	250	200	2014 年 12 月 26 日
贵广高铁	857	300	250	2014 年 12 月 26 日
沪昆高铁新贵段	286	350	300	2015 年 6 月 18 日
合福高铁	850	300	300	2015 年 6 月 28 日
哈齐高铁	282	350	250	2015 年 8 月 17 日
成渝高铁	308	350	300	2015 年 12 月 26 日
徐兰高铁郑徐段	362	350	300	2016 年 9 月 10 日
沪昆高铁贵昆段	463	350	300	2016 年 12 月 28 日（沪昆高铁全线通车）
宝兰高铁	401	250	250	2017 年 7 月 9 日
西成高铁西江段	506	250	250	2017 年 12 月 6 日（西成高铁全线通车）
广深港高铁	141	200～350	200～300	2018 年 9 月 23 日
哈牡高铁	293	250	250	2018 年 12 月 25 日
杭黄高铁	287	250	250	2018 年 12 月 25 日
济青高铁	308	250～350	250～300	2018 年 12 月 26 日
京沈高铁承沈段	506	350	300	2018 年 12 月 29 日
通新高铁	197	250	250	2018 年 12 月 29 日
日兰高铁日曲段	235	350	300	2019 年 11 月 26 日
武西高铁孝十段	377	350	300	2019 年 11 月 29 日

线路名称	运营里程（千米）	设计速度（千米/时）	运营速度（千米/时）	开通时间
汉十高铁	460	200～350	200～300	2019 年 11 月 29 日
郑阜高铁	276	350	300	2019 年 12 月 1 日
京港高铁商合段	378	350	300	2019 年 12 月 1 日
成贵高铁乐贵段	513	250	250	2019 年 12 月 16 日（成贵高铁全线通车）
京港高铁昌赣段	416	350	300	2019 年 12 月 26 日
银兰高铁银中段	207	250	250	2019 年 12 月 29 日
张大高铁	134	250	250	2019 年 12 月 30 日
张呼高铁	287	250	250	2019 年 12 月 30 日
京张高铁	174	350	350	2019 年 12 月 30 日

资料来源：作者根据中国研究数据服务平台（CNRDS）和高铁网站数据整理而得。

附录（二） 国内 282 个地级市按城区常住人口规模分组情况（2012 ~ 2016 年）

附表 2   2012 ~ 2016 年国内 282 个地级市按城区常住人口规模分组情况表

城市分组	城市名
大城市	北京市，天津市，沈阳市，上海市，南京市，杭州市，郑州市，武汉市，广州市，深圳市，东莞市，成都市，石家庄市，唐山市，秦皇岛市，邯郸市，保定市，太原市，大同市，呼和浩特市，包头市，大连市，鞍山市，抚顺市，长春市，吉林市，哈尔滨市，齐齐哈尔市，大庆市，无锡市，徐州市，常州市，苏州市，南通市，淮安市，盐城市，扬州市，宁波市，温州市，绍兴市，台州市，合肥市，芜湖市，淮南市，福州市，厦门市，泉州市，南昌市，赣州市，济南市，青岛市，淄博市，烟台市，潍坊市，济宁市，临沂市，洛阳市，南阳市，襄阳市，长沙市，株洲市，衡阳市，珠海市，汕头市，佛山市，江门市，惠州市，南宁市，柳州市，海口市，重庆市，自贡市，泸州市，绵阳市，南充市，贵阳市，昆明市，西安市，兰州市，西宁市，银川市，乌鲁木齐市
中等城市	邢台市，张家口市，承德市，沧州市，廊坊市，阳泉市，长治市，临汾市，乌海市，赤峰市，鄂尔多斯市，本溪市，丹东市，锦州市，营口市，阜新市，辽阳市，盘锦市，朝阳市，四平市，鸡西市，鹤岗市，伊春市，佳木斯市，牡丹江市，连云港市，镇江市，泰州市，宿迁市，嘉兴市，湖州市，金华市，舟山市，丽水市，蚌埠市，马鞍山市，淮北市，安庆市，阜阳市，宿州市，六安市，莆田市，九江市，宜春市，抚州市，上饶市，枣庄市，东营市，泰安市，威海市，日照市，莱芜市，德州市，聊城市，滨州市，开封市，平顶山市，安阳市，新乡市，焦作市，濮阳市，许昌市，漯河市，商丘市，信阳市，黄石市，十堰市，宜昌市，荆州市，湘潭市，邵阳市，岳阳市，常德市，益阳市，郴州市，永州市，怀化市，韶关市，湛江市，茂名市，清远市，中山市，潮州市，揭阳市，桂林市，梧州市，玉林市，攀枝花市，德阳市，遂宁市，内江市，乐山市，宜宾市，达州市，遵义市，曲靖市，玉溪市，保山市，昭通市，丽江市，临沧市，铜川市，宝鸡市，咸阳市，天水市

城市分组	城市名
小城市	衡水市, 晋城市, 朔州市, 晋中市, 运城市, 忻州市, 吕梁市, 通辽市, 呼伦贝尔市, 巴彦淖尔市, 乌兰察布市, 铁岭市, 葫芦岛市, 辽源市, 通化市, 白山市, 松原市, 白城市, 双鸭山市, 绥化市, 衢州市, 铜陵市, 黄山市, 滁州市, 亳州市, 池州市, 宣城市, 三明市, 漳州市, 南平市, 龙岩市, 宁德市, 景德镇市, 萍乡市, 新余市, 鹰潭市, 吉安市, 鹤壁市, 三门峡市, 周口市, 驻马店市, 鄂州市, 荆门市, 孝感市, 黄冈市, 咸宁市, 随州市, 张家界市, 娄底市, 梅州市, 汕尾市, 河源市, 阳江市, 云浮市, 北海市, 防城港市, 钦州市, 贵港市, 百色市, 贺州市, 河池市, 来宾市, 崇左市, 三亚市, 广元市, 眉山市, 广安市, 雅安市, 巴中市, 资阳市, 六盘水市, 安顺市, 铜仁市, 毕节市, 渭南市, 延安市, 汉中市, 榆林市, 安康市, 商洛市, 嘉峪关市, 金昌市, 白银市, 武威市, 张掖市, 平凉市, 酒泉市, 庆阳市, 定西市, 陇南市, 石嘴山市, 吴忠市, 固原市, 中卫市, 克拉玛依市

注：（1）本书根据 2014 年国务院《关于调整城市规模划分标准的通知》这一文件中给出的城市规模划分标准将 282 个备选城市按照城区常住人口规模划分为大城市、中等城市和小城市。具体划分标准为：城区常住人口在 50 万以下的城市为小城市；城区常住人口在 50 万以上 100 万以下的城市为中等城市；城区常住人口在 100 万以上的城市为大城市。（2）本书使用的城区常住人口数据来自《中国城市建设统计年鉴（2012～2016 年）》。《中国城市建设统计年鉴》统计了各地级市的城区人口数据和城区暂住人口数据，根据年鉴中的主要指标解释可知，该年鉴统计的城区人口指划定的城区范围的人口数，以公安部门的户籍统计为准，暂住人口则指离开常住户口地到本市居住半年以上的人员，因此本书在数据处理过程中将城市的城区人口和暂住人口相加，从而得到城市的城区常住人口数据。（3）由于各城市每年的城区常住人口数据都会发生变化，因此在 2012～2016 年个别城市会出现在不同年份处于不同城市规模档位的情况。本书对这种情况的处理办法是计算该城市在 2012～2016 年的平均城区常住人口数，根据平均值所处的数值区间来确定该城市的城市规模档位。（4）在表中所列的 282 个地级市中，有一个与众不同的城市即东莞市。由于东莞市是不设区的直筒子市，不存在市辖区，基层行政单位为街道乡镇，所以严格说来它并不符合城市规模划分标准下的城区常住人口统计口径。但是由于东莞市是本书实证研究中的样本备选城市之一，并且东莞市在相当长时间里也是华南地区劳动力流动的主要目的地之一，因此，本书并没有在研究中剔除东莞市，而是根据《中国城市建设统计年鉴》中的城区常住人口数据将东莞市列入大城市行列。